U0931476

作者简介

梁建飞 广告学博士，苏州科技大学传媒与视觉艺术学院副教授，硕士生导师。先后毕业于苏州大学文学院新闻广告专业（现传媒学院广告系）与中国传媒大学广告学院。主要研究广告传播中的视觉编码与符意生成机制。在《装饰》《新闻界》《出版科学》等核心期刊发表相关论文近20篇。主持教育部人文社科青年基金项目“从文本到文化：广告符号意义研究”、江苏省高校哲学社科项目“新媒体语境下的品牌传播策略”、苏州市社会科学基金项目“新媒体语境下苏州城市形象传播策略”等。

本书由2015年教育部人文社会基金项目“从文本到文化：广告符号意义研究”（15YJC860014）资助出版

广告符号意义研究

梁建飞◎著

人民日报学术文库

人民日报出版社

图书在版编目（CIP）数据

广告符号意义研究 / 梁建飞著 . —北京：人民日报出版社，2018. 8
ISBN 978 - 7 - 5115 - 5102 - 3

Ⅰ. ①广… Ⅱ. ①梁… Ⅲ. ①广告学—符号学—研究
Ⅳ. ①F713. 8

中国版本图书馆 CIP 数据核字（2018）第 181141 号

书　　名：广告符号意义研究
作　　者：梁建飞

出 版 人：董　伟
责任编辑：孙　祺
装帧设计：中联学林

出版发行：人民日报出版社
社　　址：北京金台西路 2 号
邮政编码：100733
发行热线：（010）65369509　65369846　65363528　65369512
邮购热线：（010）65369530　65363527
编辑热线：（010）65369518
网　　址：www. peopledailypress. com
经　　销：新华书店
印　　刷：三河市华东印刷有限公司

开　　本：710mm × 1000mm　1/16
字　　数：236 千字
印　　张：14
印　　次：2018 年 8 月第 1 版　　2018 年 8 月第 1 次印刷

书　　号：ISBN 978 - 7 - 5115 - 5102 - 3
定　　价：68. 00 元

目 录

CONTENTS

第一章

绪　论

第一节　导　言

广告是某组织或个人为特定目的在特定媒体上进行的、付费的、非人际传播活动①。人类的传播活动种类繁多。广告作为一种具有强烈的商业利润获取意图的信息交流活动，与其他传播活动具有极强的异质性。传播活动伴随着人类产生，广告作为具有商业意图的传播活动则是应商品交换需要而产生的。可以说，有剩余产品就有商品，有商品交换就必然有广告活动。从原始形态的口头广告、实物广告、音响广告，到悬帜广告、招牌广告、印刷广告，再到报纸杂志广告、广播广告、电视广告、互联网广告、移动互联网广告，广告在其久远的历史中一直对居民生活、商业经济、社会文化有着深刻的影响。

广告是经济的晴雨表。广告沟通社会生产的产、供、销三方，对整个社会经济具有极大的促进作用。而围绕广告服务进行的广告调查、广告策划、广告创意、广告媒体乃至广告加工制作安装等企业也共同形成了具有独立完整体系的产业链。广告产业已经成为现代服务业、文化创意产业中重要的组成部分，其产值在国民生产总值中的占比越来越大。特别是人类社会进入电

① 广告有广义与狭义之分。广义的广告包括公益广告等不以盈利为目的广告和以盈利为目的的商业广告。狭义的广告则是指以营利为目的的商业广告。非营利性广告缺少商业广告的利润驱动力，在传播过程、传播技巧、传播效果等诸方面都和商业广告有较大的差别。进行广告研究时，有必要将两者区别而论。本论文所提及“广告”一词，在没有特别声明的情况下，特指商业广告。

子时代，广告信息急剧膨胀，广告活动已经成为最具规模效应的商业传播活动。实际上，广告收入在作为媒体主要收入来源的背景下，整个大众传播业都依存于广告或者以广告传播为目的。传播研究的政治经济学派所持的“受众商品论”更是认为大众媒体通过媒介产品（如电视节目）将受众变成商品，然后再将受众商品转卖给广告商、广告主，从而赚取利润。在大众传播时代，媒介内容的价值和变现途径主要是通过广告实现的，广告成为大众传播时代传媒产业的主要驱动力。

作为媒介内容一部分的广告与新闻、娱乐节目存在很大差别。首先，广告具有直接趋利性。新闻、娱乐等节目虽然绝大部分也是实现盈利的工具，但一般都是通过吸引广告投放间接地实现盈利，其售卖对象是广告商，而不是直接带动商品销售的消费者。广告则直接以获得利润回报为目的。无论利润回报是短期的还是长期的，直接、强烈的赚取利润的意图，让广告极尽鼓动、说服之能事，运用一切能运用的传播技巧（在法律监控不严的环境下，甚至制造各种假象，其目的无非就是能说服受众，购买商品），让受众最终购买广告中的商品或服务。其次，强烈的盈利意图，使得广告比新闻、娱乐等传播活动具有更丰富多样的表现手段和叙事方式。麦肯光明广告公司“Truth well told”的创意信念，可以说明广告需要在事实的基础上比新闻有更多的、更具有影响力、更具说服力的表现和叙述手段。广告编码者所运用的符号创意方法，在一定程度上，比新闻传播更具挑战。最后，广告巨大的成本投入和强烈的盈利目的，让广告主、广告代理商、媒体机构对广告有没有效果、有多大效果、如何有效果等问题充满探求欲望。对效果的极度关注，逼迫广告编码者应媒体之变、消费者之变、市场环境之变，随时调整广告战略和编码模式，这也是广告与其他传播活动的重要区别特征。

广告产业的迅猛发展、广告强烈的盈利企图、广告对效果与说服技巧的重视等内在驱动力促使广告作为独立的研究对象得到业界和学界的广泛关注。对广告研究的不断深入促进广告成为一个独立学科。近年来随着新媒体环境的巨变，广告与在线营销、内容生成等边际越来越模糊；加之传统广告尚未来得及对新媒体环境做出更适切的调整，导致广告被看成夕阳产业而前景暗淡。广告学研究也受此殃及，广告学科的发展也似乎遇到较大的瓶颈。其实，无论是新媒体环境和传统环境，只要社会生产带来极为丰富的商品，就必然需要广告在激烈竞争中促进销售，广告强烈的盈利企图、广告对效果与说服力的追求更不会改变，广告行业与广告学研究就不会前途渺茫。

广告学研究主要沿着两个方向进行：一是技术实践方向，二是社会文化方向。技术实践方向的广告研究源于具有实证经验主义传统的美国，社会文化方向的广告研究则主要发起于以文化批判为学术传统的欧洲。技术实践方向是广告研究的主体，构成广告学理论的主要体系。黄升民教授曾指出，中国的广告专业知识体系（严格说是有待发展成型的体系）与广告的业务流程密切相关。① 技术实践方向的广告理论包括广告本体理论和分支应用广告理论。广告本体理论指相对独立其他学科的广告理论，如大卫·奥格威的品牌形象论、罗瑟·瑞夫斯的 USP、李奥·贝纳的“与生俱来的戏剧性”等；交叉应用广告理论，是指借助其他学科成熟理论与技巧形成的、指导实践的广告理论，如广告心理学、广告策划、广告文案、广告创意、广告设计、广告摄影、影视广告、广告调查、广告营销、广告管理等。在广告研究之前，这些学科或技术实践已经形成较为成熟的理论和方法论。商品营销过程中，广告自觉地将其运用到实践中，并形成相应的广告理论。如广告心理学就是众多应用心理学中的一种，着重分析在消费语境下个人的认知、情感、态度的心理规律。社会文化方向的广告研究主要由对广告中特殊群体研究（如广告对儿童与女性的影响）、广告的批判研究（如受众商品论、广告的意识形态功能、广告的大众文化建构、广告的符号消费、广告神话、广告异化等）、广告附属其他人文学科（如广告文化学、广告美学、广告伦理学、广告史、广告经济学等）的广告研究三个部分组成，其中广告的批判研究是社会文化方向广告理论的主体。与美国经验学派研究广告思路迥然不同的是，批判学派研究旨在洞察作为大众媒介、大众文化重要部分的广告是如何实现资本主义的社会控制以及在资本主义社会广告传播活动中对文化建构、社会群体、个体的深入影响。从图 1.1 所示的广告学研究脉络可以看出，广告学是一门边缘综合性学科，其学科原理起源于互相交叉的多种学科，同时广告学也是一门具有极强实践性的应用型学科。

从广告的功能来看，广告首先是一种营销手段。如上文所述，由于广告强烈的盈利企图、广告对效果与说服技巧的关注，最初的广告理论主要解决

---

① 黄升民：《关于广告学专业三个关键问题的思考》，《广告人》2010 年 12 期，第 46 页。

如何做广告，广告怎样有效促使消费者购买行为等实际问题。此时的广告理论偏重于“术”，注重技术实践方向的广告本体理论探究。20 世纪广告本体理论在业界杰出广告人和少数学者的努力下获得了丰硕的成果。其独创性、行业契合度和影响力使广告作为独立学科的理论体系得以不断完善。可以说，广告本体理论构成技术实践方向的广告理论的主体。

从广告实践技术的构成来看，一次完整的广告运动需要从市场出发寻找传播空白点；需要从营销视角分析竞争势态，从而恰当运用传播策略；需要从心理学角度洞察消费者，从而运用心理规律有效促进其购物行为；需要运用写作技巧撰写广告文案；需要运用艺术技巧对广告画面进行创作；在新媒体时代，广告还需要运用计算机技术实现广告的精准投放和发布。借用成熟的学科理论指导广告实践的分支应用广告理论，是构成技术实践方向广告理论的重要部分。

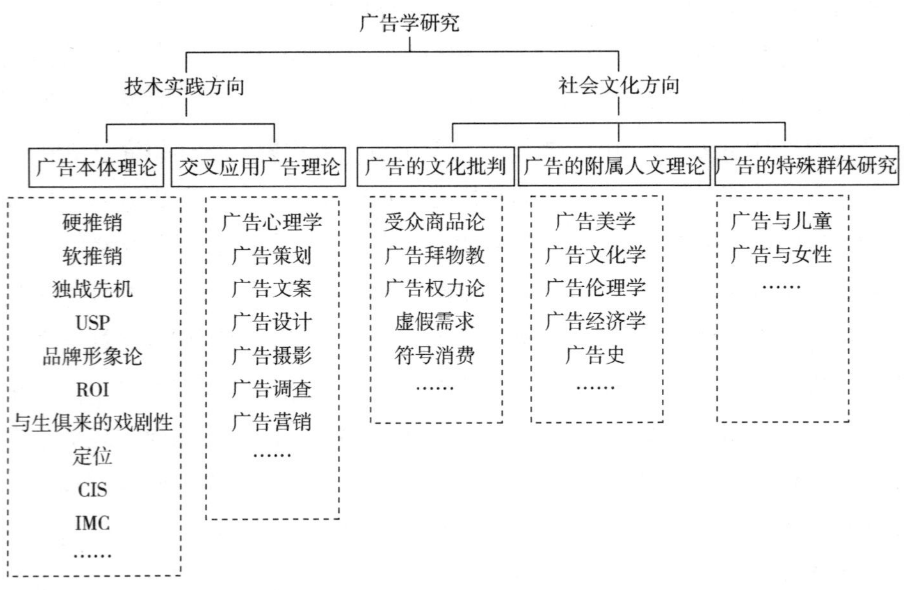

图 1.1　广告学研究脉络图

从广告的社会影响来看，广告作为最具规模的、充斥人们生活的传播活动，其影响不仅局限于对企业、品牌营销的促进，更扩展到人们社会生活的方方面面。诸如广告对儿童的影响、广告中的女性问题等已经成为显在的社会学范畴的课题。至于广告对人异化、广告对社会群体心理改变、广告对社会文化的建构等深层次问题也得到欧洲文化研究学者的关注。社会文化方向的广告研究从宏观面拓展了广告学的研究视野，加强了广告学的学理性，增加了广告学的理论深度。

一、技术实践方向的广告研究

现代意义上的广告是商品经济高度发达的产物。把广告作为一个独立研究对象的广告理论出现在 19 世纪末 20 世纪初。1866 年美国学者莱坞德（Laiwood）和哈顿（Hatton）合著的《路牌广告的历史》与 1874 年 H·桑普森（Sampson）的《广告的历史》一书，从历史学视角拉开了广告研究的序幕。1898 年，美国人路易斯运用心理学提出 AIDA 法（Attention，Interest，Desire，Action），后人在其基础上，增添了“M”，形成广告经典模式 AIDMA 法则。1900 年，明尼苏达大学心理学家哈洛·盖尔（Harlow Gale）在其所著的《广告心理学》中，阐述了广告传播中运用的心理学原理与技巧。1901 年，同样是心理学领域的美国西北大学社会心理学家瓦尔特·狄尔·斯科特（Walter Dill Scott）在一次报告中首次提出把广告实践发展成科学，1903 年，他将其有关广告的 12 篇论文整理成册，并出版了《广告原理》一书，为广告理论化研究奠定了基础。1908 年，他的著作《广告心理学》问世，运用心理学原理较为系统地探讨广告促使消费者购物的基本原理。从广告学初创阶段的理论著作中可以看出，当时的广告行业没有自身的理论体系，多是从其他学科特别是心理学借用相关理论来进行学术建构。这一阶段的广告研究的另一个特征是广告理论作为其他学科的分支应用出现，其研究的原理性也相对较强，其研究者主要是学者，着重阐述广告为什么起作用，怎样起作用，但对于究竟如何做广告的方法远远不及后来的广告从业者提出的理论。

广告学科草创阶段之余，广告研究发生较大转向，广告行业中拥有辉煌从业经历的大师们著书立说，成为具有巨大影响力的广告研究的主角。20 世纪初期美国最具影响力的广告撰稿人约翰·肯尼迪创立情理广告学派，并提出“广告是印在纸上的推销术”的经典比喻。克劳德·霍普金斯非常推崇约翰·肯尼迪的广告主张，发展了情理广告学派，1923 年，他的著作《科学的广告》出版，将广告的“硬推销”主张上升到一个新的高度。霍普金斯还曾提出过“独占先机”理论，即广告中的产品特性不一定是其他产品没有的，而是其他产品没有提及过的，哪个产品率先在广告提到该其他产品没有提及过的特点，这项特点就归该产品所有。烘焙过的幸运牌香烟、酒瓶经过蒸气高温消毒的喜力滋啤酒都是霍普金斯独占先机理论的经典案例。约翰·肯尼迪、克劳德·霍普金斯、阿尔伯特·拉斯克尔为代表的情理广告学派着重强调消费者购买理由，认为广告必须给予消费者充足的购买理由（Reason-Why）才能奏效。与情理广告学派不同的是，雷蒙·罗必凯、麦克马纳斯则主张广告应运用情感氛围间接地说服受众购买，其主张是典型的“软推销”。20 世纪 40 年代，约翰·肯尼迪的另一个推崇者——罗瑟·瑞夫斯（Rosser Reeves）提出著名的 USP（unique selling proposition）理论。在瑞夫斯看来，理想广告应该有“独具的销售说辞”。① 该说辞须是具有强大销售力且竞争对手无法拥有的特性。1961 年，瑞夫斯的著作《实效的广告》（Reality in Advertising）出版。在这本风靡美国的书中，瑞夫斯对 USP 理论进行了系统的阐述。从约翰·肯尼迪等人的“硬推销”到雷蒙·罗必凯的“软推销”，再到瑞夫斯的 USP 理论，不难看出广告作为“纸上推销术”的影响。在 20 世纪 20 年代末到 30 年代初，资本主义世界发生了严重的经济危机，民众购买力下降，商品库存积压严重，此时广告最重要的任务就是发挥其“推销”作用，因此重“推销”广告理论的持续出现也不难理解。

20 世纪 60 年代，美国广告理论发生新的转向。二战后十几年里，美国的经济发展和国家实力得到空前壮大，成为名副其实的世界霸主。经济发展促进了商品的繁荣和市场竞争。在激烈的竞争环境下，广告需要解决的问题是如何让广告获得更多消费者的关注、记忆直至采取购买行为。产品竞争首先表现为信息竞争、广告竞争。让广告吸引注意力成为推销商品的先设条件。在此背景下，20 世纪 60 年代的美国广告研究很大程度上转向对“创意”的探讨。美国广告“创意革命”的三大旗手——大卫· 奥格威（David Ogilvy）、威廉·伯恩巴克、李奥·贝纳，运用各自的广告哲学，取得了巨大的成就，其创作的广告成为世界广告史上的经典。被誉为“现代广告之父”“广告教皇”的大卫·奥格威非常赞成霍普金斯的广告科学观，曾指出“我们的目的就是销售，否则就不是在做广告”的观点。虽然同时也指出成功的广告必然建立在杰出的创意基础上，但他仍然认为广告需要提供给受众产品事实。

---

① 马中红：《广告文案创意新论》，上海三联书店 2006 年版，第 43 页。

> 我从未欣赏过文学派的广告，这一派由于西奥多·麦克马纳斯（Theodore F. MacManus）为凯迪拉克（Cadillac）轿车所做的有名的广告“对领导地位的惩罚”（The Penalty of leadership）和内德·乔丹（Ned Jordan）的著名广告“拉腊米西边某地”（Somewhere West of Laramie）而闻名遐迩。40 年前广告界好像很受这几则名噪一时却华而不实的散文所影响，而我却一直觉得这类广告很无聊，连一点事实都没有提供给读者。我很同意克劳德·霍普金斯的观点：“高雅的文字对广告是明显的不利因素。精雕细刻的笔法也如此。它们喧宾夺主地把对广告主题的注意力攫走了。”①

奥格威在广告科学观基础上首次提出“品牌形象论”，认为广告中任何元素都影响品牌形象的建立：“每一则广告都应该看成是对品牌形象（brand image）这种复杂现象做贡献。如果你具有这种长远的眼光，许许多多日常的麻烦事都自会化为乌有。”② 1961 年出版的《一个广告人的自白》是奥格威的代表作，该书中奥格威对广告文案、广告标题、广告管理等诸多方面的经验提炼，至今仍具有很大的实践指导意义。与奥格威的科学广告观不同，威廉·伯恩巴克是典型的艺术广告派，他提出了广告创意的 ROI 原则，即相关性（Relevance）、原创力（Originality）、冲击力（Impact）。自称芝加哥广告学派的李奥·贝纳则提出了“与生俱来的戏剧性”理论。所谓“与生俱来的戏剧性”是指“商品能够使人们发生兴趣的魔力”。广告创意就是要找到商品的内在戏剧性，并让商品成为广告里的英雄。如果说 20 世纪初到 50 年代的广告理论是以“产品”为中心的推销观，20 世纪 60 年代的广告理论则是以“广告”自身为中心的创意观。20 世纪 70 年代以后，广告理论则逐渐转向对“消费者”的关注。

20 世纪 70 年代后，广告理论在之前广告研究的基础上不断深化、创新，出现了在广告界、营销界影响深远的广告理论。1969 年，艾·里斯（Al

① ［美］大卫·奥格威：《一个广告人的自白》，林桦译，中国出版社 2011 年版，第 128 页。

② ［美］大卫·奥格威：《一个广告人的自白》，林桦译，中国出版社 2011 年版，第 114 页。

Ries）和杰·特劳特（Jack Trout）在《产业行销杂志》上发表的《定位是人们在今日模仿主义市场所玩的竞赛》一文中，率先提出定位（Positioning）一词。在1981年出版的《广告攻心战略：品牌定位》著作中，里斯和特劳特对定位进行系统详尽的阐述。所谓定位就是你对未来的潜在顾客心智上所下的功夫。定位理论认为顾客心中对产品品类有无数个阶梯，但每个阶梯上的品牌极为有限。定位要做的就是在顾客心智上占据一个阶梯，并努力成为“第一位”。定位理论与大卫·奥格威的品牌形象论有一定的联系，但定位理论的阐述更为清晰。大卫·奥格威的品牌形象论在《一个广告人的自白》中并没有展开阐述，但为其后的广告研究提出了一个重要的研究方向。20世纪80年代的CIS（Corporate Identity System）理论可以说是建立品牌形象的具体方法论，CIS包括企业理念识别系统MIS（Mind Identity System）、企业行为识别系统BIS（Behavior Identity System）、企业视觉识别系统VIS（Visual I-dentity System）三大部分，CIS理论认为形象识别必须建立在高度统一、与同类品牌的差异性基础上。从CIS理论开始，广告之外的营销传播的作用逐渐被整合到一个品牌的建立过程中。20世纪90年代，IMC（Integrated Mar-keting Communication）整合营销传播理论再次革新了广告理论。1992年，美国西北大学学者唐·舒尔茨与其合作者斯坦利·田纳本、罗伯特·劳特朋合著的《整合营销传播》出版。整合营销传播理论对CIS理论在统一性上有较大的继承。整合营销传播更明确地指出广告、公关、促销、CI、包装、新闻媒体等一切传播活动都对企业、品牌有着很大的影响。品牌营销应整合一切“接触点”，以统一的（Speak With One Voice）、有竞争力的信息传达给消费者。从20世纪70年代到90年代的广告理论脉络有两个特征：其一，信息内容逐渐一元化，以统一主题内容获得更深的品牌记忆；其二，传播手段的多元化，广告仅作为品牌传播的一种手段，不再是商品唯一的“推销术”。广告“中心”地位是随着媒介技术的发展、媒介手段的增加逐渐弱化的。21世纪以来，媒介语境发生巨大变化，从新媒介技术入手对广告的研究逐渐增多。随着经济发展、技术革新，传播渠道多元化，广告“中心”地位也确实逐渐淡化，广告理论研究也因此遇到一定困境和瓶颈。

我国的广告研究起步于20世纪20年代前后。1918年甘永龙编译的《广告须知》是中国最早出版的广告学论著。1918年成立的北京大学新闻研究会，是第一个将广告纳入研究对象的学术团体。1919年出版的徐宝璜《新闻学》一书中第 10 章为“新闻纸之广告”，论及报纸广告。1925 年，董坚志的《新奇广告术》出版。1926 年，蒋裕泉的《实用广告学》是第一次在专著名称中使用“广告学”。1928 年上海世界书局出版的《ABC 丛书》中含有蒯世勋编写的《广告学 ABC》。1930 年刘葆儒的《广告学》、1931 年孙孝钧的《广告经济学》、1933 年王贡三的《广告学》相继出版。1944 年，丁馨伯所著的《广告学》出版。从 1926 年蒋裕泉的《实用广告学》起出版的广告研究著作名称中基本都含有“学”，这在一定程度上表明当时的学者不满足在简单的“术”上描述广告，希望将广告研究上升至一门学科，使之更具学理性。但当时的广告学者多是报业、商界人士，他们研究广告的主要动力还是解决广告中遇到的实际问题。相比美国同一时期的广告研究，由于我国经济发展不够发达，广告业也没有达到一定的规模，广告从业者的业务水平也与美国同时期的广告人不可同日而语，相应的广告研究多以引入国外广告研究成果为主，缺乏一定的理论独创性。新中国成立到改革开放以前，我国实施计划经济政策，广告也随之逐渐消失，对广告的研究也无从谈起。直到改革开放后，1983 年厦门大学新闻传播系创办广告学专业之后，国内广告学研究又重新起步。随着改革开放的深入，经济突飞猛进，广告服务需求猛增，广告行业迅速繁荣起来。20 世纪 80 年代中后期，1985 年广东高等教育出版社出版的傅汉章、邝铁军合著的《广告学》，1987 年经济科学出版社出版的杨荣刚的《现代广告学》，1987 年中国商业出版社出版的赵育冀的《现代广告学》，1988 年中国人民文学出版社出版的汪洋、苗杰主编的《现代商业广告学》，1989 年湖北科学技术出版社出版的颜瑾瑜、陈宏愚主编的《广告学入门》，1990 年高等教育出版社出版的宋顺清、刘瑞武编著的《广告学原理与应用》，对广告学研究产生较大的影响。从 20 世纪 80 年代末，广告研究开始注重不同表现形式以及业内不同技术分工的实务技巧。1989 年，机械工业出版社出版的广告丛书中就包含《现代广告策划》《现代广告设计》《现代广告写作》。20 世纪 90 年代以后，我国广告教育遍地开花，广告学著作、教材、丛书层出不穷。综合性广告学研究和广告分工专业技术研究诸如广告策划、广告创意、广告文案、广告设计、广告媒体、广告调查、广告摄影、广告效果测定、广告管理等都得到充分的发展，相关著作层出不穷。如 1990 年黑龙江人民出版社出版的邝铁军、傅汉章的《广告效果测定》，1991 年世界知识出版社出版的孙有为的《整体广告策划》，1997 年中国物价出版社出版的丁俊杰的《现代广告通论》，2002 年中国物价出版社出版的黄升民、王冰、黄京华的《广告调查》，2003 年中南工业大学出版社出版的丁邦清的《广告创意》，2008 年厦门大学出版社出版的陈培爱的《广告文案创作》等。值得一提的是，对我国广告发展史的梳理一直是广告本体研究中一个重要的学术方向。如 1995 年新疆美术摄影出版社出版的唐忠朴的《中国电视广告十年》，1997 年中国物价出版社出版的陈培爱的《中外广告史》，2001 年武警音像出版社出版的黄升民的《中国广告二十年》，2004 年华夏出版社出版的 IAI 国际广告研究所、国际广告杂志社、北京广播学院广告学院合编的《中国广告猛进史（1979—2003）》等。90 年代之后在广告研究空前繁荣的背景下，我们应该看到仍然缺乏有创见的重大理论。21 世纪以来，由于新媒介的不断发展，旧有的广告理论面临新环境下的适用问题，广告研究边界逐渐模糊，很多学者转向新媒体、产业经济、文化等方向。如 2006 年华中科技大学出版社出版的舒咏平、陈少华、鲍立泉合著的《新媒体与广告互动传播》，2013 年清华大学出版社出版的黄升民、周艳、王薇合著的《内容银行：数字内容产业的核心》等。

二、社会文化方向的广告研究

（一）广告与特殊群体研究

1. 广告与儿童

现代社会广告如空气般无孔不入。身处其中的儿童无论是作为电视节目的观众还是作为产品的目标消费者都不可避免受到广告的影响。在儿童心理学家皮亚杰看来，3 ~ 7 岁儿童的价值判断来源于显而易见的感官刺激。儿童对外界刺激特别敏感，因此广告的色彩、光效、音响对儿童具有很大吸引力。绝大多数婴儿在出生后的两三个月甚至是几个星期就开始看电视，最初是无意识地扫一两眼，稍大一点看到电视里有食物伸手就要抓，或用手指着自己的嘴向父母示意；一岁左右的婴儿看到有趣的画面会笑，或随着音乐手舞足蹈；一岁半左右的婴儿已能蹒跚着走向电视机，甚至自己开电视；从 2 岁开始，婴儿正式开始看电视；3 岁可以成为固定的电视观众并能指认自己喜欢的电视明星。① 由于儿童认知、辨别广告能力较弱，缺乏独立判断力，儿童比成人更容易相信广告的真实性，因此，广告不仅对儿童具有很强的吸引力，还具有很强的诱导、示范、暗示作用，在很大程度上影响儿童身心发展。广告对儿童的巨大影响引起西方学者的关注。20 世纪 60 年代，美国出现大批广告与儿童的相关研究，其研究大致有两个方向：一是技术实践层面上：儿童如何处理广告信息；二是社会学视角：广告对儿童的负面影响。有学者认为成人世界消费异化的严重倾向，正通过广告影响和侵蚀着少年儿童。② 儿童作为特殊的需要保护的人群，儿童在商业信息爆炸的环境下健康成长问题受到整个社会的强烈关注。因此，广告与儿童有关问题最重要的研究成果主要集中在社会文化方向上。广告对儿童的负面影响：广告造成儿童物质主义，广告中情色元素对儿童性心理的影响，广告中儿童形象成人化的影响，广告造成儿童错误认知等。

2. 广告与女性

女性是广告的主要目标受众，也是广告表现中最常用的形象。经典的广告“3B（Beauty，Baby，Beast）”原则中 Beauty 的主要角色就是女性。学者对广告与女性有关问题的研究主要集中在社会文化视角下广告对女性的某种“歧视”。自古以来，在以男性为主体的社会，女性的地位总是退居其次，久而久之，传统社会便产生男女不平等的思想理念……即便是当代社会倡导男女平等原则，也无法彻底地根除这种传统的男尊女卑的极端化模式，不平等的权利关系随处可见，现代广告就完成对这种传统社会关系的形塑。③ 有学者指出，性别意识形态和商业价值意识形态塑造了女性广告。④ 在广告中，女性要不充当家庭主妇的从属角色，要不就是为得到男人宠爱而展示的花瓶，要不就是暴露身体成为诱惑欲望的附加符号。尽管广告中，女性也偶尔成为主体，甚至貌似能驾驭男性，但归根结底，依旧是以男性为榜样、为参照的。女性成为男性的客体、他者，成为第二性。广告中的女性不是成为男

---

① 彭焕萍：《电视广告对儿童的消极影响及防范对策》，《中国电视》2007 年 04 期，第 35—37 页。

② 许伟杰，杨越：《广告对儿童物质消费的影响》，《当代传播》2007 年 04 期，第 77 页。

③ 吴予敏：《广告学研究专题导引》，高等教育出版社 2015 年版，第 446 页。

④ 吴廷俊，郑玥：《电视广告中女性刻板印象解析》，《当代传播》2004 年 05 期，第 68 页。

人满足潜意识中性欲的香艳他者，就是为男性服务的温婉侍者，要不就是依附男人存在的弱者。而事实上，这是父权文化体制的歪曲，是广告及其他社会文化产品对女性的塑造、规训。正如雷蒙娜·德·波伏娃所说，“女人不是天生的，而是社会塑造的”。① 男性为中心的优势意识与商业文化的需求结合，塑造了媒介广告中的女性形象。② 广告中女性问题主要体现在：广告造成的女性刻板印象，广告中女性身体的过分暴露，广告中女性的物质崇拜等。批判父权社会下现代广告对女性“客体化”“物化”“商品化”压制以及意识形态规制，是广告中女性问题的研究主体。这种研究随着女性意识苏醒以及女权主义兴起不断得到加强。

（二）广告的文化批判

与美国的实证研究、经验主义不同的是，欧洲学者注重对大众文化的批判研究，因此被称作批判学派。批判学派的理论源头来自马克思的政治经济学。20 世纪 20 年代，第一次世界大战后无产阶级革命在还处于农奴制度的俄国取得了成功，而在资本主义发达的西欧国家无产阶级革命却全部以失败而告终。这一现象很难用马克思主义理论中生产力决定生产关系来解释。资本主义取代封建主义、社会主义取代资本主义社会制度更迭的规律并没有在现实中得到印证。20 世纪 20 年代后，西方马克思主义者对革命失败原因进行总结、反思，对马克思主义进行重新诠释，从而形成重要的学术流派——西方马克思主义。西方马克思主义认为西欧革命失败是由于无产阶级阶级意识的丧失，而物质欲望的满足、大众文化的蒙蔽性是无产阶级迷失的重要原因。西方马克思主义思想的一个重要来源是马克思的“商品拜物教”理论。西方马克思主义代表人物卢卡奇的“物化”理论就是在“商品拜物教”基础上的深入研究。“物化”揭示了资本主义社会人与人关系演变为人与物的关系、物与物的关系。后来鲍德里亚“物的体系”“符号消费”都是这一方向的不断延伸、拓展。西方马克思主义另一位代表人物阿尔都塞的意识形态理论，从结构主义出发，指出意识形态是支配个人和社会心理的观念和表象体系，是非科学的虚假意识，是割裂现实的个体与现实的想象关系。西方马克

---

① ［法］雷蒙娜·德·波伏娃：《第二性》，陶铁柱译，中国书籍出版社 1998 年版，第 76 页。

② 苏士梅，崔书颖：《广告伦理学》，河南大学出版社 2010 年版，第 154 页。

思主义学者葛兰西的文化霸权理论则是揭示资本主义社会统治阶级运用教育、大众传媒等手段进行文化操控，通过隐秘而强大、潜移默化的文化霸权（与政治霸权相对），造成无产阶级的虚假意识，即意识形态。

后来的英国文化研究学派、政治经济学派、法兰克福学派的学术研究都与西方马克思主义有直接或间接的联系。有关资本主义社会中的“商品生产和消费”和“大众传媒”是欧洲批判学派非常关键、非常清晰的研究范畴。广告是资本社会“商品”必不可少的促销宣传工具，是资本主义社会最具规模的信息传播活动，同时是大众传媒极为重要的组成部分。广告与欧洲批判学派学术研究中的两个重要的研究范畴“商品”“大众传媒”都有着非常密切的关联。因此，广告是欧洲批判学派学术研究中经常被提及、用作案例的传播现象。这些有关广告的论述深刻地揭示广告的社会影响、文化功能，为广告学理论增加了深厚的学术积淀。本文撷取批判学派中几个代表人物的广告观点加以说明。

1. 斯麦兹——受众商品论

达拉斯·斯麦兹（Dallas W·Smythe）是政治经济学派的泰斗。他最具影响力的学术贡献就是著名的受众商品论（audience commodity thesis）。受众商品论与摒弃美国经验学派对传播效果的极致追求，第一次将受众看作传媒机构生产的可售卖的商品，而不是节目的免费欣赏者。深刻揭示受众主动接受节目背后深层次经济学控制及其免费观看背后付出“劳动”，反映了资本主义传媒产业对普遍受众的、被免费娱乐消遣隐藏着的剥削实质。受众商品论对资本主义制度下媒介系统运作的结构分析丰富了政治经济学的路径，激发了媒介运行的新思考。① 斯麦兹1951年提出“受众商品”的思想，并在1977年发表的《传播：西方马克思主义的盲点》一文中系统地阐述了受众商品论。斯麦兹认为媒介生产的商品不是各类节目，而是观看节目的受众，媒介通过节目这一“免费午餐”诱使受众付出工作之余的注意力，然后再将受众打包做商品和广告商交易，从而获得利润。媒介通过节目作为报酬（成本）生产受众商品，获得超额利润（剩余价值）。广告商则通过购买受众又迫使受众产生购物冲动和虚假需求榨取剩余价值。在受众商品论中，广告是

---

① 陈世华：《“受众商品论”的理论溯源与未来走向》，《新闻知识》2012年01期，第3页。

大众传媒机构实现剩余价值的利润目标，也是生产商实现剩余价值的工具。

2. 杰哈利——广告拜物教

杰哈利（Sut Jhally）的广告理论在一定程度上是对斯麦兹受众商品论的继承与批判。杰哈利修正了斯麦兹的受众商品论，认为受众无法作为商品，受众的阅听时间才是商品，受众的阅听就是一种劳动。杰哈利把关注焦点对准收视时间，使这一批判向度真正落实。① 杰哈利更重要的学术贡献是《广告符码》一书中建构了广告拜物教（advertising fetishism）理论。广告符号的意义生成于人与物的互动关系。物经过广告符码这一中介的意义扩张后对人的价值已不仅仅是使用，而更多是人际交流中一种象征。这种象征是有关商品的意义。杰哈利指出广告的力量源自人对意义的渴望，即人总要在商品的世界中，以符号来确定自己的位置。②杰哈利认为广告掏空商品内部的意义，即社会生产的意义，继而被填充进广告制造的虚幻的市场交换意义。广告操控了商品的外在意义，实质上也操控了与商品相关的生产者、消费者、生产条件及生产关系。

3. 法兰克福学派——广告权力论

诞生于20世纪20年代的法兰克福学派，是以德国法兰克福大学的“社会研究中心”为中心的学术群体。广告是他们研究中的一个重要对象。在他们看来，广告是文化工业的重要部分。文化工业最显著的特征是机器化生产带来的同一性和标准化。这种同一性和标准化以不断重复、严格规划的要求带有强制性，强化了对受众心理的“灌输”和“操纵”，强迫受众成为广告流水线中生产出的那一类人，从而实施对受众的精神控制。他们认为广告是权力集团对消费者实施操控和支配的工具。权力集团掌握资本，掌握广告以及其他文化工业的所有生产、流通链条，通过规模化的机械复制，可轻易地切断商品真正意义的扩展，从而任意植入控制受众所需的广告意义。他们在合著的《启蒙辩证法》中提出“广告就是社会权力的纯粹表现”③ 的论断。

---

① 刘小新：《广告符码的文化研究与政治经济学批判——评加利（Sut Jhally）的广告理论》，《闽江学院学报》社会科学版2006年06期，第16页。

② ［美］苏特·杰哈利：《广告符码》，马姗姗译，中国人民大学出版社2004年版，第61页。

③ ［德］马克斯·霍克海默，西奥多·阿道尔诺：《启蒙辩证法》，渠敬东，曹卫东译，上海世纪出版集团2006年版，第148页。

广告作为文化工业的一部分已经潜移默化地为消费者提供了较为固定的生活反应模式，广告用这种模式管控消费者，而这种模式中隐含地体现了权力集团的意志。广告还尽力用满足消费者需求的方法麻痹消费者，瓦解他们的革命意识，掩盖资本主义社会的剥削与压迫关系。

4. 马尔库塞——虚假需求和单向度理论

马尔库塞也是法兰克福学派一个重要的代表人物。马尔库塞认为人和动物不同，人不满足于停留在物质享受上，人还有更高的精神需求。但资本主义社会中，人却以物质需求为本质需求，这是一种虚假需求。广告是制造虚假需求的主要工具。广告文化批评的最主流模式是指责商人把广告作为一种工具来操纵并控制消费者使他们渴望购买一些本来不需要的东西。①马尔库塞在《单向度的人》中指出："现行的大多数需求，诸如休息、娱乐、按照广告宣传来处世和消费、爱人之所爱与恨人之所恨，都属于虚假的需求这一范畴之列。"②与阿多诺和霍克海默一脉相承的是广告支配着消费者，通过大众传媒大规模的文化工业生产机制，使得消费者不由自主地、自愿地去购买资产阶级的产品。马尔库塞另一个重要理论是单向度理论。在马尔库塞看来，资本主义社会看似让人获得了自由、更惬意的生活，但实际上，却是一个极权社会。在生产力大幅提高、物质丰富的资本主义社会，文化工业体系通过广告及其文化产品制作大量"虚假需求"，使民众在物的包围中失去对世界多维关系的判断，成为物质性单向度的人。不断膨胀的物欲更是让人逐渐失去对社会的正常判断力。正常判断总是有肯定和否定两个向度，但成为物的奴隶的社会成员，在物的操控下，只持肯定、颂扬、向往的向度，失去否定的、批判的精神，成为肯定性单向度的人。

5. 鲍德里亚——符号消费

鲍德里亚是后现代主义的代表性人物，他最重要的研究成果是"消费社会"的理论建构。鲍德里亚在对消费社会的文化批判中，有着大量关于广告的论述。在鲍德里亚看来广告是"我们时代最出色的大众媒介"，是消费社会的符号操控机器。鲍德里亚认为，广告创造了拟真环境，让消费者误以为

---

① 贺玉高：《从虚假需要符号价值到拜物教——回归马克思主义的广告文化批评》，《新闻爱好者》2011年08期，第22页。

② ［美］赫伯特·马尔库塞：《单向度的人》，刘继译，上海译文出版社2014年版，第6页。

消费即是价值，商品本身的使用价值被符码象征掩盖，在拟真的消费社会里，人们消费的不是物的本身，而是把物当作突显身份的符号。广告刻意炮制了各种如风格、奢华、权威、成功、地位等虚假“区分”，这种区分驱使消费者消费的同时，形成虚拟的自我认同。广告制造的符号不是真实事件，而是有关商品的消费预言。广告通过同义反复“迫使”人们实践其消费预言。因此，广告操控的是没有真正意义的空洞的符号，让消费社会成为“丧失真实”的虚妄世界。消费社会中，广告通过符号价值掏空商品原本的意义，灌输资本主义消费主义价值意义，实现对人的控制。

（三）附属型广告理论

社会文化方向的广告研究还包括不以指导技术实践为目的，借用其他成熟人文学科理论从不同的视角和理论框架来审视、理解广告的研究。这些研究为我们提供了认识广告的多元视角。如2003年中国人民大学出版社出版的祁聿民等的《广告美学原理与案例》，2004年中南大学出版社出版的宋玉书、王纯菲合著的《广告文化学》，2008年复旦大学出版社出版的陈正辉的《广告伦理学》，2009年经济管理出版社出版的丁汉青的《广告经济学》，2009年厦门大学出版社出版的陈培爱的《广告传播学》等。附属型广告理论基本架构是已经成熟的学科理论，广告仅仅作为其中一个分支、类别，拥有与其他分支一样的共性，也具有一定特性，因此，存在单独研究的价值。附属型广告理论虽能提供更多理论视域研究广告，但也容易产生生搬硬套的研究弊端。

三、当前广告研究的困境及出路

从19世纪末20世纪初至今，广告研究已有100多年的历史。但由于广告学科极强的交叉性、实践性、综合性，广告研究初期过于偏重于“术”，学理性不强。在广告研究转向学理研究时，又不得不借助交叉性的其他学科，导致学科边界越来越模糊。在新媒体发展日新月异的今天，传统的广告术面临着变革，广告运作的媒介环境也发生巨大变化，广告学科边界更加不清晰，广告研究面临着很大的困境和挑战。

（一）广告学科边界模糊

广告在实质上是企业市场营销活动的一部分，企业广告行为是整体营销战略手段之一，与营销中其他手段互相渗透、互相依存。如捐助行为，营销活动，会议，促销，新闻发布，CIS 中 MI、BI 等，有些属于公关关系，有些属于促销活动，有些属于企业管理，这些营销手段中当然也附带着广告宣传，或者说，这些营销手段都带有强烈的广告意图。如某品牌的新闻发布会，虽只是向新闻界提供企业相关的资讯，但在资讯中必然带有宣传推广的意图。因此，在实际营销过程中，很难判定哪种手段属于广告，哪种手段属于其他营销手段。所有营销活动都涉及市场研判、竞争分析、消费者洞察、定位分析等，是广告决策的必要依据，同时也是整个营销战略的必要步骤，被广告理论纳入体系的市场、消费者、品牌定位等也很难断定是广告学科的专属理论。这些方向的理论研究对广告学者来说是必不可少的，同时营销中其他领域学者也需要进行相关研究，这就导致广告研究无法有一个清晰的定位。

从广告本体理论的演变过程看，我们也可以发现其趋势是“去广告中心化”的。广告的硬推销、软推销观、独占先机论、广告诉求的 USP、广告的品牌形象论、广告创意的 RIO 模式、广告发掘“与生俱来的戏剧性”可以说是比较纯粹的广告实践理论。但 20 世纪 70 年代出现的定位理论，其视野已经不仅仅限于广告，市场定位、消费者定位、竞争定位很难说是只适用广告运作的，广告能起的作用是如何根据定位生产适合的策略、内容和形式。20 世纪 80 年代的 CIS 理论仅 VI 与广告有很强相关度，MI、BI 内容虽然可以作为广告表现元素，但已更多属于企业管理范畴。20 世纪 90 年代的 IMC 理论与广告的关联度更低，广告仅仅作为整合营销传播的一部分，是客户与品牌众多触点之一。21 世纪新媒体研究中，广告仅仅作为媒介技术革新中的一项应用。严格意义说，媒介技术不应属于广告范畴，广告研究需要在媒介环境下，研究更大效果的媒介组合，研究广告策略和表现在碎片化环境下如何增加促进销售的效果。综上所述，自 20 世纪 70 年代起，我们所称的广告理论其实不断在“去广告中心”。如图 1.2 所示，在广告理论演进脉络中，可以清晰地看出广告研究越来越趋于边缘化。

在高等教育体系中，广告学的学科属性也比较模糊。20 世纪初，美国的大学就把广告作为一门正式课程。从学科归属看，美国广告教育主要设置新闻传播学和商学两个门类。中国大学里的广告教育主要设置于新闻传播、商业财经、艺术设计三种学科门类下，除此之外，也有设置于文学、社会学、管理学甚至是历史学门类下的。从广告的最终目的看，广告是营销的一种手段，广告专业应归属商业营销类；从广告运动的操作过程看，和直接销售不同，广告是一种信息传播活动，广告专业归属新闻传播类似乎更为非常贴切，丁俊杰教授在谈到中国广告教育时曾指出："这个定位决定了对广告的信息传播作用的肯定，而忽略了广告的营销本质。"① 从广告最终呈现的形式以及广告作品的制作过程看，广告更接近艺术设计门类。广告运作过程中还涉及消费者心理的洞察、社会群体的调研、语言文字的应用写作等。广告极强的包容和综合，导致广告专业的学科归属一直存在巨大分歧，广告专业在很多学科类别中的地位也像不是"亲生"一样被边缘化。广告学科在高校内的归属现状决定了，广告很难作为主要学科存在，学科依附性很强。在我国现行的学科分类中，新闻学与传播学是一级学科，包含二级七个学科：新闻理论、新闻史、新闻业务、新闻事业经营管理、广播与电视、传播学、新闻学与传播学其他学科。很明显，广告学在此学科分类尚且没有明确定位，只能隐藏于新闻学与传播学其他学科中。广告模糊的学科定位，客观上限制广告研究的长足的发展。

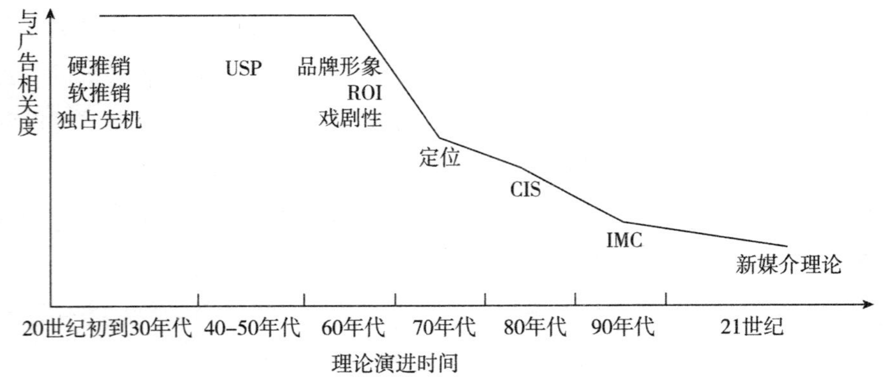

图 1.2　广告本体理论演进过程图

（二）广告本体研究学理性缺失

广告是一门实践性极强的学科。广告本体研究的最主要目的是解决广告

① 丁俊杰：《我国广告教育存在的几个问题》，《大市场（广告导报）》2002 年 08 期，第 53 页。

实践中遇到的问题。因此，广告本体研究更注重“术”，其理论中很大成分是实践经验的总结。这在一定程度上导致广告研究学理性的缺失。武汉大学张金海教授曾指出，有“术”无“学”，仍是人们对广告的一种基本评价。① 学者饶广祥也指出，广告学研究规模虽大，但却长期处于有“术”无“学”尴尬境地。② 广告本体研究中推销观、独占先机论、USP、品牌形象论、RIO、定位、IMC等具有巨大影响力的广告理论最重要的贡献在于阐述了如何做出成功有效的广告，其理论来源基于研究者本人在广告行业的成功经验。至于广告为什么这样做能成功有效的问题虽有少量提及，但也是出于研究者的感性判断，其深层次的“发生”机制没有得到充分的揭示。实际上，不同广告业界实践者提出的理论有时是完全相反的，但这些完全相左的观点又在实践中得到了验证，能在实际操作中取得成功而自圆其说。霍普金斯、大卫·奥格威持有广告科学论，被称为麦迪逊大街坏孩子的乔治·路易斯却坚持广告是艺术的，他在批评广告科学观时指出：“如果广告是科学的，那么我就是女人。”他也曾经讽刺定位理论说：“定位是屁！定位就像上厕所前必须拉开拉链一样平常。”霍普金斯、大卫·奥格威和乔治·路易斯，都是成功的伟大广告人，因此，从实践角度，很难说谁的理论是正确还是错误的。但是这从逻辑上是讲不通的。从学理角度上看，两个完全相反的理论不可能都是正确的，也就是说广告不可能既是科学的也是艺术的。因为这违反了真理的矛盾律。矛盾律是一切分析性的知识的一条普遍的、完全充分的原则。③ 针对经过实践验证过的广告相反的观点，我们只能说，其观点表述是一种感性判断，缺少必要的学理性，从学理判断上，只能有一种理论是正确的。从学理上说，最能揭示广告为什么这样做的理论主要来自对消费者心理、社会心理的研究，从严格意义上讲，广告心理学只是心理学的应用分支，并非广告本体理论，广告心理学更应该表述为广告受众之心理。所以说，广告本体理论中，很难找出能取得一致认同的学理性论述。

（三）广告人文社会研究系统性不完善

广告人文研究的学理性是很强的。但广告中儿童、女性等特殊群体研究

① 张金海，周丽玲：《我国广告理论研究现状》，《中国广告》2004年09期，第32页。

② 饶广祥：《广告符号学》，四川大学出版社2014年版，第28页。

③ ［德］康德：《纯粹理性批判》，邓晓芒译，人民出版社2017年版，第113页。

更多地属于社会学范畴的实证研究。批判学派中的广告研究没有形成系统化研究成果。批判学派广告研究逻辑思辨的主要理论基础是马克思主义，其研究目的是沿着马克思主义的宗旨批判资本主义社会中不平等本质，是维护、完善和拓展马克思主义理论，所谓“保卫马克思”①。传播批判学派中将广告视为文化工业整体的一个重要组成部分，而其本身对文化工业则持有批判和否定的态度。② 广告在批判学派研究中仅仅作为大众文化现象中的一个部分。批判学派中有些学者对广告分析多些，有些则很少提及。因此，批判学派中的广告观点零散地分布在其学术论文、著作中，并未形成有关广告批判的系统性理论。广告人文社会研究零散的特点，导致无法建构以广告为原点的批判理论，从而也就无法真正揭示广告如何影响文化、影响社会的内在机制。

至于广告文化学、广告伦理学、广告美学等理论中，广告的附庸性更强，甚至有牵强套用、削足适履之嫌。很难因此就说广告研究是具有学理性的。

四、广告研究的符号学路径

面对广告学研究困境时，我们需要思考的是广告需要怎样的研究、需要怎样的理论原点囊括广告实践技术以及广告社会文化两个层面的深入研究。造成广告研究困境的主要原因在于缺乏适合的理论原点。如何重新寻找广告理论原点，是广告研究破局的关键。广告的多科性和综合性是广告元理论的迷失主要原因。广告可以说是营销，也可以说是传播，再进一步讲，广告也是一种心理影响术。如果把营销作为广告理论原点，其极强功利性和实践性将使广告理论无法关照到人文社会领域。1998 年广告学在国家教委（教育部）进行的第四次专业目录调整中被确立为新闻传播类，但把传播学作为广告理论原点也不很适切，因为传播学本身和广告学一样也是多科交叉的边缘学科。如果把心理学作为广告理论原点，广告作为应用分支的学科定位很难改变。

---

① 《保卫马克思》是路易·阿尔都塞一部重要哲学著作。从书名可以看出，西方马克思理论的出发点是对马克思主义权威的维护，解释对马克思主义未能在西欧取得革命胜利的质疑。

② 陈婷，杜雨濛，李志强：《传播批判学派的广告观念及对我国广告业发展的意义》，《上海商业》2012 年 11 期，第 40 页。

广告研究的新路径，既需要吻合其实践性，能对技术有切实指导作用，又要具有较强扩展性，能延伸到社会文化领域，同时该路径必须能以广告为中心，从广告最小构成单位出发构建从广告文本到广告文化的系统性理论，能从广告最小的构成单位出发阐述意义生产逻辑，并能宏观地洞察特定社会体制下意义规模生产的文化动因。笔者认为，与传播学、营销学、心理学相比，符号更适合作为广告研究的原点。首先，符号作为切分世界的区分性概念能观照到最小的广告单位，从造型维度的点线面、色彩维度的各种颜色再到形象维度的具体事物，都是符号研究的对象。其次，从意义层面上说，广告创作就是广告创意，广告创意中“意”是绝大部分符号与生俱来的内在所指，符号研究可以直接打开广告创意之门。最后，从文化角度看，符号是任何社会文化的构筑材料，文化存在于符号意义的结构关系中。国内广告符号学者李思屈曾指出，对广告从符号层面开始进行研究，以寻找广告发生效力的内在传播机制，从而不仅回答“什么广告是有效的”，同时也回答“它为什么有效”和“怎样才能使广告有效”。① 符号对广告研究的适切性还表现以下几个方面。第一，广告不仅是营销、传播、心理营销术，也是一种符号。所有的广告都是符号，甚至可以说所有虚拟世界、文化都是符号性的，世界万物都可以被人符号化进行传播。卡西尔在《人论》中鲜明地指出：“对于理解人类文化生活形式的丰富性和多样性来说，理性是个很不充分的名称。但是，所有这些文化形式都是符号形式。因此，我们应当把人定义为符号的动物（animal symbolicum）来取代把人定义为理性的动物。”② 第二，符号具有元理论的特性。符号不仅在微观上可以切分到广告作品的最小构成单位，从而揭示广告商业意义生成的内在机制，对广告技术实践有着巨大的指导意义。还可以推演庞大的社会文化意义，从广告最小构成单位到社会文化意义，符号保持逻辑上的一致性和系统性。符号学者李幼蒸在《理论符号学导论》中指出：

> 没有什么问题像与记号有关的问题那样对人与文明的关系如此复杂

---

① 李思屈：《广告的传播学性质与广告符号》，《西南民族学院学报》哲学社会科学版 2000 年 02 期，第 102 页。

② ［德］恩斯特·卡西尔：《人论》，甘阳译，上海译文出版社 2004 年版，第 37 页。

> 和如此基本的了。记号与人类知识和生活的整个领域有关，它是人类世界的一个普遍工具。正像物理自然世界中的运动概念一样。记号作为文化现象中的表达单元，代表着人类精神构造和物质构造的基本元素。每当人的思想发生严重困扰和怀疑之时，往往会返回到这个基本点，以便重新开始运思。在20世纪文明的众多象征中，记号肯定是主要的象征之一。而研究记号问题的符号学或记号学遂成为20世纪最重要的科学领域之一。①

正如李幼蒸所说，当前广告研究发生严重困扰和怀疑之时，我们应该考虑返回符号原点。第三，符号能深刻揭示受众的解码过程。受众解码是广告意义生成的终端，无论是研究广告的效果机制还是研究广告对特殊人群的影响过程，都能通过受众解码机制加以诠释。总而言之，如图1.3形成的广告符号理论框架，从微观意义生成到宏观社会意义的生产，广告研究的符号学方法可以兼顾技术实践和社会文化两个方向的研究，并在符号原点的内在逻辑推演下将这两个方向形成一个有机的系统，从而构建以广告为主体的、独立的、完整的理论体系。

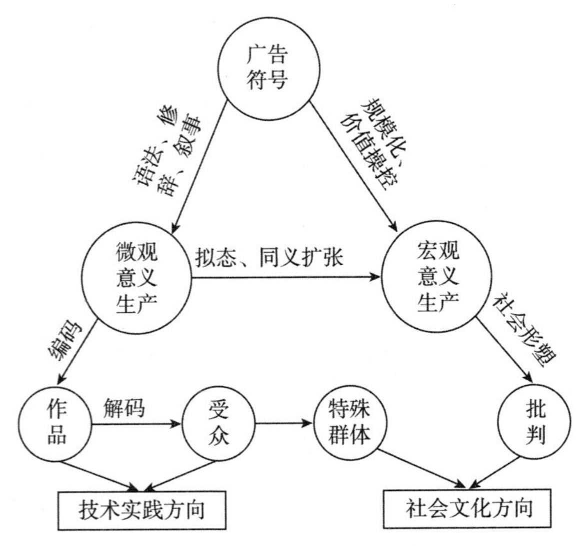

图1.3　广告符号理论框架

---

① 李幼蒸：《理论符号学导论》，中国人民大学出版社2007年版，第11页。

第二节　符号学及广告符号研究

一、国外符号学研究

卡西尔在《人论》中提出人是符号的动物，将符号创造和使用作为人和动物的本质区别。符号作为人类交流、传播的信息载体，是人类一切文化、文明、思想的基本介质。符号学作为一门新兴学科，引起西方国家学者的广泛关注和重视。符号学两大奠基人索绪尔、皮尔斯分别从语言学与逻辑学角度对符号提出开创性论点，成为后来符号学研究中的主要基石。

（一）索绪尔的语言符号学

符号学研究最初出于对意义的探知，在19世纪人文学科理学化的趋势下，索绪尔的结构主义语言学为符号学研究奠定了基础。索绪尔认为，语言和人类生活中的言语是不同概念，语言是一个系统，在系统中不同语言符号之间的关系、语言组合模式存在不为言语人改变的规律。正是各语言符号间的这种关系和组合模式产生了人类传播所需的“意义”。索绪尔提出的所指与能指、共时性与历时性、系谱轴与毗邻轴等二元对立概念成为符号学的基本术语。其后的学者在结构主义语言学的基础上进行内容更为广泛的符号研究。

1. 语言学的历时性与共时性

历时性与共时性是索绪尔《普通语言学教程》中一组对立概念。历时性与共时性关系到语言学的研究对象与研究方法的对立。索绪尔之前的语言研究中多关注语音、词义、语法等语言事实的演变与比较，索绪尔认为这些历时性的语言研究还未能解决普通语言学的基本问题。索绪尔提出语言学研究的一种重要任务就是“寻求在一切语言中永恒地普遍地起作用的力量，整理出能够概括一切历史特殊现象的一般规律”。① 索绪尔将这种语言学研究称为共时性语言学。他提出了语言学的根本问题，这是前所未有的，而且他对这

---

① ［瑞士］费尔迪南·德·索绪尔：《普通语言学教程》，高名凯译，商务印书馆2014年版，第12页。

些问题的看法从根本上改变了研究语言的方法。① 一般共时语言学的目的是要确立任何共时系统的基本原则，任何语言状态的构成因素。② 共时性语言学是一种静态语言学，将言语活动中诸多事实材料进行简化，研究能适用不同时间（历史时期）、不同空间（地域）语言现象的一般性原则和规律。在研究意旨上，共时性研究迥异于历时性研究，关注语言不变的、本质的、客观的、普遍的原理，其研究价值和对人类认识的贡献显然要高于历时性研究。

2. 语言与言语

索绪尔认为人类的言语活动既有个人的一面，又有社会的一面……既包含一个已定的系统，又包含一种演变。③ 为了强调共时性语言学本质不变的静态的研究对象，将其与历时性语言学中的动态对象区分开来，创造出结构主义语言学中这对关键的对立概念——语言与言语。语言是言语活动的一切表现准则，是言语活动中确定的部分。语言是言语实践的社会性产物，是社会集团的一整套必不可少的规约。言语既属于个人领域又属于社会领域，是动态的、多变的、复杂的。索绪尔认为语言的源点是在言语活动每个个体中建立起的平均数，即与相同的概念结合在一起的相同的符号。在言语实践中，这些平均数潜存于社会全体成员大脑中，形成一整套语法系统。在一定时机下，潜存的平均数经过社会集团的约定俗成之后，成为一种为社会全体成员共享和遵守的规则和制度。只有通过这种制度，才能保障社会个体间的交流沟通。个体运用语言规则按照个人意志组合成言语，表达个人的意愿、思想。因此，语言是社会性的、系统性的、制度性的约定俗成的产物。语言制度为所有个体言语活动所遵守，语言规则是个体与其他成员言语交流的必要前提。虽然索绪尔这种二元区分只是形式上的，但这种区分法让语言研究真正从语文学转变为语言学。④

---

① 舒春玲：《索绪尔共时语言学和历时语言学》，《内蒙古农业大学学报》社会科学版 2004 年 02 期，第 114 页。

② ［瑞士］费尔迪南·德·索绪尔：《普通语言学教程》，高名凯译，商务印书馆 2014 年版，第 139 页。

③ ［瑞士］费尔迪南·德·索绪尔：《普通语言学教程》，高名凯译，商务印书馆 2014 年版，第 15 页。

④ Anthony Wilden. *The Language of The Self.* the Johns Hopkins University Press, 1968: 204

3. 能指与所指

索绪尔在论述语言、音响、心理概念之间关系时，提出能指与所指这一组最具影响力的对立概念。能指与所指之所以在符号学及其他人文社会科学中具有如此广泛影响，因为它揭示了语言的基本结构。这种二元结构可以广泛地运用于社会文化意义领域。索绪尔认为语言符号是能指和所指构成的复合体。能指是语言的音响形象，所指则是客观事物在心理引起的概念。能指与所指就像一张纸的两面，是不可分割的。符号则是一个整体，不能单纯将能指或所指之一当作符号。索绪尔在论述能指与所指关系时强调其任意性，即能指与所指之间没有必然的联系，他们之间的联系是基于社会群体的约定俗成。能指和所指的联系是任意的，或者，因为我们所说的符号是指能指和所指相联结所产生的整体，我们可以更简单地说，语言符号是任意的。

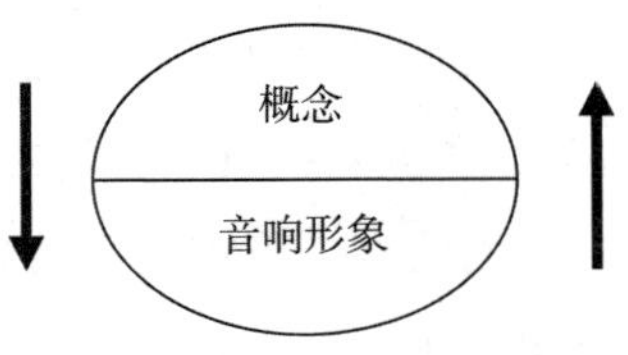

图 1.4　索绪尔符号构成图

4. 组合与聚合

索绪尔的这一组概念与语言的“价值”和“意义”有关。在索绪尔的语言观中，任何符号的价值不取决于自身，而是取决于它与其他符号的关系，取决于它在整个符号系统中的位置。系统中每个位置都有一定的“值项”，符号意义由一个符号的“值项”决定。组合与聚合是两种相互对立的符号关系。组合关系（也称句段关系）中的符号处于一个线性的、横向的序列中，符号与其他符号一个挨着一个通过组合关系的排列在言语的链条上，构成一定句段，表达一定意义。聚合关系（也称联想关系）是符号纵向的选择关系。众多具有共同特征的语言符号聚合在人们记忆中。在实际言语实践中，具有共同特征的这些语言符号可以供言语者选择来表达相同或相似的意义。组合关系是每个言语活动中显在的关系，而聚合关系则是潜在的，在需要的时候由言说者调用记忆在聚合关系的符号中选择恰当的一个。因此，索绪尔说：“句段关系是在现场的；它以两个或几个在现实的系列中出现的要素为基础。相反，联想关系却把不在现场的要素联合成潜在的记忆系列。”①

① ［瑞士］费尔迪南·德·索绪尔：《普通语言学教程》，高名凯译，商务印书馆 2014 年版，第 166 页。

5. 语言学的符号学归属

索绪尔的语言理论是以符号为中心或者说把符号作为基本单位的，目的在于解释语言的社会属性。① 索绪尔在讨论语言在人文事实中的地位时，明确指出语言学应归属于符号学。语言是一种表达观念的符号系统，因此，可以比之于文字、聋哑人的字母、象征仪式、礼节形式、军用信号等。它只是这系统中最重要的。② 符号学和语言学在探讨规律上的一致性和亲和性时，不仅使符号学规律可以应用于语言学，也是索绪尔关注符号学的重要缘由。③索绪尔还提出了符号学的设想：

> 因此，我们可以设想有一门研究社会生活中符号生命的科学，它将构成社会心理学的一部分，因而也是普通心理学的一部分，我们管它叫符号学。它将告诉我们符号是由什么构成的，受什么规律支配。因为这门科学还不存在，我们说不出它将会是什么样子，但是它有存在的权利，它的地位是预先确定了的。语言学不过是这门一般科学的一部分，将来符号学发现的规律也可以应用于语言学，所以后者将属于全部人文事实中一个非常确定的领域。④

语言作为符号学的特殊对象，与非语言符号有共同规律。由于一般符号学研究在语言学研究之后才开始，因此，一般符号学理论通常借鉴语言学中一般规律，将其推演延伸到非语言符号领域。罗兰·巴尔特在《符号学原理》中提出，符号学知识实际上只可能是对语言学知识的一种模仿，⑤ 并认为语言学中的一些分析性概念，对符号学研究具有“充分的一般性”。⑥

---

① 王秀芝：《索绪尔和乔姆斯基二分论的比较》，《沧州师范专科学校学报》2009 年 04 期，第 20 页。

② ［瑞士］费尔迪南·德·索绪尔：《普通语言学教程》，高名凯译，商务印书馆 2014 年版，第 24 页。

③ 屠友祥：《索绪尔“符号学”设想的缘起和意图》，《浙江大学学报》人文社会科学版 2006 年 05 期，第 35 页。

④ ［瑞士］费尔迪南·德·索绪尔：《普通语言学教程》，高名凯译，商务印书馆 2014 年版，第 24 页。

⑤ 罗兰·巴尔特：《符号学原理》，李幼蒸译，中国人民大学出版社版，第 1 页。

⑥ 罗兰·巴尔特：《符号学原理》，李幼蒸译，中国人民大学出版社版，第 2 页。

（二）皮尔斯的逻辑符号学

美国哲学家、逻辑学家、符号学家皮尔斯是逻辑符号学派的奠基人。与索绪尔结构主义语言符号论不同的是，皮尔斯符号理论和他的逻辑理论是一脉相承的，符号论是推演逻辑的工具，符号系统内部存在的是逻辑关系。与结构主义二元对立特征不同的另一个显著特征是，皮尔斯的符号理论是建立在三维结构基础上的。

1. 三个基本范畴

按照现代符号学的基本观点，范畴是最基本的语义切分，是任何命题和推论的根本前提。① 皮尔斯符号论及哲学逻辑论的一个重要基础就是他的范畴论。他对亚里士多德、康德等人的多元范畴进行改造，以自己关系逻辑理论为辅助，将范畴数目固定为三个。② 这个三个基本范畴：第一性（firstness）、第二性（secondness）、第三性（thirdness）。第一性是存在概念，因其自身的性质而存在，是独立于其他东西的存在。第一性是性质维面的事物。皮尔斯指出第一性这种存在方式存在于主体的真实存在之中，与其他任何事物无关。③ 第二性是相关于存在的概念，反应的概念，某些其他东西，第二性指向外部事物，第二性事物之存在基于与其他事物之间的关系，第二性是现实维面的事物。皮尔斯是这样定义第二性的："从整体上看，我认为这里有一种事物的存在方式，它存在于第二客体如何存在之中。我把它称为第二性。"④ 第三性是中介概念，借此概念第一性和第二性被带进了某种关系。第三性具有某种普遍性质，是由某种法则构成。第三性的普遍法则是第一性、第二性的意义所在。皮尔斯给第三性的解释是："这种方式存在于这样的事实之中，即第二性的未来事实具有一种决定性的普遍性格，我把它称

---

① 徐鹏：《皮尔斯一般符号学初探》，《云南大学学报》社会科学版 2006 年 01 期，第 26 页。

② 邱忠善：《论皮尔斯的现象学范畴》，《南昌大学学报》人文社会科学版 2009 年 02 期，第 51 页。

③ 皮尔斯：《皮尔斯文选》，涂纪亮，周兆平译，社会科学文献出版社 2006 年版，第 169 页。

④ 皮尔斯：《皮尔斯文选》，涂纪亮，周兆平译，社会科学文献出版社 2006 年版，第 169 页。

之为第三性。”① 总而言之，在皮尔斯看来，第一性是质的存在，第二性是现实的存在，第三性是中介的、法则的存在。这三个角度看起来很简单，很自然，但实际上都涉及认识论的一个基本前提。皮尔斯为此指出，我们考察任何现象或事物的时候，首先接触到的是诉诸各种感觉，如视觉、听觉、味觉、嗅觉、触觉等的物理属性，其次是有关现象之间的联系，最后才是将有关现象关联在一起的观念或认知。②

第一性，是事物的纯粹存在性，只与自身性质有关；第二性，事物间互相关系，必然与其他存在相关，第三性则是第一性与第二性之间的中介，赋予第一性和第二性以意义，至少涉及三件事物。《道德经》中所说的“一生二、二生三、三生万物”中也隐约可见基本的三个范畴。皮尔斯认为世界分类原则中有“三”个范畴足以，其他更多数量的范畴都可以归在这三个基本范畴中。皮尔斯曾如此描述：“我认为有三种存在方式，我们能从任何时间，以任何方式呈现于心中的任何事物的成分中直接观察它们。”③ 这作为“三生万物”的哲学注解似乎也是很合理的。

2. 符号的三构成

皮尔斯的范畴论体现在几乎所有皮尔斯逻辑哲学中。作为逻辑理论一部分的符号论，也建立在范畴论基础上，从本源上受到范畴论的深刻影响。在符号构成三成分上，就体现出范畴论的基本原则。皮尔斯认为符号作为代表物，自身有其一定的性质。在符号构成中，符号作为第一性的存在。客体，即符号所代表的事物，是第二性的存在。释义符（解释项）则是第三性的存在。

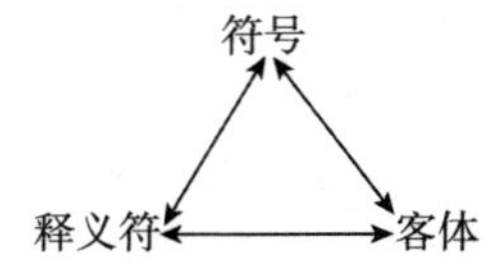

图 1.5 皮尔斯符号构成图

3. 符号的三分法

皮尔斯和康德一样，对三分法有一种天然的偏好。在皮尔斯的理论中，到处都可以看到这种三分法的应用。④ 皮尔斯符号的三个三分法与三个基本

---

① 皮尔斯：《皮尔斯文选》，涂纪亮，周兆平译，社会科学文献出版社 2006 年版，第 170 页。

② 卢德平：《论符号的分类问题———皮尔斯研究札记》，《解放军外国语学院学报》2002 年 04 期，第 25—26 页。

③ 皮尔斯：《皮尔斯文选》，涂纪亮，周兆平译，社会科学文献出版社 2006 年版，第 168 页。

④ 周祯祥：《范畴本体和皮尔斯范畴三分理论》，《哲学研究》2007 年 01 期，第 120 页。

范畴也息息相关，或者说三个基本范畴在不同视角的具体表现。皮尔斯符号的三个三分法也遵循三个基本范畴。第一个三分法，是依据符号本身性质来划分，是第一性的；第二个三分法，是依据符号与客观对象之间关系来划分，是第二性的；第三个三分法，是依据符号与解释项之间关系来划分，是第三性的。

从符号自身属性上，将符号分为性质符号（qualisigns）、单一符号（sinsigns）、法则符号（legisigns）。性质符号是指符号通过自身物质属性指涉客观对象。一个质的指号，是一种作为指号的质，除非它被具体化，否则不能现实地充当一个指号。① 性质符号质的获得与符号所代表的对象无关，也即它的具体化又与它作为指号无关。② 单一符号，也称例（token）符号，是指一个具体事物、事件一次性地起表征作用的符号。因其“只存在一次”，所以称为单一符号，是性质符号在现实中的一例（token）。其表征功能受到特定时空的限制，只在具体语境中成立，无法重复使用于不同语境。单一符号是一个作为指号的现实的存在或时间，它只能通过自己的质称为这个样子，因而它包含了一个质的指号，或正确点说包含了几个质的指号。③ 也就是说，单一符号是必然的包含了性质符号，性质符号的可能性通过单一符号称为现实。法则符号，也称型（type）符号，是指符号的法则，也就是符号能称为符号的一般规律和规则。皮尔斯认为约定俗成符号都是法则符号，法则符号不是单个对象，是一种类型（type）。皮尔斯认为：“它不是单个的对象，而是一般的类型，这种类型在获得人们同意之后才有意义。”④ 在法则符号与单一符号之间关系上，皮尔斯指出法则符号都需要单一符号，单一符号是法则符号复制品。在第一三分法中，我们可以清晰地看出，性质符号是第一性的，单一符号是第二性的，法则符号是第三性的。

根据符号和符号对象之间的关系将符号分为三种类型：肖似符号（i-

---

① 皮尔斯：《皮尔斯文选》，涂纪亮，周兆平译，社会科学文献出版社 2006 年版，第 280 页。

② 皮尔斯：《皮尔斯文选》，涂纪亮，周兆平译，社会科学文献出版社 2006 年版，第 280 页。

③ 皮尔斯：《皮尔斯文选》，涂纪亮，周兆平译，社会科学文献出版社 2006 年版，第 280 页。

④ 皮尔斯：《皮尔斯文选》，涂纪亮，周兆平译，社会科学文献出版社 2006 年版，第 280 页。

con）、指示符号（index）、象征符号（symbol）。在皮尔斯看来，这是符号分类中最为根本的一种。① 肖似符号是内在性质上与对象间存在某种程度的相似性，这种相似性让肖似符号与对象是源于同一事物，某一事物某方面的“质”在不同于原对象的时空中的感知形态形成了符号，替代在此时空中缺席的原对象。皮尔斯指出：“图像是这样一个指号，它仅仅借助自己的特征去指示对象，不论这样的对象事实上存在还是不存在，他都拥有这种相同的特征。”② 指示符号（index），则是某事物与原对象之间存在时间、空间上的对应关系，该事物与原对象在一方缺席的情形下，可以借助彼此的时空信息推知、引导另一方。标志是这样一种指号，它通过被某个对象影响而指示那个对象。③ 象征符号（symbol）和指涉对象之间没有相似性和时空对应关系，象征符号借助人们约定俗成的法则和普遍观念的联想去指示对象。④ 因此，象征符号与法则符号一样是需要经过群体约定同意后才具有符号功能的。皮尔斯认为法则符号自身是一种普遍的类型或法则，即法则符号。⑤ 与第一个三分法一样，在第二个三分法中也体现了三个普遍范畴，即肖似符号是第一性的，指示符号是第二性的，象征符号是第三性的。

从根据符号意义即符号解释项的不同性质，将符号分为呈现符号（rheme）、表述符号（dicent）、议论符号（argument）。呈现符号（也有译为表位、述位符号）是对符号对象的一般展现，不涉及任何论述、评价判断。从解释者角度，呈现符号仅仅是一种可能性，仅仅呈现某种质的存在。皮尔斯这样解释道：“表位是这样一个指号，对它的解释者来说，是一种质的可能性的指号，它被理解为代表这个或那个可能的对象。”⑥ 表述符号（也有译为命题符号）则是对某件事物的性质、关系等进行陈述，其陈述或真或

① 丁尔苏：《语言的符号性》，外语教学与研究出版社2000年版，第52页。

② 皮尔斯：《皮尔斯文选》，涂纪亮，周兆平译，社会科学文献出版社2006年版，第280页。

③ 皮尔斯：《皮尔斯文选》，涂纪亮，周兆平译，社会科学文献出版社2006年版，第281页。

④ 皮尔斯：《皮尔斯文选》，涂纪亮，周兆平译，社会科学文献出版社2006年版，第281页。

⑤ 皮尔斯：《皮尔斯文选》，涂纪亮，周兆平译，社会科学文献出版社2006年版，第281页。

⑥ 皮尔斯：《皮尔斯文选》，涂纪亮，周兆平译，社会科学文献出版社2006年版，第281页。

假。和呈现符号只是一种可能性不同，表述符号对它的解释者来说，它是现实存在的指号。① 一个表述符号必然包含呈现符号，呈现符号正是通过现实中的表述和命题实现了质的可能性。议论符号则是证明某件事物的“真”的过程。对于它的解释者来说，它是一个法则的指号。② 很显然，在第三个三分法中，呈现符号是第一性的，表述符号是第二性的，议论符号是第三性的。

如图 1.6 所示，从皮尔斯范畴、符号组成、符号三分法中，我们可以看出它们之间清晰的内在逻辑。第一性、第二性、第三性是客观世界存在的总类别，当然也是符号构成和符号分类的总原则。符号自身、性质符号、肖似符号、呈现符号都是决定于内在的质，与其他事物无关，是第一性的。客观对象、单一符号、指示符号、表述符号都存于现实中，与其他事物有关，是质的可能性在现实中的实现，是第二性的。解释项、法则符号、象征符号、议论符号是中介的概念，是现实事件中的一般规律和普遍观念，是第三性的。

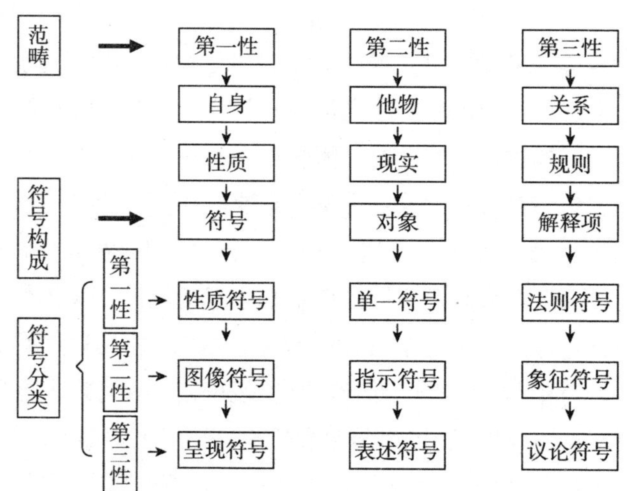

图 1.6 皮尔斯逻辑符号学内在逻辑

---

① 皮尔斯：《皮尔斯文选》，涂纪亮，周兆平译，社会科学文献出版社 2006 年版，第 281 页。

② 皮尔斯：《皮尔斯文选》，涂纪亮，周兆平译，社会科学文献出版社 2006 年版，第 282 页。

（三）其他学者的符号学研究

格雷马斯在索绪尔二元对立项中发展了符号方阵，将二元对立项扩展成四元的对立阵列，丰富了符号建构意义的层次，使符号更能阐述现实生活的意义问题。巴黎学派的罗兰·巴特把时装、广告等作为研究对象，用符号学方法诠释商业社会的意义生成和意义特征。在巴尔特的研究中，符号不仅阐述社会意义的原理，同时也作为一种文化批判的方法在学术上开创了新的领域。普洛普的《民间故事形态学》，是叙事学的发轫之作。把神话中的人物角色作为具有特定功能的符号，研究神话中所反映出的人类普遍叙述模式。叙事学本质就是把整个文本作为一个符号系统，研究人类叙事的普遍规律，此外巴赫金的文化符号论、苏珊朗格的符号美学、霍尔的文化解码理论、博德里亚的商品符号论，都从不同领域丰富了符号学的内涵。

二、国内符号学研究

国内符号学研究起步较晚。20 世纪 70 年代末 80 年代初，仅有零星的国内学者关注符号学。80 年代中后期，随着“文化热”，学界对符号学的兴趣越来越高。1994 年，我国召开了第一届全国语言与符号学研讨会，标志符号学作为一个独立学科在中国得到了长足的发展并有了较深的积淀。90 年代之后，国内符号学得到进一步的发展。国内符号学早期研究多集中于对符号学理论的引入和解释，对符号学的普及发挥重要的作用。李幼蒸的《理论符号学导论》对西方符号学研究成果进行详尽系统的梳理，对西方符号理论的普及发挥重要的作用。在介绍西方符号学基本原理的同时，国内学者关注中国传统文化中的符号现象。台湾学者龚鹏程所著的《文化符号学》，从解析汉字符号出发，研究中国特有的文化传统以及文化与各类艺术之间的本质关系；1994 年周文英的《“易”的符号学性质》、陈宗明的《汉字符号学：一种特殊的文字编码》等在符号学视域的文化研究方面做出了新的尝试。此外，符号学的应用研究也逐渐繁荣。新闻传播、文化、艺术、社会、经济领域学者把符号学作为一种方法论结合各自学科理论，拓展了多门类的应用符号学研究。

三、广告符号研究

符号学很早就关注广告这一具有广泛社会影响的商业传播活动。罗兰·

巴特是将符号学原理引入广告研究的开山鼻祖，他揭示了广告的“代码”本质，承载着商业意义和文化意义。让·鲍德里亚延续了罗兰·巴特的广告符号研究方向，更深刻地指明由符号控制的后现代性社会关系本质，在由符号控制的社会关系中人们消费的不是“物”，而是符号，是符号所指代的意义和关系。我国广告符号学研究始于20世纪90年代。荀志效于1994年发表的《论符号学方法在广告语言创意设计中的应用》是国内最早运用符号学方法研究广告语言的学术论文。到20世纪90年代末，学界已初步提出“广告符号学”的概念。1997年吴文虎的著作《广告的符号世界》对“广告符号”的概念进行了一定的阐述。

21世纪以来，广告符号学作为明确的学术概念被广泛应用在广告研究中。国内学者李思屈在广告符号领域发表一系列论文，如《论广告传播学的人文视点》《广告的传播学性质与广告符号》等，他的著作《广告符号学》于2004年出版，是国内较早系统地将符号方法用于广告研究的著作，开创了广告学研究的新路径。于2014年出版的四川大学饶光祥的著作《广告符号学教程》在广告符号学领域也具有较大的影响力。我们着重梳理李思屈在《广告符号学》一书中的主要观点。

（一）消费的二元结构

李思屈认为传统的消费解释“为了生产和生活的需要而消耗物质财富”只是片面从物质角度理解人的消费行为。实际上人类消费在物质消耗的同时也消费了意义。因此，消费本身就具有二元结构，既是物质消耗又是符号占有。“‘消费的二元结构’所描述的正是消费行为本身具有的物质消耗与符号占有、生理功能与意义功能这一内在结构。”① 和消费密切相关的广告，也在物质和消费两方面有不同的表现。“产品中心”的叫卖式广告与消费的物质层面相联系；联想、象征、隐喻式的广告则是与消费的意义层面相联系，具有意识形态功能。从广告对消费意义层面上创造方面看，广告不仅仅是一种信息传达，更是一种符号操作。

（二）品牌语言和品牌消费言语

整合营销理论提出“品牌网络”理论，即消费者对品牌的思维组织，存在一个网络结构的层级体系。在品牌网络结构中，消费者根据品牌各自的属

① 李思屈：《广告符号学》，四川大学出版社2004年版，第38页。

性以及与其他品牌之间的差别对品牌进行定位，李思屈等将这种网络结构与索绪尔的语言系统做类比，认为消费者心智中的品牌网络结构在社会性、系统性、交流性、规约性、制度性等方面，具有语言的特征。品牌网络具有显著的交流性。和语言类似，品牌交流的基础是集体性契约，品牌的规约性也决定了品牌网络具有相对的稳定性，如语言一样成了一种潜在的社会制度。还应该明确的是品牌网络是一个社会系统，系统由各种各样的品牌构成。系统中品牌之间的关系首先是差异与对立，在差异的基础上，在类别上、属性上存在相同或相似的关系。品牌网络作为一种类似语言的系统，品牌的消费自然也可以看作是一种言语行为。消费者的需求、教育水平、收入水平、社会地位等因素决定了在特定自然、社会环境中的品牌消费言语表达。李思屈对品牌语言特征的洞悉和阐述非常具有创见，为解读品牌现象提供一个全新的视角。

（三）品牌符号意义的生成

李思屈等指出定位是商品符号化的第一步。意义生成的基本前提之一是某品牌与其他品牌差异性共存于品牌网络中，也就是消费者对某品牌在心智里的定位。定位的结果是消费者在心智中形成一定的品牌阶梯。在品牌阶梯的形成上，李思屈引入了布尔迪厄的“惯习（habitus）”概念。惯习是消费者在社会实践中由社会结构和社会惯例逐渐内化而成的结构。惯习支配的行为具有无意识性却又合乎目的性。惯习理论用于文化对个体形塑以及社会文化形成具有很强的适用性，但对较微观层次的广告意义生成似乎缺少更明确的指导性。

（四）广告的神话机制

李思屈等将神话理论用于解释品牌形象的形成，指出广告符号第一系统指向产品及产品的功能性特征，广告符号的第二系统则指向一种生活态度、理念、意向等，即品牌的神话。品牌神话的塑造战略关键在于对“换挡加速”而成的第二系统的内涵进行“惯用语化”。李思屈等还强调系列广告在“惯用语化”过程中的强大效用。在广告神话形成过程中，李思屈指出了内涵意义固定的方法，但忽略了外延如何“换挡加速”为内涵的内在机制，运用巴特第一系统符号成为第二系统能指的理论虽然能解释外延演变成内涵的基本原理，但对广告神话涉及的第一系统的能指与产品或品牌、产品或品牌的功能、所需要传达的内涵之间的关系，以及选择怎样的第一系统的能指才能准确指涉产品或品牌、功能和内涵尚未进行详细解释。

（五）广告的深层逻辑

李思屈等在描述普洛普的俄国童话研究、弗莱的文学原型批评、列维·斯特劳斯的神话学、乔姆斯基的转化生成语法后，指出人类文化形态各异的文本下面都有一个深层的结构，这种深层结构有限而稳定，继而提出探寻广告内部深层逻辑的设想。他指出尽管各个广告的具体面貌不同，但有三个特定的因素作为不变量却肯定出现在广告中……三个要素是主体缺乏或失掉某种客体、对客体的寻求、对客体的获得或拥有。① 李思屈等将叙事结构变体总结为环节缺省型、加强型和复合双重结构型。广告的深层逻辑让人穿过表层文本的迷雾，洞悉广告不变的稳定的叙事结构。这种结构主义方法不同于一般广告文本表层符号分析，对解释广告文本意义构成与生成的机制具有很高的学术价值。但也应看到，“缺失—弥补—拥有”仅仅是主体施动角度的结构，客体的受动结构、客体的多模态结构、主客体性质结构都是值得深入研究的内在逻辑。

（六）广告的意识形态

李思屈等认为广告的意识形态是由表层意识形态和深层意识形态构成的复合结构。深层意识形态具有把世界“问题化”、消费主义价值观、与表层意识形态矛盾、中产阶级世界观四个特征。在阐述广告意识形态内容之后，李思屈继续剖析广告意识形态的嵌入机制。他指出广告意识形态通过“双重言说”作用于受众。“双重言说”是指言说者表面上以听话者立场说话，实际上在维护自己的利益。双重言说通过语言的硬控制、图像的催眠、神话思维等手段，实现意识形态的嵌入。

总而言之，国内外符号学以及广告符号的研究已经广泛地开展。国内外符号学研究一个重要的特征源于结构主义，其后又抛弃结构主义，特别在后现代思潮盛行时，学者多认为结构主义已经过时，其共时性的封闭性影响了对动态社会文化的解释能力。抛开结构主义的符号学研究往往成为社会学、心理学、传播学、广告学等门类学科的附庸，符号学与这些学科的结合显得有些生搬硬套，这是广告符号学等应用符号研究需要解决的问题。

---

① 李思屈：《广告符号学》，四川大学出版社 2004 年版，第 134 页。

第三节 广告符号研究意义与主要内容

一、研究意义

（一）广告实践层面

曾有学者指出传媒经济就是一种意义经济。① 广告作为文化创意产业的重要领域，对中国品牌战略有至关重要的影响。但作为文化创意领域的广告行业自身却因缺失创意而竞争乏力。在我国媒体上发布的具有创意的广告多为国际性品牌，而国际品牌的广告代理商恰恰也多为外资广告企业。中国广告行业的创意话语权依然被国际性的外资 4A 广告公司垄断。本土广告企业在制作加工、资源倒卖等方面进行低层次竞争。即使从事纯粹广告整体策略、广告设计等业务的广告企业也是在通用策略模板、素材复制组合上重复自我，无暇去思考更多的创意。其中原因当然有广告人的创意意识不足，也有广告企业因利润而追求快速“过稿”原因。更重要的原因是很多广告人长期依赖于行业经验，对广告创意根本原理和符号方法了解较少，对商业销售“意义”的生成规律了解较少，故而无法打开创意思路。此外，广告符号学研究多被学者当作文化批判的工具，却很少对创意实践起到真正的作用。在广告符号学研究中，符号学工具不应该作为政治批判的工具，而应作为精确的工具，研究表意规律。②

广告符号学研究在实践方面旨在从最简单也是最根本的结构主义二元对立起，层层深入剖析广告符号意义生成的原理，为广告创意实践提出基础的思维模式和创作路径。

（二）广告理论层面

广告符号研究旨在综合近一个世纪广告研究成果基础上，系统化地建构广告元理论，探索既能适用微观广告实践运作的方法论，又能透析广告影

---

① 谭天：《传媒经济的本质是意义经济》，《国际新闻界》2010 年 07 期，第 72 页。

② 饶广祥：《广告符号学研究现状与发展》，《湖南社会科学》2013 年 03 期，第 201 页。

响、形塑整个社会文化的过程与机制。不仅关注微观的“意义生成”，即广告创作，也关注宏观的、社会学视野的“广告意义生产”。从广告最终目的出发，探讨广告编码者的真正意图，以及广告编码过程中反映出的社会群体意识、潜意识的变迁。从广告解码者的角度，探析广告意义的再生产。从消费者角度，研究符号消费的内在动因、发展趋势。此外，广告整体媒体语境发生巨变，广告符号的时空大不同于传统媒体时代。广告符号时空的偏倚也逐渐改变了受众感官的使用比例、受众解码倾向等。广告符号意义的生成速度、制度、模式都因受众的变化发生巨大改变，广告符号意义生产呈现诸多新的特征，这更使得广告推广、品牌塑造需要寻根其意义生成的机制，以不变之基础应万变之环境。因此，需要广告理论、广告符号理论从意义产生的根源出发，能在新媒体语境依然对广告实践有足够的引导作用。广告符号研究在深入广告符号运作机制的基础上，运用结构性思维研究广告符号运作的基本规律，总结在任何媒介语境下广告符号意义生成、生产的共通原理，将广告符号理论在当前日新月异的新媒体环境下不至于“乱花渐欲迷人眼”，陷入自身学科属性的迷思。

二、主要研究内容

本书主要内容包括四个部分：第一部分，即第二章，为符号与意义的再定义；第二部分，即第三章，为广告符号的意指关系模式；第三部分，即第四章，为广告符号的形式与修辞意义的生成机制；第四部分，即第五章，为广告宏观文化意义的生成。

（一）符号与意义概念的重新定义

符号作为西方人文学科的重要术语，其内涵与外延一直没有定论，国内学者对符号定义也依然存在诸多分歧。抛开西方人文社科领域对“sign”与“symbol”使用上混乱导致的定义不清，本书在对各学者观点进行综合对比分析的基础上，从符号在传播过程中所起作用与功能出发，提出符号“代表其他事物”的基本功能。无论其是否有意义，传播过程中为跨越时空都必须使用符号代表其他不在场的事物来实现某事物及其所携带之信息从彼时空到此时空的运载。对于索绪尔所论的符号定义中涉及“概念”“音响形象”“符号”（概念与音响形象的统一体）三个事物，以及皮尔斯符号定义中涉及的“符号”“符号对象”“解释项”三个概念，本文倾向于只关涉“符号”

“符号对象”两个事物，更简洁的处理符号与其所代表的“非自身事物”之间的关系，将符号定义为信息传播中，能代表某一事物，并在一定程度上表达其讯息的事物。本书在此定义的基础上，继而论述符号的性质以及分类等问题。

意义作为一个极为广泛使用的词汇，其定义的纷杂程度并不比符号低。本文首先归纳哲学家、语言学家洛克、弗雷格、罗素、维特根斯坦、布龙菲尔德、石里克等人的有关意义的观点，从中寻找其共同点及其分歧的本质。上述学者对意义论点主要不同在于“观念”与“实在”的差异，其本质类似索绪尔“概念”与皮尔斯“客观对象”的差异，实际这样讨论“意义”的定义又回到了符号的定义上。至于维特根斯坦的不可说论以及布龙菲尔德、石里克的行为、逻辑实证论，本文认为其讨论的焦点已经不是“意义”这个词的定义范畴了。因此，本文依然是绕开以往学者的观点，从传播过程中人类认知角度出发，提出意义的定义。本文提出意义是人认知过程中“辨认”不同事物必须得出的评判性的结论。既然是出于辨认的目的，意义必然建立在“差别”基础上。因此，本文中，笔者将意义定义为：“在特定传播语境中，意义是以符号为载体的，人类对某事物的具有区分性特征的判定、推断及情感、态度与行为可能性。”在此定义基础上，本文还提出意义具有的重要特征：其一，二元性，即意义是二元判断值项中的一项；其二，人类世界的意义是极其有限的，从范畴即判断逻辑形式看，人类世界千姿百态，但人类对其差异所产生的评判数目并不多；其三，并非所有符号都有意义，与指涉对象十分肖似的符号没有意义，因为解码者无法从符号中发觉（或无法引起解码者的觉差）与符号对象的差别，没有差别则没有意义。

（二）广告符号意指的关系模式

在确定符号与意义的定义之后，本文讨论广告符号意义是如何生成的问题。首先阐述广告符号因广告活动极强商业目的性所带来的特征。其符号意义也与其他传播符号具有不同的特征。本文在通过消费者购物过程中的心理演变路径，将广告意义分为认知意义、情感意义、判断意义、行为意义四个链式意义过程。并结合符号分类理论，对广告符号意义进行分层分级，使广告意义得以更精确地细分。

在阐述广告符号及其意义特征前提下，本文重点论述广告符号意义生成的微观模式。即从关系切入，推导意义形成的源头。关系意味着必然存在两个互为差别的事物，而差别是意义之源，不同互相差别的事物之间形成的关系是意义的内在逻辑。本文从符号关系入手，论述意义生成的内在机制。将符号关系细分为符号与符号对象之间关系，聚合段符号与符号之间关系，组合段符号与符号之间关系等，结合广告文本分别对这几种关系形成意义的模式进行详细分析。

符号与符号对象之间关系，在皮尔斯那里早有论述。肖似符号、指示符号、象征符号生成意义的方式各有不同。除了符号与符号对象之间关系外，两个或两个以上符号之间的关系是意义生成的重要类型。符号与符号对象之间关系又分为在场与不在场符号之间的互相替代关系（聚合段符号间关系），以及同时在场的符号与符号之间关系（组合段符号间关系）。聚合段符号间是隐喻关系，依赖内在相似性生成意义。组合段符号间是句法关系，依赖时空前后、因果、递进、选择、假设、并列等关系生成试推出符号意义。

（三）广告符号的形式意义与广告符号修辞

广告符号的形式意义，一直以来被学界忽视。提到形式多从审美角度考量，形式要么被认为无意义，要么是被靠“感觉”得知的。格式塔心理学试图从心物场、视觉张力等角度解释形式的意义，做出了非常大的学术突破。

本文则是从形式给解码者带来的感官刺激意义（差别评判）出发，探索人类感官刺激意义与其他评价判断意义之间的关联，提出感觉刺激意义值延伸的论点，研究从广告符号形式的感觉刺激，形成一定判断到这种判断在不同感觉类别中的延伸，再到经验层次对产品总体印象认知的意义转换过程。

本章节，还研究广告符号修辞的特征和应用模式。其研究内容着重于视觉修辞在广告中的运用，并讨论不同修辞方法是如何制造“差异”，引导解码者所获意义的。

（四）广告符号文化意义的工业化生产

文本与文化的互文研究一直是学界研究的热点领域。在广告符号研究中，西方马克思主义就经常以广告为典型传媒现象，研究文化是如何影响广告文本，以及广告文本是如何体现出文化宰制的。本文沿着其思路，研究广告文本的工业化大规模生产导致文本意义换挡升级机制。在文本意义换挡过程，广告符号对社会大众心理操控，导致其产生“符号幻象”。基于广告幻象世界与意义形态虚假意义的相似，研究广告符号潜藏意识形态的原理与机制，在广告意识形态基础上研究广告的神话机制、广告造梦机制等。

第二章

符号与意义的再定义

第一节 符号的再定义

"符号"是西方人文科学的一个重要术语。英文中，有不少单词如 symbol、sign、mark、notation 都有与"符号"相近的含义，其中 symbol、sign 是西方符号研究中最常用的意指符号的单词。从词源上，symbol 有"sym"和"bol"两个组成部分。"sym"源于希腊语"sun"，意为"together"，即"太阳是共有的，大家一起生活在阳光下"；"bol"则是"扔"的意思。symbol 源义为"扔在一起"。从 symbol 源义上可以推知，symbol 涉及至少两个以上的事物，而且这两个事物因为某种因素息息相关而"在一起"。在语言不断进化过程中，symbol 源义逐渐演变为"通过一物能获知另一物的讯息"的含义。这样的含义与"符号"就比较接近了。两个事物能够"在一起"的原因以及两个事物之间的关系，是从一物推知另一物的内在因素。在当代西方语言中，symbol 有两个非常不同的意义，《简明牛津词典》对 symbol 一词的定义是两条：1. 一物习俗上体现了，再现了，提醒了另一物，尤其是一种思想或品质，（例如白色是纯洁的 symbol）；2. 一个标志或字，习惯上作为某个对象、思想、功能、过程的符号（sign）。[①] 也就是说，symbol 一词在英文中同时有"象征"和"符号"两重含义，"symbol"包含"sign"。在现代符号学中，象征（symbol）是一种特殊的符号（sign），两者的关系是"sign"包含"symbol"。由此可见，西方语言中 sign 与 symbol 是极易混淆、含糊不清的，

---

① 赵毅衡：《重新定义符号与符号学》，《国际新闻界》2013 年 06 期，第 10 页。

不同学者对这两个词的解释和用法也有所不同。在现代符号学中，一般情况下用“sign”指称符号。“sign”源于拉丁文“signum”，与古希腊语中的词根“seme”含义相近，因此，索绪尔使用源自“seme”的“semiology”指代符号学，研究“sign”的科学即“semiology”（符号学）。英语世界更倾向于使用皮尔斯提出的、同源词根的“Semiotics”。英国经验主义的开创人、哲学家约翰·洛克（John Locke），也曾用“Semiotic”代表符号之学。洛克把科学分为三种，第一、第二种为物理学和伦理学，第三种为 Semiotic，即符号之学。“Semiotics”一词还有“症候学”的意思。公元 2 世纪，古罗马时期被认为仅次于希波克拉底（Hippocrates）的第二个医学权威——最著名最有影响的医学大师、哲学家克劳迪亚斯 - 盖伦（Claudius Galenus）写了一本名为“Semiotics”的书，即症候学。符号（sign）之学与症候（symptom）之学使用同一单词，从某种意义上可以表明，符号（sign）与症候（symptom）有一定的内在联系。最初在医学上提出“症候”的是被西方尊为“医学之父”——西方医学奠基人的古希腊著名医生希波克拉底（Hippocrates），他在《论预后诊断》中对通过生理表象诊断病情做出详尽的阐述。实际上，在古希腊语中“symptom”与“symbol”本来就是使用相同词根的同源词，在使用上也没有严格的区分。因此，有人甚至将希波克拉底称为“符号学之父”。

“Semiotics”是解释“sign”学问，也是症候（symptom）的学问，源自拉丁文的“sign”与源自希腊文的“symptom”意义相近不同源；同源自希腊文“symbol”与“symptom”意义相近且同源。这间接地表明，“sign”的意义与“symbol”本来就很相近，只不过“sign”源自拉丁文，“symbol”来自希腊文。两者都有的含义：一个事物和另一个事物有着时间、空间、形状、性质等方面的“相同”，通过其中一个事物是可以推知另一事物相关信息的。这一层含义正是理解一切符号的根本。尽管“sign”与“symbol”使用上比较混乱，但对于符号的定义来说，这并不是关键，我们更需要绕过单词的历时语用，关注符号概念的本源含义。

符号是人类传播信息的工具，理解符号就必须从人对符号的使用行为出发。卡西尔在《人论》中把人定义为符号的动物。符号成为人与其他动物最本质的区别，是人之所以成为人的根本标志。符号化的思维和符号化的行为是人类生活中最富代表性的特征。人是符号的动物可以理解为：一、人的历史就是符号的历史，类人猿尚在未掌握使用符号之前，还无法称之为人，人与动物一个明显的界限就是符号的使用；二、人产生的过程就是掌握符号的过程，符号的使用包括“发明”出符号，也包括符号在群体中的传播；三、符号与人互相促进，符号使用促进人脑发展，人智力提升又促进符号产生、使用，直至形成相对完整的“符号系统”。除了在一切动物种属中都可看到的感受器系统和效应器系统以外，在人那里还可以发现称之为符号系统的第三环节。① 卡西尔为人做了一个“符号动物”的全新定义，却也没有给符号一个清晰的定义。卡西尔《人论》中“symbolicum”源于“Symbol”一词，意为“symbol - making or symbolizing ”。“Symbol”在英语中主要是指“象征”，同时也有“符号”的含义。应该将“animal symbolicum”翻译成“象征动物”还是“符号动物”，我们暂且不讨论。总而言之，卡西尔所说的符号是一种“象征”，可以说象征在符号表达层次是更高级的形态。在象征之前，人类对符号初始使用还有较低级的传播功能。因此，在讨论符号的具体定义前，我们似乎更需了解人类为什么要使用“符号”，符号在人类进化、发展过程中的功能和作用是什么。

在进化为人之前，猿类并非天生就比其他动物更具“求知欲”，但自然条件改变带来的生存欲望和猿类生理结构特点，“偶然”地将人类远祖的那部分猿类推到“大脑扩容”的境地。直立行走让大脑有了更大发展的空间。动物生存本能总是能发挥动物最具优势的生理特征。大脑在人类远祖的那部分猿类因强烈的求生本能被不断使用，在使用中得到强化。因此，类人猿的大脑已经比其他动物要发达很多，大脑容量要大得多。大脑的容量越大就能存储、处理越多“感觉”经验。类人猿是群居动物，在部落群体协作过程中，需要不断和同伴交流信息。但感觉经验只能感受有限空间的客观世界。类人猿（以及后来的人类）的眼睛只能在一定光线下看到极为有限的距离，耳朵也如此，能听到的距离非常有限。类人猿无法感知到视听觉范围以外的事物。这就限制了类人猿的信息交流范围。除非两个类人猿在同一时间、同一空间能感觉到相近范围的客观世界，否则“感觉”经验几乎是无法交流的，“感觉”经验的交流受限于此时此地，受限于特定时空的“在场”事物。一个类人猿事后要把所见所闻交流给另一个未曾经历的、不在场类人猿，必

① ［德］恩斯特·卡西尔：《人论》，甘阳译，上海译文出版社2004年版，第35页。

须突破时空的界限，除了用“代表物”就似乎已经别无他法了。用“代表物”进行非同一时空的交流是所有传播的共性，包括动物之间的传播。老虎用尿液的气味传播其“存在”的信息，宣示其领地，蜜蜂用八字舞传播其所遇见的花源，等等。尿液的气味、八字舞都是动物信息交流时的“代表物”。对类人猿的大脑来说，处理更多感觉经验无法依靠简单的动作、体液等生理性“代表物”。正如卡西尔所说，类人猿需要在感受器系统和效应器系统之外，创造更有丰富的“代表物”系统，这种代表物正是符号。传播学学者威尔伯·施拉姆在其与威廉·波特合著的《传播学概论》中写道：

> 我们从《韦氏国际词典》引用了符号的各种意义，但其中心意义只有一个，那就是“表示”（representation）：符号表示“一种思想”，表示“一种想法……命令或愿望”，或表示一种“概念”，或表示某种隐藏的信息如办公人员的姓名。符号代表事物。
>
> 认识到符号仅仅代表某种事物并不是一件容易的事，对原始人来说尤其如此；他们认为，名字是事物不可分割的部分。因此，原始人常把名字当作事物……①

用变化的声音、用简单印记表达事物，进而逐渐形成言语和图像符号，在听觉、视觉两个重要的感觉线上形成系统化的“代表物”集合。进化至此，我们可以说这些类人猿已经成为人类，而那些“代表物”集合正是人类独有的符号系统。有了符号系统，人类就可以摆脱感觉经验的束缚，构建能在时空中自由、迅速传播的虚拟世界。经过时空压缩过的符号因为简化、抽象等因素可以在人的思维中畅通无阻，成为思维的工具。

因此，从本质上讲，符号首先就是一种“代表物”。符号的基本功能也就是“代表”。代表功能对信息传播来说是至关重要的，甚至可以说，没有代表功能，稍有复杂信息的传播就很难发生。符号的替代功能让对“彼时空”事物的表达得以进行，让客观对象在“缺席”、不在场的情形下，仍然能得以再现。符号的本质是替代“彼时空”客观事物来克服其“此时空”的

---

① ［美］威尔伯·施拉姆，威廉·波特：《传播学概论》，何道宽译，中国人民大学出版社 2010 年版，第 58 页。

不在场，让其信息依然能够在“此时空”得到有效传播。客观对象“缺席”的原因主要有时间上无法在场和空间上的很难在场。因此符号“代表”客观对象必须经过的程序就是尽可能地“压缩”时空。“压缩”时空必然导致符号择取客观对象的部分特征作为可感知的形式来“代表”整体。比如要表达“河边有只老虎”的信息，如果没有符号，作为类人猿只能将那些受众带到河边而且老虎恰巧还在才能进行传播。符号传播则只需要用简单的图形勾勒出一只老虎在河边的情景就可以表达了，或者也可以用身体语言、简单语言来代表“河”与“老虎”进行表达。无论是哪种方法来表达，都需要使用已经进行“压缩”时空处理过的符号。符号经过时空压缩后才可以实现由彼及此的时空跨越。符号的时空跨越是人类社会信息流动的本质。运载符号的媒体也具有时空跨越的功能，而且这种能力正越来越强。正如电报发明时，费城的一家报纸写道，电报摧毁了“别的地方”概念，使得所有地方都是“这儿”。① 符号与日新月异的媒体一起，加快了信息的传播，拓展了人类生存空间。

因此，符号定义的第一要素与“代表”是分不开的。在汉语中，“符”字也有此意。“符”是古代朝廷传达命令或调兵将用的凭证，双方各执一半，以验真假，彼此可以互相替代、代表。符信、符节、符契中的“符”皆有“代表”之意。当然，和英文中“symptom”一样，“符”同时还有“征兆”的含义，如符瑞、符兆、符应、符表等。正是因为“代表”是符号最基本的功能，很多学者都认可将符号定义为“一种代表其他事物的事物”。A 能够代表或表述 B，那么 A 就是 B 的符号。美国符号学者约翰·费斯克在《传播研究导论——过程与符号》一书中提出并不算很严格的符号概念：符号是物理性的、能被我们的感官所感知的事物。它指代并非其本身的某些东西。② 古希腊大哲学家亚里士多德很早就关注“代表”（stands for）现象，并将符号分为三个部分：1. 符号本身的物质部分；2. 它引起注意的指示物；3. 它对意义的唤起。③ 这与后来皮尔斯的符号观非常接近。基督教思想家圣·奥

---

① ［美］约瑟夫·R·多米尼克：《大众传播动力论：数字时代的媒介》，蔡骐译，中国人民大学出版社 2009 年版，第 61 页。

② ［美］约翰·费斯克：《传播研究导论：过程与符号》，许静译，北京大学出版社 2008 年版，第 34 页。

③ 李思屈：《广告符号学》，四川大学出版社 2004 年版，第 7 页。

古斯丁（Aurelius Augustinus）对符号的定义也是从“由此及彼”的功能上出发的。符号使我们想到在这个东西加诸感觉印象之外的某种东西。

当将符号定义为“代表其他事物的事物”就不可避免遇到一个问题：符号是一种物体或事物，符号是否必须具有物质性。针对此问题学者赵毅衡在《符号学》一书中明确地指出：

> 很多中西论者认为“符号具有物质性”，此看法值得商榷。大部分符号载体的确是“物质性”的，但符号却是抽象的意义关系。而且载体这种感知不能用“物质性”来概括，可感知的不一定是物质。物理学家至今不能确定光的物质性，不能确认电磁波的源头必定是物。这种物理学问题，当然不能在符号学中辨清。
>
> 而且，作为符号载体的感知，可以不是物质，而是物质的缺失：空白、黑暗、寂静、无语、无嗅、无味、无表情、拒绝答复等。①

中国传统绘画中的留白、一个被采访者的沉默等都携带一定的意义，也具有符号的功能。因此，学者赵毅衡使用“感知”替代“事物”，将符号清晰地定义为“被认为携带着意义而接受的感知”。② 用“感知”取代“事物”进行符号的定义显然更加精确，但“事物”一词不同于“物体”，并非每一个事物都是“物质性”的，留白、沉默、消失等也可以称之为“事物”，称符号为某一种“事物”倒也不是不可以。赵毅衡先生的符号定义与其他学者的最大不同在于将符号与意义锁合，让意义成为符号之所以是符号的必要条件：

> 任何感知，只要能被当作意义的载体，就成了符号。符号之所以成为符号，就是因为有意义。这两个断言似乎同义反复，实际上缺失人作为人的存在需要：我们不能容忍感知到的世界缺乏意义。因此，符号学必然的前提是任何符号必然有意义。没有这个前提，解释就失去最根本的动力。而一旦接受者放弃解释，被经验物就成为纯然的感知而不再是

---

① 赵毅衡：《符号学》，南京大学出版社 2012 年版，第 25 页。

② 赵毅衡：《符号学原理与推演》，南京大学出版社 2011 年版，第 27 页。

符号，此时受到最大损害的不是世界，而是放弃解释的符号接受者。①

在赵毅衡先生“被认为携带着意义而接受的感知”的定义中，符号最重要的功能本质“代表”没有得到体现，至于把“携带意义”作为符号的必要条件也是值得商榷的。如果限定作为代表其他事物的符号必须“携带意义”，符号使用的初级形态就被排除在定义之外。在本书讨论意义部分章节中，我们对意义的定义着眼于对“差异”产生的某种判定结果。如果符号与其代表的对象之间是“绝似”的，该符号也可能是无意义的。

语言学之父索绪尔也不赞成将符号简单定义为一个“事物”。索绪尔将概念和音响形象的结合叫作符号。索绪尔对符号的定义主要是指语言符号，不能扩展到很多非语言符号。在索绪尔概念中出现“概念”“音响形象”“符号”三个事物。如果按照“代表其他事物的事物”的定义，符号就应该是“音响形象”。但索绪尔认为符号应该是一个整体，是“概念”和“音响形象”统一体，“概念”在索绪尔语言学中的术语为“所指”，“音响形象”则是“能指”。索绪尔提出：

> 这个定义提出了一个有关术语的重要问题。我们把概念和音响形象的结合叫作符号，但是在日常使用上，这个术语一般只指音响形象，例如指此（arbor 等）。人们容易忘记，arbor 之所以被称为符号，只是因为它带有树的概念，结果让感觉部分的观念包含了整体的概念。

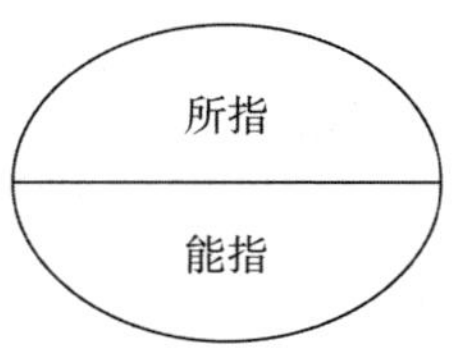

图 2.1　索绪尔符号构成的二元关系

> 如果我们用一些彼此呼应同时又互相对立的名称来表示这三个概念，那么歧义就可以消除。我们建议保留用符号这个词表示整体，用所指和能指分别代替概念和音响形象。后两个术语的好处是既能表明它们彼此间的对立，又能表明它们和它们所从属的整体间的对立。至于符号，如果我们认为可以满意，那是因为我们不知道该用什么去代替，日

① 赵毅衡：《符号学》，南京大学出版社 2012 年版，第 49 页。

常用语没有提出任何别的术语。①

索绪尔对符号定义主要着眼于符号的构成。让符号的定义更加精细和清晰。符号所指是一种心理概念，不是具体的某一事物。如“Tree”的所指是所有树的“心理概念”，而非具体的某一棵树。这对语言符号是适用的，但在非语言符号中就不那么准确。索绪尔对所指作“心理概念”的表述对非语言符号的“所指”是极大的限制。例如一棵松树的照片的所指就是那棵特定的松树，并不一定转化为心理概念。符号能指相当于符号的可感知部分，语言的“音响形象”和文字的“视觉拼写形象”都是符号能指。把符号作为“能指”“所指”对立统一的整体，有利有弊。正如索绪尔所说，这能表明它们之间的“对立”。“二元对立”是结构主义的理论之源，索绪尔在《普通语言学教程》中提出多组二元对立。索绪尔的“能指”“所指”为符号研究奠定坚实的基础，第一次清晰地认识符号关系中的要素，对符号学研究内容板块有着很好的指引作用。但把符号关系中要素直接作为符号的定义未必就是最适合的。

索绪尔对符号的定义带有极强的结构主义“二元对立”的哲学倾向。丹麦学者叶尔姆斯列夫将这种结构主义语言学发展到另一个高峰。叶尔姆斯列夫将“能指”“所指”这组概念改换为“表达”(expression)和“内容”(content)两个层面，并在此基础上，将这两个层面用“形式”(form)、“实体”(substance)做进一步的划分，从而形成表达形式、表达实体、内容形式、内容实体四个成分。叶尔姆斯列夫的划分法被艾柯称为“拜占庭式的哲学”，意为这种划分过于烦琐。

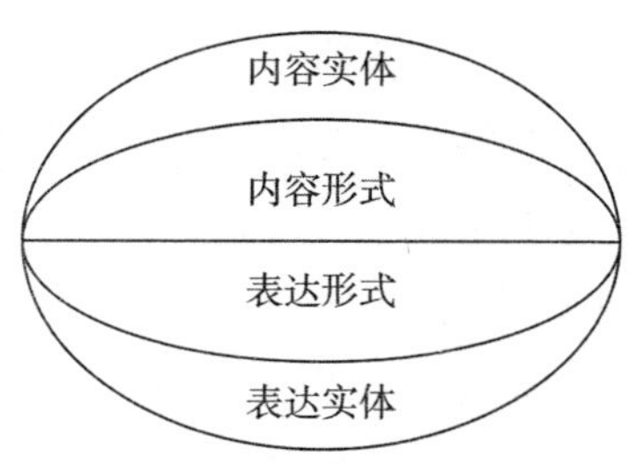

图 2.2　叶尔姆斯列夫符号构成元素

与索绪尔同时代的美国哲学家皮尔斯也是符号学创始人之一。皮尔斯关于符号的定义与索绪尔有较大的差别。皮尔斯指出：“符号，或者说再现体，

① ［瑞士］费尔迪南·德·索绪尔：《普通语言学教程》，高名凯译，商务印书馆 2014 年版，第 95 页。

在某种程度上向某人代表某一样东西，它是针对某个人而言的。也就是说，它在那个人的头脑里激起一个相应的符号，或者一个更加发达的符号。这个后产生的符号称为第一个符号的解释项。符号代表某样东西，即它的对象。它不是在所有方面，而是通过指称某种观念来代表那个对象的。”① 第一，皮尔斯认可符号就是代表其他事物的事物，并没有刻意将符号看作是所指、能指的结合体。第二，皮尔斯的定义中明确了符号所代表的那个“非符号自身的其他事物”，即客观对象（object）。在索绪尔的符号构成中没有涉及符号对象，索绪尔的“所指”更多是对符号的释义和理解，相当于皮尔斯符号定义中的解释项（interpretant）。第三，皮尔斯符号定义中的解释项是符号使用者产生的解码效果。不同使用者对同一符号的解释项都可能是不一样的。同时，这也间接地说明符号也可以被“解释项”代表，解释项可以作为符号的符号，无限地延伸下去。

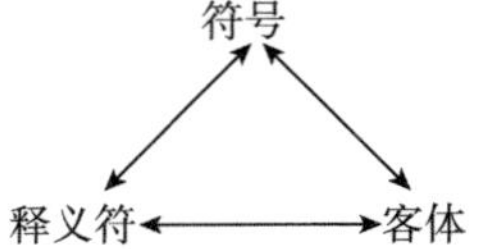

图 2.3　皮尔斯的意义要素

与皮尔斯经常有书信往来的英国符号学家奥格登和理查兹也曾得出和皮尔斯符号三角相似的模式。

从符号学两位创始人索绪尔和皮尔斯对符号的定义中可以看出，索绪尔着重探索语言符号中的既对立又统一的构成要素，从视角方面受到语言的限制较多，无法推广至非语言符号。皮尔斯的符号视域则相对广泛，其定义回归到符号“代表他物”的本质功能。两位学者对符号的定义无法用好坏、准确不准确来评价，只能说两种的视角不同得出的结论也不同。从一般符号学的角度来看，皮尔斯关于符号的定义要更适合，更适用包括语言符号和非语言符号在内的一般符号。

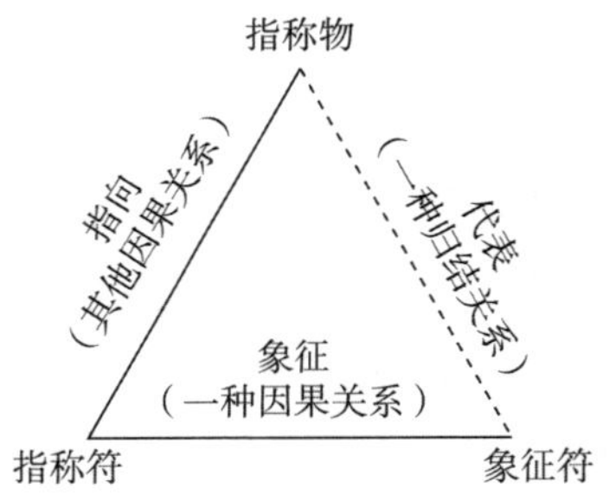

图 2.4　奥格登和理查兹的意义要素

综上所述，笔者认为符号可以被定义为“信息传播中，能代表某一事物、并在一定程度上表达其信息的事物”。该定义在“代表某一事物”前，加上信息传播的限制，主要是因为“代表、指代、替代”在整个社会政治、

① 丁尔苏：《符号与意义》，南京大学出版社 2012 年版，第 54 页。

经济、日常生活中都有广泛应用，没有信息传播的限制，符号的这种定义就很难成立。比如某人是人大代表，代表一个地区的人民，很显然我们不能说此人就是该地区所有人的符号。该定义在“代表某一事物”后补充了“在一定程度上表达其信息”的说明，补充之后的定义更明确地指向符号是信息传播过程的产物，因在传播中承载其他事物信息的功能而能够“代表某一事物”。

在某种程度上说，几乎所有可感知的事物都可用作符号来代表其他事物。任何可以的感知形式——视觉、听觉、肌肉的运动等都能成为一个“符号”，而且可与其他符号进行整合而使用。① 其符号化过程遵循像似、类似、意似、同种属、同时空等原则，也可以遵循互相约定的临时原则。

第二节 符号的性质

符号作为代表其他事物的事物，必须具有什么特质才具备“代表资格”，从代表其他事物的方式上符号具有什么特质，是符号性质主要研究内容。符号的代表资格所需具备的特性较为显著，无须过多研究，也无甚多争论。学术界对符号性质的研究和争论主要集中于符号代表其他事物的方式是任意的，还是理据的。

一、可感知性

符号是人类在传播过程中用以代表其他事物、表达其信息的事物。符号不一定是某种物质的，但一定是可以感知的。无法感知的事物就无法刺激受众感官，让受众接收到某种信息，更无法对其进行释义，传播活动就无从说起，符号更没有存在的必要。因此，可感知的特性是符号与生俱来的，也是符号能起到代表其他事物进行表意的必要条件。赵毅衡先生在其著作中也曾强调过这一点：“任何符号的载体，必须被感知，没有感知就不可能是符号，

① 焦肃东：《论符号逻辑在言语交互行为中的双重性结构》，《河南社会科学》2016 年 12 期，第 61 页。

这点必须坚持。"① 视觉和听觉是人类获得外部信息两个最重要的感觉，因此，在传播过程中，视觉、听觉符号最为常见。在广告传播中，视觉与听觉符号是广告文本的主要构成。其中，又以视觉符号为主，听觉符号在广告符号系统中往往作为一种情境气氛营造元素出现。除此之外，可以被触觉、味觉、嗅觉等器官感知的事物都可以作为符号在人类传播中使用，即具有被符号化的可能。

二、可替代性

符号与符号对象之间关系并非一一对应且固定不变的。一个事物可以用某一符号来代表，也可以用其他符号来代表。也就是说一个符号可以被无穷尽的其他符号替代，符号可以代表客观世界存在的某一个事物，也可以代表虚拟世界存在的符号，符号可以是另一符号的符号。一个事物可以用不同符号来代表，一个符号同样可以成为不同事物的符号。如和平可以用一只白鸽来代表，也可用敌对双方的握手代表，也可以用安静宁和的生活来代表等；而一张白鸽的照片可以代表"和平"，也可以代表客观世界存在的那种鸽子，如果这张照片中有老鹰等猛禽出现，这个白鸽还可以代表"弱者""危险"等多种含义。从这种意义上说，替代其他事物的符号，也是可以被替代的。皮尔斯符号三角的解释项也正说明了这一点，符号对某事物的代表可以被其他符号来解释，而解释所用的符号，就是替代符号的符号。这种替代与被替代可以无限延伸下去。在广告符号创意过程中，相同的主题有无数种表达方式，即无数种符号组合来代表某种主题意义。因此，可以说同一个主题的创意是无穷尽的。在商品同质化的市场背景下，想要从产品自身找到具有很大差异性的 USP 已经比较困难，与商品特性相关的人性方面的主题也被广告挖掘了很多。所以很多商品广告中要表达主题往往大同小异，其差别就在表达方法上，也就是代表那些主题的符号组合上。代表同一个主题意义的多种符号或符号组合都是可以互相替代的。

三、理据性与任意性

在语言领域，"自然性"与任意性的争论贯穿了西方两千多年的哲学史。

---

① 赵毅衡：《符号学》，南京大学出版社 2012 年版，第 55 页。

符号学研究中，语言的“自然性”“透明性”被称之为理据性。理据性和任意性之争至今尚未有所定论。理据和任意，主要是针对语言来说的。所谓任意性就是指符号的能指（如音、形）与所指之间没有必然的联系。符号之所以能代表符号对象是因为社会群体的约定俗成。所谓理据性，则相反，认为符号音形与所指有必然联系，符号与其代表对象有某种内在相似作为理据。索绪尔认为符号的第一原则便是“任意性”。比如客观世界中的“树”，在英文中用“tree”来代表，在中文中则是用“树”来代表，“tree”和“树”在发音和书写形状上没有任何共同之处，因此说符号“tree”或“树”与符号对象客观世界中的“树”之间关系完全是任意的，是社会群体任意、武断的约定结果。《荀子·正名》中对约定俗成有这样的表达：“名无固宜，约之以命，约定俗成谓之宜，异于约则谓之不宜。名无固实，约之以命实，约定俗成谓之实名。”约定俗成在语言学中常被当作任意性的论据。索绪尔提出语言符号任意性后，遭到很多学者的质疑。在皮尔斯的符号理论中，没有理据性这个术语。因为皮尔斯的符号理论并非像索绪尔一样建立在语言符号基础上。实际上，在皮尔斯对符号的肖似、指示和象征三分法中，也就象征符号与其指涉对象没有必然联系。肖似、指示符号与其符号对象均存在某种必然联系，由此可见，皮尔斯更倾向于符号具有理据性。

在非语言符号中，理据性是显而易见的。即使是语言符号，其任意性也受到质疑。语言中的拟声词、汉语言中象形字、同源词语等都能说明语言符号并非完全任意的，即使约定俗成，也应该有理据可循。约定俗成有“约定”“俗成”两层含义。如果仅仅从“约定”角度看，似乎任意性更强，如社会群体约定自身种属用“ren”的发音标记，究竟什么原因在语言产生初期中国的古人用“ren”这个发音，已经无法考究。语音起源研究多围绕一个核心，即人类最初是如何以其声音表达意念的，这意味着声与义的关联性不可避免地与语言起源这一古老难题联系在一起，然而，语言毕竟源于始前，先于文字久远，无原始记录可查，难以找到任何确切答案。① 正因为无法考证，语言代表事物的方式成了任意性的“铁证”。在论述语言起源时，德国学者赫尔德认为人类最初的语言都是对自然界声音的模拟。他在其著作

① 秦耀泳：《论语言符号的三重性——任意性理据性与象似性的统一》，《吉林师范学院学报》哲学社会科学 2003 年第 1 期，第 111 页。

《论语言的起源》中生动地描述了语言产生原始过程：

> 语言的第一个教师只能是听觉，我们仍以羊儿来做例子。在自然的巨大舞台上，有那么多的事物、图像和颜色从人的眼前飘浮而过，羊儿只不过是其中之一——这太难以区分了！所有的特征错综复杂地交织在一起，无法用语言来表达。形状能说得出来吗？颜色说得出来吗？人用手触摸羊儿，感觉因此可以可靠和完整一些，但还是不够清晰。这种情况下，谁能把他感觉到的说出来呢？可是，听，羊儿咩咩叫了！于是，便有一个特征从五彩缤纷的画面上，从混为一团、难以分辨的感觉中挣脱出来，深深地、明确地楔入了心灵。“哈哈”，我们这位尚未长成的学习者于是会说，“现在我可以再认出你了，你这咩咩叫的家伙。”然后他又听到斑鸠咕咕地叫，狗汪汪地叫。①

从赫尔德的论点看，这些模拟事物自然声音而产生的语言符号是有理据性的，但现代语言系统中这一类型语言的数量比较有限，只能表达识别客观世界的小部分，这对人类发展过程中所需的传播是远远不够的，因此，人类必然在拟声词基础上，进行其他构词方法，这些方式形成的词并没有把自然声音作为理据，为了让群体理解，只能进行约定或在长时间使用中俗成。

每种语言都有原生的语音和派生的语音，派生的语音理据性很强。如在在英文中“human”就不是任意的，类似于汉语的会意字，“human”来源于“hum”，意为上帝造人的湿土。英语国家古人对“human”的约定是一个结构上、语法上的约定。如果从“俗成”角度看，任意相对更弱。俗成，既包括对某种群体共同感知、理解过事物、结果的继承，也能包含语言形成的历时性，这一类语言往往具有漫长的演化历史，在漫长演化过程中语言如何代表语言符号对象的方式也难以考究，语言外在形态掩盖了其原本的理据性。可以说，语言最初产生时是具有很强理据性的。虽然语言中的每一个符号都是有理据的，但是语言符号是不断变化的，在语言发展过程中有可能丧失理

---

① ［德］J. G. 赫尔德：《论语言的起源》，姚小平译，商务印书馆 2011 年版，第 42—43 页。

据，变成无理据或难以找到理据的符号。[①] 因此，语言符号武断、任意的"约定"是建立在像似、类似、意似的"俗成"基础上的，也就是说语言任意性以理据性为基础，是理据性发展到一定阶段的、更高效的传播符号生成原则。

因此，任意性作为语言符号的特性是显而易见的，但在非语言符号中，符号与符号对象之间的关系就并非完全任意性了。我们无论如何都不能把一个人照片、肖像画看成是其人任意性的符号。即使与符号对象没有必然联系的象征符号，也绝非任意性的。如白鸽、橄榄枝象征和平，是把圣经故事中诺亚方舟的典故作为理据的。再如天平象征法律也有理据可循，天平和法律的公正两者都有"兼顾两边、保持均衡"的固有属性。

综上所述，符号的任意性不是绝对的，任意性是建立在理据性的基础上。理据性虽然在很多符号外在形态上难寻痕迹，但绝不能断言那些任意性符号没有理据性。两者并不相互排斥，而恰恰是相互补足。[②]

第三节　符号的分类

符号分类是符号学研究中的一项重要课题。[③] 学界对符号的分类并没有统一固定的标准。不同学者根据不同哲学观点、学术渊源使用不同的标准将符号进行分类。都被誉为符号学奠基人的索绪尔与皮尔斯对符号的分类方法就截然不同。索绪尔秉承结构主义二元对立思维，对符号的分类都是对立的两分法，而依袭康德哲学思想的皮尔斯则坚持符号的三分法。当然，对符号进行分类的目的并不在于分类以及分类标准本身，而是为了将具有相同规律的事物归于同一集合中，以便于更清晰、更细致地掌握其规律以及更准确地运用该类事物。

---

① 张凤，高航：《语言符号的任意性、象似性与理据——索绪尔的任意性观点和皮尔斯的象似性观点解读》，《山东外语教学》2005 年第 5 期，第 18 页。

② 刘悦明，李勇忠 ：《关于语言本质的再思考：任意性与理据性之争》，《江西师范大学学报》哲学社会科学版 2010 年第 5 期，第 236 页。

③ 丁尔苏：《释意方法与符号分类》，《四川大学学报》哲学社会科学版 2015 年第 6 期，第 19 页。

一、语言、非语言二分法

语言符号和非语言符号是最基本的符号二分法。很显然，这是以语言符号为中心的分类法。除语言符号之外的符号统称为非语言符号。索绪尔从未明确地将符号分为语言符号和非语言符号，但从他在《普通语言学教程》中的表述可以清晰地看出语言是一种特殊的符号，除语言之外象征、仪式、礼节形式等也是能够表达观念的符号。因此，可以说将符号分为语言和非语言两种类型的根源是出于索绪尔。

语言符号一般可以分为口头语言符号和文字语言符号。当然经过约定俗成的哑语与盲文，也可以作为语言符号的特殊类型。除语言之外的非语言符号类别很多，包括视觉上的人的表情、肢体动作、姿态、人际距离及空间关系等以及听觉上的类语言、副语言等。除了人体发出的符号之外，非语言符号的类型也格外丰富多样，可以说只要人类赋予其一定代表功能，万事万物皆可能成为符号。图像、服装、建筑、音乐及其他声音等。

正如索绪尔所问“究竟是什么使得语言在全部符号事实中成为一个特殊的系统”，语言与非语言相比，有什么优势，这种优势从何而来?

一般来说，符号在人们的认识心理过程中大概可以起以下作用。

其一，标识性的表述，即对事物的属性进行认知和表述。譬如有人在树林中看到一头鹿时，大脑中反应出这种动物的类别，会提示自己“这是一头鹿”，大脑中潜在的标识性表述也有排他的成分:“这不是一头大象，不是一匹马。”在认定所见事物属性后，这头鹿的颜色、形状、姿态等概况会在大脑中引起相应的符号反应。

其二，评价、判断性表述，对某事物的特征进行揭示和表述。如有人在路上看到多年未见的同学，在识别此人与自己关系属性后，此人各方面特征得以在大脑中存留。此后，依照人的认知心理规律，一定会对该朋友做一个总体的评判。如“他还是挺英俊的” “他也有点老了” “他情绪比较低落”等。

其三，习惯性表述，既依据某个体心理、行为习惯对事物所产生的某种反应做出的符号表达。如碰到同学，并有了一定评判后，一般都会在大脑中反应出下一步的计划。如“赶紧叫住他，叙叙旧”“他情绪那么低落，还是别叫他，免得尴尬”等。

其四，发展性表述。对习惯性行动计划做选择适合方式的符号表达。如某人见到同学，想一起叙叙旧，紧接着会想到叙旧的一些方法。如“去喝杯咖啡”“去喝一顿老酒”等。

在人感知到客观对象时，大脑的反应模式往往都会有这四个思维过程。这四个过程中，所用思维符号可以是语言的，也可以是非语言的，但绝大部分使用的符号都是语言符号。在第一过程中，语言符号的表达会不如非语言符号表达得形象，非语言符号在震撼视听方面远胜语言。语言在描述外在特征时，再精确都不如一张照片或一段视频来得真切。在第二过程中，语言符号起的作用胜于非语言符号。语言主要作用人的左脑、人的理性思维，语言符号的说服力胜过非语言符号。或者可以说，非语言符号在评价判断的表达上，甚至是无能为力的。在第三、第四过程中，涉及心理、行动等反应的表达，语言符号的表达力也优于非语言符号。在第一过程中，尽管非语言符号表达更形象生动，但不使用非语言符号，仅用语言符号同样也可以表达，但在第二、三、四过程中，在没有语言符号的情况下，只用非语言符号来表达，其意义往往是非常模糊，甚至无法传达意义的。语言符号在人类认知反应四个过程都运用，但非语言符号在评价判断阶段很难使用。因此，从传播功能与信息传播量来说，语言符号比非语言符号是优势的。

美国传播学学者施拉姆对语言和非语言符号有这样的阐述：

> 符号可以是语言的或非语言的，可以是视觉的、听觉的、嗅觉的和触觉的。它可以是说的话、写的字、印的书和画的画，可以是姿势、微笑、拍肩、大笑或香味……有一点显而易见：在任何人类传播中，很大一部分信息是从非语言的信号得到的。
>
> 然而，非语言符号有一定的局限……语言可以传播任何信息，而非语言传播的范围则有限。换句话说，非语言信号可以表示喜不喜欢、重不重要、反应和情感等细腻的信息。线条、电影、电视等图像信号可以传播具体信息的综合效应。图像可以告诉我们：某物的外观如何，某人的相貌如何、行为怎样，如何开机器，在宇宙飞船或球形潜水器里能看到什么等。在这些语境中，图像比词语的表现力强得多。然而，主题越抽象，不用词语就越难表达。比如，为什么要按这个钮而不按那个钮呢？为什么电路要这样设计呢？如果用词语解释这些问题，效果肯定比

光用图片解释好，虽然对实际操作的人来说，图文并茂有难以比拟的优势。①

在广告文本中，语言符号通常称之为广告文案，非语言符号则指诸如画面、色彩、声音等元素。很多知名广告人以及学者，都非常推崇广告文案的作用。H. 史迪平斯曾说过："文案是广告的核心。"广告大师 G. B. 葛里宾曾说："就我们的行业——广告而论，文字实际上是我们终日从事的工作。"被誉为现代广告教父、广告教皇的大卫·奥格威在《一个广告人的自白》中曾指出："广告是文字性的行业，但在广告公司里却充斥着不能写作的男女。他们不会写广告，也不会做广告策划。他们就像大都会歌剧院舞台上的聋哑人那样无用。"② 学者宋顺清、刘瑞武也认为："文稿的好坏，直接影响到整个广告活动的成败。"甚至有调查资料表明，广告效果的50% -75%来自广告中的语言符号。在一则广告作品中，如果没有文案或者文案看不懂，受众就无法理解广告的意图，无法形成有效的传播。如图2.5所示，广告非语言符号显示的是一个匪夷所思的画面：一个女性在接生医生帮助下，生下一个成年男子。这画面本身是极具冲击力和创意的，但没有文案的限定使该广告显得不知所云。笔者在课堂上经过多次测试，几乎没有学生能理解广告意图。好在，PS2 游戏机在该广告出现的年份是游戏爱好者广泛知晓的品牌。当有了 PS2 游戏机这样商品的限定，该广告表达的"男人在游戏中重生"的含义就更容易理解了。

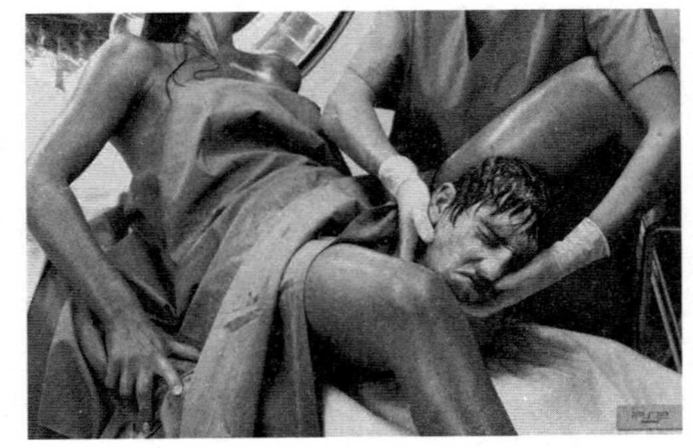

图 2.5　PS2 游戏机广告

从传播效果和信息量角度，语言符号的作用具有较大的优势。其原因与语言在长期演化过程中不断得以抽象简化有关。我们知道人类使用所有符号

---

① ［美］威尔伯·施拉姆，威廉·波特：《传播学概论》，何道宽译，中国人民大学出版社 2010 年版，第 69 页。

② ［美］大卫·奥格威：《一个广告人的自白》，林桦译，中国出版社 2011 年版，第 30 页。

的动力都是在传播过程中来代表一个不在场（无法在场或很难在场）事物。符号都需要经过时空压缩之后才能代表符号对象。如无论是大象的语言文字或者是大象的图像，都是客观存在的大象压缩过的代表物。人类无法直接将客观存在的大象直接用以传播。大象的图像符号将大象所占空间压缩到几千几万分之一，大象的语言符号更是如此。大象的符号比获得大象本身的时间也压缩了几千几万之一。因此，我们在电视、书籍等媒介上看到的大象已经经过几千几万倍时空压缩后，才得以在大众传媒中通行无阻的传播。语言符号与非语言符号最本质的区别正是对“时空压缩”的程度有极大的差异。语言符号经过几千年的演变，已经高度抽象化。索绪尔认为任意性是语言符号第一原则，语言符号的能指和所指之间关系的确立完全基于社会群体的约定俗成。为了便于在传播中使用，约定俗成的符号一般都具有最简单的形式。人类在语言形成的过程中，不断对语言进行简化抽象，以至于当今呈现的语言符号已经极大程度地节约了时空。语言符号所有的优势和劣势都源于对时空的高度压缩。如果我们要表达“昨天我在电影院看了一部感人的印度电影叫《摔跤吧，爸爸》”，用语言符号，只要几秒钟，或者在纸上只占有两行字就可以表达得十分清晰。但如果不允许使用任何语言符号来表达，可能画无数画面，再加上肢体语言都无法将意思表达清晰。

语言符号对时空的高度压缩，决定了在单位时空中或相同媒介时空间中（如相同的报纸杂志版面、广播电视广告时长），能承载的高度压缩时空的语言符号的量要远远多于时空压缩较小的非语言符号。因此，在单位时空中，语言符号的表达信息量要远大于非语言符号，能将符号对象描述得更清楚、更准确。在广告中，影视广告的规格一般为15″、20″、30″、60″等，时间极为有限，平面类广告也如此，广告的版面空间也十分有限，而且广告媒介的时空与广告成本息息相关，一般企业开展广告活动时总是企图用最少的广告成本获取最大的利益，因此所购买的广告时间和空间一定是比较节约的。因此，在有限的、较小的广告媒介时空中，要表达更多的广告信息，需要选择占有时空量更少的语言符号，即广告文案。从人类大脑结构来说，人脑容量虽然远胜于其他动物，但也非常有限，因此，人脑思维处理信息时所用符号一定也是占时空间较小的语言符号。正是由于语言的高度节约时空，使得人类大脑不至于过度负载，语言符号因此成为人类思维的工具，人类可以运用语言自由地组织思维，表达感官感觉不到的关系、规律等无形对象。

语言符号虽然更加抽象，占有时空间的量更少，在传播时比非语言符号更具优势。但语言的过度抽象也导致语言在代表符号对象时的“逼真”程度较差，导致我们无法从语言符号中直接得到符号对象本来的感知特征。以至于语言在向受众传达符号对象感觉经验上的特征时往往效果较差。同时也导致，语言符号在使用过程出现诸多问题。语言的过度抽象也导致了语言“死线”上的抽绎、混淆普遍性和特殊性关系、非此即彼的极端思维、片面推论等误用。如高度抽象的词“正义”，抽绎程度过高导致无法理解其真正内涵，也导致不同的人、不同政治机构可以对其进行不同的解释。正因为如此，老子在《道德经》中解释“道”字及其他高度抽象的概念时说：“道可道，非常道，名可名，非常名……天下皆知美之为美，斯恶已。皆知善之为善，斯不善已。”再如我们常说的“东北人都是活雷锋”等语言符号用法都是因为高度抽象导致了普遍性与特殊性混淆。

综上所述，语言符号与非语言符号因不同的抽象程度不一样，在传播中的作用也不同。语言符号尽管具有单位时空间内承载信息量大、表达清晰明确等优势，但同样存在抽绎过度的缺点，需要在传播过程中用非语言符号加以补充。在广告中虽然广告文案可以独立传达广告信息，但仍需要广告图像、排版等非语言符号传达更形象的信息。在很多广告中，画面等非语言符号起到吸引关注、再现、表现主题的作用，语言则起到解释限定的作用。大卫·奥格威曾说广告是文字性的行业，但也不否认非语言符号的重要作用。在介绍电视广告经验时指出：

> 在电视时代的早期，我犯了依靠语言来推销的错误，我习惯了没有画面的广播。我现在明白电视是用画面来讲故事的。所以画面比声音更重要。语言和画面必须互相配合、互相扶持。语言的唯一功能是解释画面所表现的东西。
>
> 盖洛普博士的调查说，如果你用嘴讲的东西没有画面配合，那么你讲些什么观众很快就忘掉了。我的结论是，如果不用画面来表达，单用声音讲就毫无意义。①

---

① ［美］大卫·奥格威：《一个广告人的自白》，林桦译，中国出版社 2011 年版，第 151 页。

况且在普遍的读图时代，非语言符号的作用越来越显著，非语言虽然很难生成明确的意义，但其也有一定的语义逻辑，这值得探索。在形象生动的非语言符号基础上，加以少量语言符号的诠释、限定是现代广告的主要手段。

二、皮尔斯的三分法

皮尔斯对符号有著名的三个三分法（three trichotomies）。根据符号自身性质将符号分为性质符号（qualisigns）、单一符号（sinsigns）、规则符号（legisigns）。性质符号是指一个事物因其状态或形式起表征作用的符号。单一符号是指一个具体事物、事件一次性地起表征作用的符号，其表征功能只在具体语境中成立，无法重复使用在不同语境。规则符号则是指能使符号成为符号的规则系统。

从符号和符号对象之间关系上将符号分为三种类型：肖似符号（icon）、指示符号（index）、象征符号（symbol）。这也是皮尔斯最具影响力的一种分类方法。

肖似符号。符号与符号对象之间存在某种程度的相似性，皮尔斯称该符号为肖似符号。相似性可以是视觉上的，也可以是听觉上以及其他感觉上的。一个人、建筑等的照片、一段实景的影像等都是视觉上的肖似符号；广播里人的对白、现场声音、一段录音等都是听觉上的肖似符号。这种相似性存在不同程度的差异。一个证件上人的照片非常逼真，相似程度极高；一个漫画中的人物虽然仍可认出人的基本特征，但相似度已经大大降低；如果是卫生间、红绿灯上人的图形，其相似性更低。听觉上实录的声音是相似度高的肖似符号，一个经过变声处理过的声音则是相似度较低的符号。

指示符号。符号与符号对象之间存在一定的时空接近、因果关系，皮尔斯称该符号为指示符号。时间接近关系和因果关系可以说是类似的概念，因果实质上是一种时间先后关系。比如起风和波浪之间存在时间先后关系，波浪也可作为起风的指示符号。一个使用某产品后产生某种效果，所产生的效果也可以作为使用某产品的指示符号。空间上的接近一般与方位确定有关。一个箭头就是典型的指示符号，箭头和所指的地点之间是典型的空间上的接近关系。

象征符号。符号与符号对象没有必然的关系，其代表功能完全取决于社会群体的约定俗成，皮尔斯称之为象征符号。在皮尔斯看来，语言符号属于象征符号，鸽子是和平的象征符号，龙袍是皇权的象征符号。

根据符号意义即符号解释项的不同性质，将符号分为呈现符号（rheme）、表述符号（dicent）、议论符号（argument）。呈现符号是对符号对象的一般展现，不涉及任何论述、评价判断。表述符号则是对某件事物的性质、关系等进行陈述，其陈述或真或假。议论符号则是证明某件事物“真”的过程。

三、符号层级分类

在语符学中，根据语言符号的层级由低向高可以分为音位、音节、词语、从句、段落、文本大致六个层级。音节层级以上的符号都是由下一级符号依据一定的语法组合而成。符号层级分类作用在于可以对语言符号进行精细化分析。语符的最小单位中往往也指向意义的更小单位，由语符最小单位逐渐推演可以清晰地分析意义生成的全过程。在非语言符号中同样可以用类似的方法进行分类。非语言符号的层级不如成熟的语言符号那么精确细微，我们可以将非语言符号分为四个层次：单元符号、组合符号、综合符号、系统符号。我们在进行广告符号分析时，首先要将广告解构成为符号原子，再根据广告中符号原子的关系组合，分析各符号单元之间的空间关系、逻辑关系等，在关系中推演更高层级的符号意义。

单元符号是指具有完整指称或意义的、不可再分解的最小符号。单元符号是广告作品中最小的意义载体，无法再进行分解。一般而言，单元符号的能指是其所指的“肖似”符，其表意功能比较有限，只是以“像似”性代替“缺席”的所指在广告中出场。如《澳门风云》电影海报中，周润发的角色照就是周润发本人以及电影中角色“石一坚”的“肖似”符号，电影海报起到介绍演员（演员是观众选择性观赏的重要因素）、电影人物、角色地位、角色性格等功能。该海报中出现谢霆锋等其他三个演员的角色照、每一张扑克牌、筹码、骰子、转盘、椅子等皆为单元符号。组合符号是单元符号依据符号之间的关系构成更高符号层级。组成影视海报的符号元素是一种分离关系，而正是这些分离的符号组合出新的符号意义系统。① 符号组合依据的关系首先就是类属性质。《澳门风云》电影海报中，四个角色符号同属一类，组合成角色群像，指涉电影中主要角色。海报中众多扑克牌构成一个组合符号，筹码、骰子、轮盘都独立构成组合符号。类属关系是较简单的符号组合方式。除此之外，符号组合还有主次关系、并列关系、施受关系等。在《澳门风云》电影海报中，周润发角色符号与其座椅符号之间是典型施动—受动关系，形成“坐于椅上的周润发”的组合符号，周润发角色符号与“四个A”符号组合同样构成一个更高层级的组合符号，以此表达角色地位。海报中周润发等四个角色符号是类属关系，同时也存在版面空间差异，存在前后左右不同的空间关系，符号的空间关系往往能表达电影情节中角色重要性、角色身份、角色关系等重要的叙事意义。海报中扑克牌、筹码、骰子、转盘等符号组合属于并列关系，共同构成更大的组合符号，来指称澳门的赌场。综合符号是各组合符号依据一定的语法关系构成。每一则广告作品都是所宣传商品的综合符号系统。系统中存在组合符号之间的词法、语法表意机制。同时综合符号的逻辑、风格、意向都是电影深层文化内涵意义的来源。系统符号的定义不仅限于同一幅广告作品，而是某商品广告运动所有广告作品、广告活动等构成庞大的广告集群。如《澳门风云》广告海报和同系列其他海报以及相同主题的各种媒介形式的广告、宣传、活动等构成一个庞大的表意系统符号。

图 2.6 《澳门风云》电影海报

① 刘明：《符号美学视角下的电影海报解析》，《电影评介》2015 年 16 期，第 101—103 页。

第四节　符号意义

在人类思想史上意义问题贯彻始终，对意义问题的探讨从未停止过。哲学家的第一要务是理解，在意义上为自己建造一篇话语。① 对意义的研究可以溯源到古希腊时期。在哲学辩论言辞中涉及词的基本概念，就有了语义学的萌芽，它非常具有符号学的研究价值。② 苏格拉底对智者学派的诘难法就是基于对词语一般语义进行的解释。亚里士多德的逻辑三段论为后世符号意义生成推演奠定形而上的基础；亚里士多德的范畴论从人对经验世界进行切分、归类的思维探讨意义世界的分类问题。中世纪奥古斯丁的符号论，英国经验主义哲学家洛克的认识论，逻辑学家弗雷格、分析哲学大师罗素、维特根斯坦的逻辑哲学，结构主义语言学家索绪尔语言符号观，实用主义哲学家皮尔斯的符号论等都把意义作为关切的核心问题来探讨。与符号的定义一样，要给意义下一个明确的定义是件非常困难的事情。英文中指称“意义”的词有 sense、meaning、significance 等。意义一词指涉的对象极为庞杂，有哲学上的、语言上的，也有日常生活上的。哲学、语言学上的“意义”多与指号所指涉的对象有关，指号的所指可能是实在之物，可能是一个或真或假的命题，可能是一种思想、观念，也可能是对某事物的性质描述、情感、评价等，这导致意义理论上的很多分歧。在日常生活中，“意义”更多地与价值、功能有关，如某历史事件的意义、某行为举动的意义，甚至是一顿晚餐都可以用上“意义”，日常生活中的使用让意义更加泛化，更加难以界定。

意义概念界定困难，但无可回避。意义是逻辑推理的结果，是符号所指的内容，是人类传播意图的目标对象，是建构感官之外的世界的思想材料。人生活在意义中，生产着意义，交换着意义，思考着意义，消费着意义。人在意义中形成思维，人因意义的指引而采取某种行为。如果说人是符号动物，不如进一步从更深一层次说人是意义的动物。意义建构世界，意义建构

---

① ［法］A. J. 格雷马斯：《论意义：符号学论文集》，吴泓缈，冯学俊译，百花文艺出版社 2011 年版，第 7 页。

② 冯刚：《艺术符号学》，东华大学出版社 2013 年版，第 3 页。

了人。意义对哲学、语言学、传播学，尤其是符号学来说是极为关键的问题，是破解符号奥秘的最为重要的钥匙。长期以来，意义被赋予一种本体的地位从而进入哲学家的视野。① 研究符号学，首先要厘清的就是意义问题。可以说，绕开意义问题的符号学研究都难得要领，在一定程度上缺乏基础逻辑学理性。

一、意义理论

19 世纪末 20 世纪初，西方哲学出现了“语言哲学”的转向。语言哲学的核心理论就是意义理论，即通过对词、句的意义分析把握语言与客观世界的实在对象、主观世界的思想观念对象的关系。意义理论研究肇始于德国分析哲学之父费雷格。其后罗素、维特根斯坦、奥斯汀、斯特劳森（strawson)、戴维森、布龙菲尔德、莫里兹·石里克（Moritz Sclllick）等推动意义理论进一步深入。

（一）费雷格

在费雷格更早之前的以洛克为代表的经验哲学从心理学角度对意义做出一定的阐述。经验哲学学者认为一个词的意义是心中的观念或意向。洛克的意义理论通常被称作“意义观念论”。费雷格首先把意义概念引入分析哲学。② 费雷格的语言分析哲学则是站在心理主义的对立面提出的。费雷格的意义理论主要是关于专名、语句、对象、概念、意义、意谓等之间的关系。专名通过谓词来陈述客观对象。一个专名和谓词就可以构成一个简单的句子。任何一个专名都有意谓或意义，意谓是指专名所指称的实在对象，意义则指人对专名的心理认知观念。有的专名既有意谓又有意义，专名“太白星”的对象就是宇宙中某实在的天体及其某个人对其的理解，其意谓就是这个天体，其意义就是某个人对其所有认知。有的专名有意义无意谓。如最大的大于 0 小于 1 的数其意义是无限接近 1 的数，但无法指出这个数的“实在”到底是哪个具体的数。费雷格意义理论的主要特点是专名意义的双重性，即专名意义的指称（bedeutungen）和含义（sinn）分别从“实在”和“观念”“客观”和“主观”两个层面与专名对象产生联系。

---

① 张汉生：《为什么意义理论是重要的》，《武陵学刊》2011 年 06 期，第 30 页。

② 朱诗勇：《意义概念的三个模型》，《广东海洋大学学报》2007 年 02 期，第 14 页。

（二）罗素

在现代语言哲学的各种意义理论中，罗素的指称论占有重要的地位。[1]罗素对专名意义的阐述与费雷格不同。罗素认为一个专名的意义就是其所指的对象。一个名字乃是一个简单的符号，直接指一个个体，这个体就是它的意义，而且凭它自身而有这意义，与所有其他的字的意义无关。[2] 除了专名外，如走等动词、硬软等形容词则称为“对象词”。对象词的意义即其所指。对象词的意义直接就是指称的对象，对象词不描写、陈述对象。因此，罗素的意义理论又被称为指称论。一个词的意义即其直接所指对象，一个词的意义构成则是词与其指称对象的关系。词与其指称对象之间关系的建立具有因果律的性质。罗素指出：“本质上，一个词与其意义之间是一种因果律关系……这种因果律关系决定我们对词的使用以及我们自身行为。”[3] 词与其所指对象的因果律包括习惯和联想两个行为主义概念。人在学语阶段被告知某个词的声音（书写形式）代表某一事物，并在不断重复过程中有效地记忆这种代表关系。记忆基础上，联想自然产生，在记忆以后，当某事物再次出现时，此人在大脑中会出现代表这个事物的声音（书写形式）或发生这种声音（写出书写形式）。逆过程也如此，当一个声音（书写形式）出现时，某事物的意向会出现在人的大脑中。罗素还坚持对象词的所指对象必须是直接亲知的实在对象。罗素在《数理哲学导论》中以哈姆雷特为例时明确提出“只有一个世界，这就是‘实在的’世界”[4] “实在的意识在逻辑中很重要，谁玩弄戏法，佯称哈姆雷特有另一种实在，这是在危害思想”。[5] 坚持实在的意识就必须面对独角兽、金山等虚构事物（unreality）的意义。罗素提出的解决方法就是著名的摹状词理论。摹状词和包括专名在内的对象词不同，一个摹状词由几个字组成，这些字的意义已经确定，摹状词所有的意义都是从这些意义而来。摹状词如“一只狗”，意义就是“世界上存在狗或狗是实在的，

---

① 贾可春：《论罗素的意义指称论》，《中州学刊》2007 年 05 期，第 151 页。

② 罗素：《罗素文集第三卷：数理哲学导论》，晏成书译，商务印书馆 2012 年版，第 202 页。

③ Russell, Bertrand. *The Analysis of Mind.* Rout - ledge, 1997: 198.

④ 罗素：《罗素文集第三卷：数理哲学导论》，晏成书译，商务印书馆 2012 年版，第 197 页。

⑤ 罗素：《罗素文集第三卷：数理哲学导论》，晏成书译，商务印书馆 2012 年版，第 198 页。

一只狗是世界上任何一只实在的狗”。虚拟的事物如“独角兽”是有意义的，其意义是一个命题，即“世界上不存在独角兽，或独角兽为不实在”，但如果说“一只独角兽”是没有意义的。所以当“x”是一个摹状词，“x 是不实在”或“x 不存在”都是有意义的。① 摹状词分为非限定的与限定的两种。“一个某某”的词组形式是非限定的摹状词，而“那个某某”如“那个写了《瓦弗利》的人”是限定摹状词。摹状词的使用分为“指称性使用”和“描述性使用”。从以上摹状词的理论可以推出摹状词的意义总是和“命题”的“真”“假”有关的。摹状词的意义就是有关其性质陈述命题的“真值”。从这点可以说，把罗素的意义理论局限于“指称论”是比较片面的。罗素摹状词理论实质上是“真值条件论”。后来的戴维森（D·Davidson）是“真值条件论”的代表人物，他认为句子的意义是由句子的真值条件决定的。

（三）维特根斯坦

维特根斯坦（L·Wittgenstein）在意义理论上的哲学探索受到费雷格和罗素巨大的影响。早期的维特根斯坦把语言和世界的逻辑同构关系作为意义生成机制，曾提出“意义图像论”，他认为：“每个词都具有意义，这个意义和这个词具有对应关系，一个事物就是这个词所表示的意义。”② 早期维特根斯坦的意义观实质上是实在的逻辑图像。在这里，所谓的实在是指逻辑上可能的所有事态的综合，图像也并非指可带来视觉刺激的图片等，而是逻辑可能事态的模型。后期的维特根斯坦更强调语言在使用过程中的意义。维特根斯坦认为名称只有在命题的语境中才有意义，之后更进一步指出命题也只有在语言游戏中才有意义。维特根斯坦提出著名的“可说”与“不可说”论。命题的意谓（Bedeutung）是对应的事实，是由简单对象的名字组成。当我们不知道一个命题所对应的实在是真或假时，我们依然可以理解一个命题，也就是命题的意义不在于命题本身的真假，而在命题之外，即“不可说”的部分。维特根斯坦从“可说的”方面排除了意义存在的可能性，意义成为“不可说的”存在。③ 维特根斯坦的意义观被称为“意义使用论”，强调语言意

① 罗素：《罗素文集第三卷：数理哲学导论》，晏成书译，商务印书馆 2012 年版，第 202 页。

② 赵敦华：《现代西方哲学新编》，北京大学出版社 2001 年版，第 163 页。

③ 谢昌飞，韩秋红：《 语言与意义的类之别——维特根斯坦可说与不可说的类逻辑》，《东北师范大学学报》哲学社会科学版 2012 年 02 期，第 25 页。

义不在语言本身，而在语言使用的语境。意义使用论对后来的哲学产生了巨大的影响。奥斯汀在此基础上提出了言语行为意义论，斯特劳森提出意义的用法论。

（四）布龙菲尔德（L·Bloomfield）

布龙菲尔德早期持有心灵主义语言语义观，以冯特心理学为基础，提出语言是经验类型的集合，是经验类型伴随的习惯性音声系统，意义则是大脑对经验类型的认识。后期的布龙菲尔德彻底否定语言意义的观念论，他站在经验主义的哲学立场上，从行为主义心理学刺激——反应论角度，把语言环境和语言形式引起人的反应作为意义的定义。如一个教师对学生发出“开始答题”的指令后，指令的听觉刺激所有学生的耳朵，并引起学生“拿起笔，在试卷上答题”的行为反应。其意义就是考场情境下学生的答题行为。布龙菲尔德通过说话者的刺激来谈论并定义意义，用（S－R）模式表示意义产生的刺激反应过程。布龙菲尔德曾明确把意义定义为与形式相对应的反复出现的刺激反应——特征（情境特征），是导致说出该语言形式的所共有的区别性特征。① 布龙菲尔德的意义理论被称为“意义行为论”（the behaviorist theory of meaning）。意义行为论虽然强调了言语传播过程中语境的重要性，也说明了言语交流过程中互动的作用，但语境包含的内容过于宽泛，很难聚焦研究，而且用情境中的刺激——反应代表意义显得过于机械。

（五）莫里兹·石里克（Moritz ScIllick）

莫里兹·石里克出生于德国柏林，被认为是著名的维也纳学派的创始人与现代逻辑实证哲学的创始人。石里克的逻辑实证意义论受维特根斯坦《逻辑哲学论》影响很大。维特根斯坦在《逻辑哲学论》中提出“命题的意义就是与原子事实存在或不存在的可能性符合不符合”的观点。石里克为代表的维也纳学派则认为一个命题的有意义就在于其是否含有能用经验来验证的可能。一个命题如果不能用经验或事实来证实或证伪，那么就是无意义的命题。维也纳学派认为命题是否与事实相符合，只能通过人的经验来证明。人的经验或实验所证实的结果，即其真值项，无论是“真”或“假”都是某种意义。由此看来，石里克为代表的维也纳学派的逻辑经验主义是排斥形而上

① 赖良涛，张跃伟：《布龙菲尔德语义思想评述》，《辽宁工程技术大学学报》社会科学版2015年第6期，第652页。

学，是否认康德的先天综合判断的，认为真理不可能由超验的、纯理性判断来确立。

石里克意义概念源于维特根斯坦但又不尽相同。早期维特根斯坦的意义逻辑图像论所提出的观点是命题陈述与逻辑事态的结构具有同一性就是有意义的，石里克的意义概念则是命题所描述的事实需与客观存在的事实在内容上是一致性才是真值命题。莫里兹·石里克的意义概念实质是真值概念，从分析哲学角度上，具有认识论上的开拓意义，但对符号意义具体所指来说，尚不够明确。如“红的番茄是熟的”这样的命题，用石里克的逻辑经验来判断明显是可以成立，可以是真值的，得出此命题的意义应该“真”，但该命题从功能主义角度看，“红的”“熟的”才是对人类生活更有用的判断。因此，纯粹从真值角度定义意义，仍失之概念的狭窄。

除意义观念论、意义指称论、意义使用论、意义用法论、意义真值条件论、意义行为论之外，对意义的论述林林总总，不一而足。此处不一一阐述。

二、意义概念的界定

上述意义理论颇为繁复，很难有一种观点能够解释所有语言哲学问题。如果将这些理论应用于非语言符号，可能会产生更大偏差。尽管意义理论错综复杂，但我们至少可以在各理论派别中发现一组基本的对立，即“实在”和“观念”。

表 2.1

学者	意义是什么？
洛克	观念或意向
费雷格	实在 & 观念
罗素	实在所指（无实在对象，以摹状词解释）
维特根斯坦（早期）	实在（心理映射图像）
维特根斯坦（后期）	“不可说”用法
布龙菲尔德	行为
石里克	逻辑实证

如表 2.1 所示，洛克的意义指“心理的观念”；费雷格则在意义中加入“实在”，“观念”与“实在”共同组成意义；罗素的意义则单纯指所指涉的

"实在"，只不过在解决"非实在"的专名时，提出由实在之词组成的摹状词；维特根斯坦的意义由"可说"的"实在"转向了"不可说"；布龙菲尔德的行为意义和石里克的实证意义更是彻底脱离了"实在"。由此，各种理论分歧的焦点概括地讲就是：作为客观世界"自在"的对象有没有意义？坚持意义是所指"实在"对象当属费雷格、罗素、早期维特根斯坦的意义指称论，但费雷格的指称论并没有将意义全部归于"实在"。后期的维特根斯坦及其追随者、布龙菲尔德、石里克等则比较明确将"实在"排除在意义之外。维特根斯坦在《逻辑哲学论》中指出，"可说的东西，即自然科学的命题——亦即与哲学无关的东西"①。真正坚守意义就是"实在"的理论似乎只有罗素的指称论，但罗素的指称论却不得不增加"真值条件"来弥补缺口。综上所述，意义能不能单指"实在的指涉对象"受到越来越多质疑，甚至意义能不能指"实在的指涉对象"或"实在的指涉对象"能不能作为意义都是值得怀疑的。

自然之物不因人的意志而存在，不管人是否关注、接触、使用，实在的自然之物总是按自然运行规律而存在。自然之物所构成的客观世界先于人存在，是人为了生存和发展必须认识、适应、使用的"实在"。意义是人认识、适应、使用客观世界自然之物过程中的工具和结果。一切意义都是人主观产生的思维之物，只有凭借意义这种思维之物，世界对人来说才会更加清晰、明确。原始人看到一只羊和一只牛之后，那只羊和那只牛本身是没有意义的，但原始人一定可以感觉到牛比羊"更大"，这个"更大"的直觉判断就是有意义的，它能帮助原始人在捕猎、饲养等生活中做出有利于生存的抉择。意义是原始居民获悉外部世界的唯一途径。② 所以自然之物本身没有意义，有意义是人对自然之物的某种判断和认定。尽管意义不独属于客观世界，但意义建构却独属于我们的心智世界。在此意义上，心智之于意义是第一位的……相比之下，客观世界则是第二位的，因为任何客观实体只有经人的心智过滤才能进驻意义世界。③ 在没有符号之前，自然之物和意义只能限于感觉经验层面。为了便于传播，人类用符号代表自然之物与对其产生的判

---

① 维特根斯坦：《维特根斯坦全集》，涂纪亮译，河北教育出版社 2002 年版，第 5 页。
② 黄蓓，文旭：《意义的心智之维》，《外语学刊》2012 年第 2 期，第 5 页。
③ 黄蓓，文旭：《意义的心智之维》，《外语学刊》2012 年第 2 期，第 1 页。

定。至于符号是如何开始表示意义的，美国传播学家施拉姆曾如是阐述：

> 对我们来说，符号表示某种意义是如何形成的呢？回答是经验使然。在幼儿时代，我们的感知似乎已条理清晰、具有意义。我们用不了多久就能感知发光点、无形的影子、模糊的色块、活动和静止的物体。克雷奇和克拉奇菲尔德（Krech&Crutchfield）生动地证明了这一点。外界的刺激混合而反复出现的模式……存储和再现许多瞬息即逝的经历不会有什么效果，实际上也是不可能的。所以人们倾向于观察经验中反复出现的有关模式；在幼小的年纪，我们就发现用符号来称呼这些模式效果很好。①

符号作为“代表物”，且只是一种“代表物”，并不因为“代表”功能而具有意义。符号的意义取决于它所代表的对象本身。如果符号代表的对象本身没有意义，符号也没有意义；反之则有。学者赵毅衡曾提出的“符号就是意义，无符号即无意义，符号学即意义学”② 的观点还是值得商榷的。所以，符号中只指涉客观世界中实在的自然之物的那一部分符号是没有意义的，这种简单符号只是代表“不在场”的某物，不对所代表的客观实在存在任何判断。符号中指涉人思维中对某物的判断评价的符号才是有意义的。人思维中对某物的判定很难在客观世界中找到“实在”的对应，比如“好”这种符号意义是无法找到与其对应的客观实在物。代表判定的符号往往靠简单符号按一定结构组合而成，或者是靠社会群体的共同约定而成。在语言中，约定俗成的有意义的符号很多，在非语言符号中，有意义且约定俗成的符号数量有限，其表达意义的方式更多依靠无意义的简单符号的组合。综上所述，我们形成这样一个重要的结论：当所指涉对象只有客观存在的某实在的个体时，符号是无意义的，无意义的符号通过结构组合可以形成有意义的符号组合。

---

① ［美］威尔伯·施拉姆，威廉·波特：《传播学概论》，何道宽译，中国人民大学出版社 2010 年版，第 64 页。

② 赵毅衡：《符号学原理与推演》，南京大学出版社 2011 年版，第 3 页。

三、意义的本质

通过上述分析我们可知，并非每个符号都是有意义的。将客观世界“实在”之物以及指涉它的符号排除在意义的范畴之外，旨在强调意义是人类认知世界、利用世界的思维工具。通过意义，人们认知、获取有利于自身生存和发展的事物，同时也规避对自身不利的事物。可以说，意义是指导人们对事物进行选择的依据。那么究竟何为意义？既然意义是指导人们对事物进行选择的依据，而人们进行选择的必要条件是对事物进行一定区隔，那么，意义与人类对世界的切分就有着密切的联系。在哲学中，人类对世界的切分涉及“范畴”“差别”等概念，分析意义，可以首先从这些概念出发。

（一）意义与范畴（category）

人类所有选择必然需要能认清辨别事物之间的不同。应该说世界上所有客观存在的事物都是不同的，甚至同一事物在不同时间的状态也是不同的。古希腊辩证唯物主义哲学家赫拉克利特曾说过：“人不能两次踏入同一条河流。”

世界万物皆不同，但人类大脑处理信息能力有限，不可能把握客观世界中所有不同的存在物，因此总是倾向于将虽不同但大体相类似的事物，归为一类。有了分类，人就可以对某个集群事物的共性和规律进行有效把握。相异思维基础上的相似归纳是人类处理客观信息的本能方式。意义产生首先就建立在世界分类的基础上。在没有意义之前，人类的思维世界是一片混沌，意义伴随着思维世界日渐清晰的分类而诞生。《旧约·创世纪》中上帝将世界分为白昼与黑夜、天与地、陆地与海洋、动物与植物、日与月、水中动物、空中动物与地上动物、人与其他事物、男与女等，这其实是早期人类对世界进行分类认知的一种神话表现。

客观世界存在的万物是杂乱无章的，需要人类通过分析、判断、归纳等思维将其进行分类。高级形态的类属是范畴。人类对杂乱无章的客观世界进行分类的高级认知活动就是范畴化（Categorization）。“范畴化”（categorization）可以说是人类最重要和最基本的一种认知活动，是指人类在纷繁歧义的现实中看到相似性，并据以将可分辨的不同事物和对象处理为相同的，借此对世界上的万物万象进行分类，进而形成概念的过程和能力。① 存在的本质区别的哲学分类系统则是范畴论的研究主题。从认知心理学角度看，范畴化是指材料被组织成类别或其他统一体，比没有明显组织的信息更容易回忆。② 也即更容易被存储于大脑，更容易应用于思维。我们在认知过程中习惯于建构具有典型样态的概念分类模式。③

在西方哲学史上，范畴概念产生于古希腊时期。从苏格拉底开始，就开始关注如何揭示事物的本质，他所用的方式是“定义”，并将其称为“形式本身”。柏拉图则把“形式本身”称为“共相”，把理念看成最高的“共相”。柏拉图在《智者篇》中曾提出“是、不是、动、静、同、异”六个“最普遍的种”的思想，对后来亚里士多德的范畴概念有很大的启发作用。早先对分类进行系统研究并提出范畴概念的当属亚里士多德。亚里士多德在《范畴论》中提出“实体、数量、性质、关系、场所、时间、姿势、状态、动作、承受”十大范畴。实体是客观世界最基本的范畴，其他范畴都是对实体的谓词。他认为每一个范畴内都有更低一层级的分类系统。归入同一范畴的事物具有共同的充分必要特征，范畴内每一事物是平等的，且有明确边界的，范畴内事物具有的特征是二元的。亚里士多德范畴论中客观实体的简单呈现对人来说意义不大，人对没有归类的事物无法进行记忆，也无法进行价值的判定，人进一步认识某实体还要了解该实体是哪一类，即实体的“种属”，因此对实体“种属”的判断是意义的第一步。数量、性质、关系、场所、时间、姿势、状态、动作、承受等是对该种属实体的多角度认知，这种认知要导致选择行为就必然涉及“对比”，如数量上的多寡、颜色性质上的明暗、距离上的上下左右前后、时间上的先后等。比较的结果即是对该实体的一种判定，这种判定决定人对该实体的情感喜好，决定人最终的选择行为。

在西方哲学发展史上，康德的知性范畴理论影响深远，被称为认知哲学

---

① 王宇弘：《“家族相似”与范畴的本质———论“家族相似说”在认知语言学“范畴化”理论中的哲学意义》，《东北大学学报》社会科学版 2008 年第 5 期，第 449 页。

② 丁锦红，张钦，郭春彦：《认知心理学》，中国人民大学出版社 2010 年版，第 128 页。

③ 朱永明：《视觉语言探析——符号化的图像形态与意义》，南京大学出版社 2011 年版，第 55 页。

的“哥白尼式革命”。康德将人的认知分成感性（sensibility）、知性（understanding）、理性（reason）三个阶段，认为感性、知性、理性是人先天就具有的三种能力。普遍逻辑是建立在一种与高级认识能力的划分完全精确吻合的规划之上的。这些能力就是知性、判断力和理性。① 其中知性就是有关人类先验的范畴思维。在康德之前，很多哲学家认为范畴来源于感性的经验，是对复杂感性经验的抽象概括分类。但康德认为范畴开始于感性经验，却不源于经验，经验不具有严格的必然性和普遍性。范畴是一种先天存在的认知思维，是人类知性本身的思维形式。不通过范畴，我们就不能思考任何对象。② 康德在《纯粹理性批判》中说：

> 知性范畴不是对纷繁世界的客观分析，而是主观的先天的综合。在论及先天综合时，康德说：“空间和时间包含有先天纯直观的杂多……我们思维的自发性要求的是先将这杂多以某种方式贯通、采纳和结合起来，以便从中构成知识，这一行动我叫作综合……但我所理解的综合在最广泛的含义上是指把各种表象互相加在一起并将它们的杂多性在一个认识中加以把握的行动。如果杂多不是经验性地，而是先天地被给予的（如空间和时间中的杂多），这样一种综合就是纯粹的。”③

这种综合实质上是一个判断。同一个知性，正是通过同一些行动，在概念中层借助分析的统一完成了一个判断的逻辑形式。④ 一切知性思维都表现为判断的逻辑形式，范畴的运用即逻辑上的判断，因而知性思维的性质同判断的性质是一致的。⑤ 也因此，康德在逻辑判断的 12 种形式基础上推导出四组 12 种范畴形式。以这种方式产生的、先天地指向一般对象的纯粹知性概念，恰好有如在表 2.2 中一切可能判断的逻辑机能那么多。⑥

---

① ［德］康德：《纯粹理性批判》，邓晓芒译，人民出版社 2017 年版，第 103 页。
② ［德］康德：《纯粹理性批判》，邓晓芒译，人民出版社 2017 年版，第 84 页。
③ ［德］康德：《纯粹理性批判》，邓晓芒译，人民出版社 2017 年版，第 54 页。
④ ［德］康德：《纯粹理性批判》，邓晓芒译，人民出版社 2017 年版，第 55 页。
⑤ 孙云：《哲学史的启示——对康德“知性”范畴体系和黑格尔“本质论”范畴体系基本特征的分析及改革唯物辩证法范畴体系的构想》，《云南民族学院学报》1987 年第 4 期，第 9 页。
⑥ ［德］康德：《纯粹理性批判》，邓晓芒译，人民出版社 2017 年版，第 56 页。

表 2.2

逻辑判断形式			
逻辑判断形式的量	单称的	特称的	全称的
逻辑判断形式的质	肯定的	否定的	无限的
逻辑判断形式的关系	断言的	假设的	抉择的
逻辑判断形式的模态	相当然的	实然的	必然的

表 2.3

范畴形式			
量（quantity）的范畴形式	单一性（unity）	多数性（plurality）	全体性（totality）
质（quality）的范畴形式	实在性（reality）	否定的（negation）	限制性（limitation）
关系（relation）的范畴形式	实体性—偶性（substance）	因果性（cause）	协同性（community）
模态（modality）的范畴形式	可能性—不可能性（possibility）	存有—非有（existence）	必然性—偶然性（inevitability）

《纯粹理性批判》中，康德在强调纯粹知性概念以及范畴形式表对知性的囊括时指出：

赋予一个判断中的各种不同表象以统一性的同一个机能，也赋予一个直观中各种不同表象的单纯综合以统一性，这种统一性用普遍的方式来表达，就叫作纯粹知性概念。所以同一个知性，正是通过同一些行动，在概念中曾借助分析的统一完成了一个判断的逻辑形式，它也就借助一般直观中杂多的综合统一，而把一种先验的内容带进它的表象之中，因此这些表象称之为纯粹知性概念，它们先天地指向客体，这是普通逻辑所做不到的。

以这种方式产生的、先天地指向一般直观对象的纯粹知性概念，恰好有如表 2.2 中一切可能判断的逻辑机能那么多：因为知性已被上述那些机能穷尽了，而知性的能力也借此得到了全面的测算。①

① ［德］康德：《纯粹理性批判》，邓晓芒译，人民出版社 2017 年版，第 57—58 页。

在康德的范畴表里，所有范畴都是先天知性的，不含有感性和经验层面的。

康德认为，知性已经被表中的机能穷尽了，依靠范畴表可以让知性的能力得到全面的测算。这意味着人类的知性机能实质是有限的。知性的事物、对象、表现多种多样，但知性机能的逻辑形式极为有限。笔者在下文中也讨论到意义的有限性。这两者之间是共通的。因为下文会论述到意义实质来自对事物差别的认知判断，是一种判断结果，这种结果是多种多样，无法穷尽的。但每个判断的逻辑形式（范畴形式或知性机能）是有限的。

此外，康德每一组范畴的数量都是三个，康德自己也认为这是值得深思的。因为通常凭借概念所做的一切先天划分都必须是二分法的。此外还可注意，第三个范畴到处都是由该门类的第二个和第一个范畴的结合中产生出来的。①

如，全体性实质上就是单一性和多数性的结合，多数性的整体（单一性）。康德的这种三元的判断形式对后来符号学家皮尔斯的影响非常大。皮尔斯的符号分类都是建立在三元基础上。并在每组三范畴及其内在关系基础上，提出第一性、第二性、第三性的三元分类方法。康德的范畴在一定程度上继承了亚里士多德的 10 种范畴。康德知性范畴有 12 种，看似比亚里士多德的 10 种范畴更丰富了，但知性范畴实质上只有 4 组，是在亚里士多德范畴基础上大大精简了。康德将亚里士多德 10 种范畴中的数量、性质、关系、状态提取出来，作为具有必然性和普遍性的范畴。康德没有把亚里士多德认为是基础的“实体”作为范畴的一组，而是在“实体述谓”的 9 种范畴中挑选四种“述谓”，“述谓”即是对实体的某种判断。可以看出，亚里士多德更注重客观世界存在物的分类，康德则注重人先验的判断思维模式。此外，亚里士多德的范畴述谓是二元的，康德的范畴形式是三元的。

意义与范畴关系密切。范畴是一种先天综合的判断形式，意义从本质上也是一种判断和评价。意义与范畴在某种程度上是同源的，只不过在人类生活中的用途有所不同。一个符号单元、符号组合、符号文本的意义都在有限的知性范畴的判断形式中，意义是这些有限的先天判断形式在客观经验世界中的衍生。因此，意义表象虽然多种多样，但其总体样式就像范畴一样是极

① ［德］康德：《纯粹理性批判》，邓晓芒译，人民出版社 2017 年版，第 59 页。

其有限的。可以说意义是范畴形式（述谓）的某一值项。无论该值项是二元还是三元，其数目都极为有限。约翰·费斯克在《传播研究导论：过程与符号》中转述列维·特劳斯特思想时也曾表达过这样的观点："所有的文化要理解世界，它们所创造的意义是由文化独特性的，但创造意义的方式却大同小异，具有普遍性。意义有文化独特性，但产生意义的方法却是普世的。"① 下文中，我们讨论意素时，也将论述有限意素的观点。

（二）意义与差别

实体范畴的种属判断来自某实体与不同种属事物间的差异和同种属事物间的相似，数量、性质、关系、场所、时间、姿势、状态、动作、承受范畴的性质判定基本上都源自某实体与其他实体之间的"差异"。凡物莫不本质上不同。② 没有"差异"就没有分类，没有"差异"就没有对比、没有判断，进而没有选择。因此说，范畴思维和人类的意义系统都是建立在"差异"基础上。索绪尔也曾鲜明地指出语言中的差别是符号价值的基础。在索绪尔看来，语言符号的价值完全取决于其在系统中的位置。"爸爸"一词的价值不在于该词本身，而在于它与"爷爷""儿子""妈妈""叔叔"等词的差别之中。"爸爸"一词被创造出来代表客观世界里的父亲时，就必然地和其他词是有区别的。语言对思想所起的独特作用不是为表达观念而创造一种物质的声音手段，而是作为思想和声音的媒介，使它们的结合必然导致各单位间彼此划清界限……"思想—声音"就隐含着区分。③ 美国符号学者约翰·费斯克在阐述索绪尔思想时是这样写的：

> 在词汇域中，每一个基本单位都必须清楚地区别于其他单位，我们必须能从所指和能指的角度分辨出词汇域中每一个符号的差异。使某一能指与其他能指相区别的是符号的"区别特征"（distinctive features），这个概念具有极其重要的分析性……我们所选择的单个词汇的意义主要是由那些我们不选择的词汇的区别特征所决定的。总结起来说："哪里

① ［美］约翰·费斯克：《传播研究导论：过程与符号》，许静译，北京大学出版社2008年版，第97—98页。

② ［德］黑格尔：《小逻辑》，贺麟译，上海人民出版社2008年版，第241页。

③ ［瑞士］费尔迪南·德·索绪尔：《普通语言学教程》，高名凯译，商务印书馆2014年版，第153页。

有选择哪里就有意义，被选中者的意义是由未被选中者决定的。”①

索绪尔还指出语言能指的价值在于和其他语言能指的差别，其所对应“物质”部分也是如此。在现实中“爸爸”处于长辈位置，而不是平辈、晚辈；在长辈中，处于只长一辈的位置，而不是更多辈数；在只长一辈的长辈中，处于亲生关系位置，而不是非亲生的；在只长一辈的亲生关系的长辈中，处于男性的位置，而不是女性的。因此，人类思维中对客观对象认知、界定、判断本身都是由差别构成的，符号与符号之间的不同只是人类思维中这种差别的映射。索绪尔指出：“差别一经产生，必然会表示意义……任何观念上的差别，只要被人们感到，就会找到不同的能指表达出来。”② 综上所述，所有的意义都源自事物之间的差别。没有差别，就没有意义。差别是人类认识世界的动力、目标，也是人类认识世界的方法，差别构成了意义，意义建构了世界。差别在任何两个不同事物之间是普遍存在的。有的差别大，有的差别小。黑格尔在其哲学名著《小逻辑》中提出：

差别自在地就是本质的差别，即肯定与否定两方面的差别：肯定的一面是同一种同一的自身联系，而不是否定的东西，否定的一面，是自为的差别物，而不是肯定的东西。因此每一方面之所以各有其自为的存在，指示由于它不是它的对方，同时每一方面都映现在它的对方内，只由于对方存在，它自己才存在。因此本质的差别即是“对立”。在对立中，有差别之物，并不是一般的他物，而是与它正相反对的他物。③

对于这些难以处理的庞杂繁复的差别，人类总是运用极简原则和实用原则来把握。差别本身也被归类。大一厘米、二厘米、三厘米都称之为“大”；数字的多、时间的先、体积的大、面积的大等不一而足都可以归为“大”。对差别最简单的归类就是二元对立。世界上所有的事物都可归为“大小、高

① ［美］约翰·费斯克：《传播研究导论：过程与符号》，许静译，北京大学出版社2008年版，第49—50页。

② ［瑞士］费尔迪南·德·索绪尔：《普通语言学教程》，高名凯译，商务印书馆2014年版，第162－163页。

③ ［德］黑格尔：《小逻辑》，贺麟译，上海人民出版社2008年版，第241页。

低、贵贱、好坏、爱恨”等二元对立的性质分类。对立原则是欧洲结构主义的基础，可以说二元对立就是欧洲结构主义思想的基本认识论和方法论原则①。美国学者约翰·费斯克在《传播研究导论：过程与符号》一书中阐述结构主义理论时转述了结构主义人类学家列维·斯特劳斯的思想：

> 列维·斯特劳斯认为，语言的词汇域，也就是它的分类系统，更为重要。在他看来，一个系统中的概念化分类是理解的关键，而理解过程的核心就是他称为“二元对立”的结构。二元对立是一种由两类相互关联的分类所组成的系统，它以最纯粹的形式构成宇宙。在最完美的二元结构中，任何事物如果不在A类中，就必然在B类中，而通过将这种分类加诸世界，我们开始认识世界。
>
> ……
>
> 二元对立结构，在列维·斯特劳斯看来，是最基本的、最普遍的理解过程。它之所以普遍，是因为它是人脑物质结构的产物，因此是人类种群特有的，而不是某种文化和社会特性。人脑通过电化学作用在细胞之间传输信息，而它所传输的唯一信息就是简单的“开—关”二元对立式信息。人脑如同它的电子模拟物——计算机，它里面的复杂网络能够进行无限次精密反复的二元对立分类，从而创造不可思议的灵敏的分类系统。②

由此可知，二元对立的结构主义分类是人类特有的、源自人体内信息传播的生理原因，所以，在列维·斯特劳斯看来，二元对立分类是与生俱来的、不可妥协的。笔者赞同列维·斯特劳斯的观点，二元论是源自人体内信息传播的机制，同时也是人类以极简原则把握世界的最有效分类法，因此，二元对立是人类思想、意义的本质结构。那么三元论和多元论是否就毫无价值？二元论与三元论、多元论本质上并没有正确或错误之分。二元实际上包括三元分类，三元是在二元分类中扩展出来的，多元是由三元衍生的。《道

① 李幼蒸：《理论符号学导论》，社会科学文献出版社1999年版，第283页。

② ［美］约翰·费斯克：《传播研究导论：过程与符号》，许静译，北京大学出版社2008年版，第98—99页。

德经》里说的“一生二，二生三，三生万物”能说明一元论、二元论、三元论、多元论在本质上是同源的。一元论则属于归纳性的总体论，没有分类思维，不适合作为以理性分析为基础的哲学。二元论则强调万事万物最简单的分类原则，更容易反映出事物内部的构成规律。由此可见，二元论更适合共时的系统结构的理解。更加适用于理解思想哲学领域的抽象事物。但正因为二元对立分类是“极简”的，应用于千变万化的现象世界时，显然“不够用”，因此需要三元论以及多元论。但正如《道德经》所说，三生万物，三元论比二元对立结构主义有着无限的衍义可能，三元论更适合历时的外部世界无限可能的演绎。

（三）音位与意素

索绪尔之后，布拉格学派的雅克布森、特鲁别茨柯伊提出语言的音位观念。在布拉格学派看来音位是语言系统中意义的最小单元，音位不是指具体的语音实体本身，而是声音一组之间的对立关系，正是声音的对立关系区分了意义。雅克布森在特鲁别茨柯伊对立关系的基础上提出“区分性特点”概念，并将之看作语言系统的初级元素。雅克布森认为，音位的数目比言语声音少得多，区分性特点的数目又比音位少得多。雅克布森曾将人类一切语言总结出 12 对共同的基本区分特征对立组，分为响音性、紧张性、调性三类。这 12 对区分性特征虽没有直接的意义指涉，但可以看作是早期人类在语言发展过程中对客观事物音声特征的一种模拟，在模拟基础上可指示和隐喻客观事物的某些特质。

表 2.4

响音性特征	紧张性特征	调性特征
1. 元音性/非元音性	9. 紧张/松弛音	10. 钝音/锐音
2. 辅音性/非辅音性		11. 降音/平音
3. 鼻音性/口腔音性		12. 升音/非升音
4. 聚音性/散音性		
5. 突发性/延续性		
6. 糙音/润音		
7. 受阻/不受阻		
8. 浊音/清音		

音位的区分性特征是语言符号本身内在底层结构的基础。音位符号本身只是意义的载体，不直接指涉意义。意义的最小单元是一定有限数目的、具有性质描述的区分性特征。波蒂埃将意义最小单元称之为“意素”。之所以称之为最小单元，即无法对其再进行切分。意义本身就是基于差别基础上对客观存在的切分以及在切分基础上的评判，意素是世界切分至最后所剩余的价值判断。对意素进行分类是理解意义、理解世界切分的关键。结构语义学家格雷马斯曾提出如下“空间”意素系统图式。

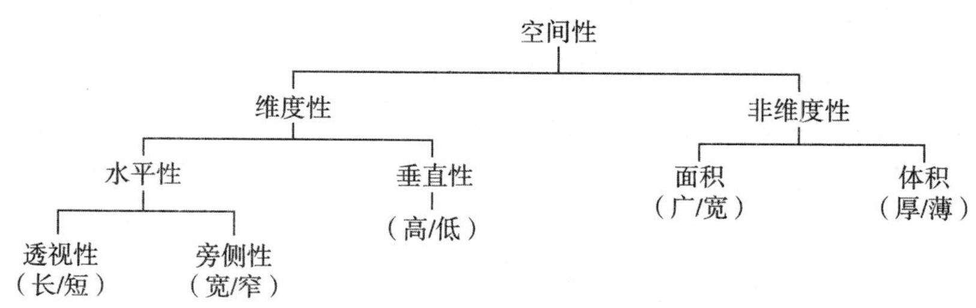

图 2.7　格雷马斯“空间”意素系统图式

从图 2.7 中可以看出，在描述某事物的空间性时，首先要区分出描述对象是水平的、垂直的，涉及的是二维面积还是三维体积。水平、垂直、面积、体积是一种分类法，具有“种属”意义。同样具有“种属”意义是纵深的透视性与横向的旁侧性。长短、宽窄、广宽、厚薄则是数量上的对比，高低则是所占空间方位的对比，当然也可以将方位说是数量上的对比（其所在位置离地平线的距离大小）。长短、宽窄、广宽、厚薄、高低，我们甚至可以将之归为“大小”一类，也就是说真正最小的、无可再切分的区分性特征是“大/小”。如果进一步切分“大/小”意素，只能用诸如“大一厘米”“低一米”等意素——数目——量级的模式来区分了，如此切分就会陷入无穷尽的境地，不符合人类“相异基础上归类”的本能认知模式。因此在空间性意素系统包括种属、大小（或多少）、上下（高低）三个基本的区分性特征。正如音位系统中区分性特征数目是有限的一样，构成意义的区分性特征的数目也是有限的。尽管现实世界中各种事物纷繁冗杂，但其意义的区分性特征却是极为有限的，有限的区分性特征通过语法组合形成了无限的意义世界。雅克布森和格雷马斯是欧洲结构主义杰出哲学家，可以看出雅克布森的音位区分性特征和格雷马斯意素系统图式皆可归结为意义二元论。

（四）意义的定义

我们从洛克、费雷格、罗素、维特根斯坦、布龙菲尔德、石里克等哲学家的意义理论分析中，找到实在与观念的基础对立概念，最终得出结论：客观实在和仅仅代表客观实在的符号是没有意义的。在分析范畴与差别的哲学概念中，我们得出意义来源于差别、意义本质上是一种判断的结论。在音位与意素结构中，我们找到源于差别的区分性特征概念。至此，我们可以初步对意义下一个定义。基于上述理论梳理和分析，笔者认为意义可以定义为“在特定传播语境中，意义是以符号为载体的，人类对某事物具有区分性特征的判定、推断及情感、态度与行为可能性”。

前文所述哲学家对意义的理解除指称论、图像论较为明确外，用法论、行为论、逻辑实证论都没有明确“意义”一词的所指，只是对意义产生来源、场域、方法的一种思考。国内学者赵毅衡“意义即符号，符号即意义”也是认为符号与意义有关系的一种观点，也没有指出意义究竟为何物。正因此，以将意义所指明确化为目标，笔者明确指出意义是一种评价、判断和心理行为可能性，这也是本定义和其他定义区别的最大特征。我们可以从以下七个要点去理解该定义。

1. 传播语境

笔者并不赞同，只有在语境中，符号才有意义，语境不是产生意义的必要条件。但同样的符号或符号组合在不同语境中的意义是不同的。如“我要一个苹果”这样的陈述在不同语境下意义截然不同。在交流语境中，当有人不清楚谁要苹果时，“我要一个苹果”的意义是“要苹果的那个人是我”，不是张三或李四，该意义强调的是我作为个体与他者的区别；当有人问及“你要一个苹果?”时，该陈述的意义变成“我要一个苹果的要求是肯定的”；当有人质疑你要的什么水果，该陈述的意义是“我要的那种水果是苹果”。不同的语境还可以有其他不同意义，此处不一一赘述。单称判断我/他者、质的判断肯定/否定、种属判断苹果/其他果品是所列举语境下该陈述意义的值项。

2. 意义的符号载体

我们上文提及过：“并非每个符号都是有意义的。”但每种意义必然伴随着符号的载体。意义是一个判断以及判断基础上的情感、态度、行为可能性。判断是人知性认知，不是可以感觉实在之物；情感、态度、行为的可能性，也即可能发生也可能不发生的模态，也不是可以用感觉来刺激——反应出来的。因此，没有符号，意义是无法表现的。表现的“现”意指需要让感官得出刺激，才能感知到，因此，意义必然需要载体，需要显性地或隐性地附着在或藏匿在符号载体中。在传播活动中，编码者通过符号系统原则（社会群体或某一特定群体共有的符号体系）将意义编织进符号，再通过媒介推送至解码者，解码者通过与编码者共有的符号系统原则，获得符号载体中的意义。

3. 意义是非实在性的评价和判断

意义不是客观世界中的“实在”，而是人对“实在”的认知、判断、情感、行为等。认知是人对“实在”产生判断和情感的基础。认知始于客观“实在”对人的感觉刺激，如光线、声音、温度等。这些刺激是没有意义的。当人对这些刺激进行区分和归类时，一系列意义就产生了。如人在看到一头老虎时，在接收到老虎的形态、色泽、动作、声音等各种刺激后，人会根据大脑中储存的知觉经验迅速对刺激进行处理，得出“这是一头老虎”的判断，这个判断确定了所看到之物的“种属”，得出其种属意义。继而人可能会对老虎做出一定的综合判断评价，可能是某一类的性质判断“老虎体型很大”“虎牙很尖锐”等，也可能是综合性的判断如“老虎看起来非常凶猛”，从而得出其性质意义；在评价的过程中也可能伴随或隐含人对老虎的情感和态度，如“我非常害怕老虎”，这是判断层面的意义。判断和情感是人类行为的诱因，如人做出“我害怕老虎”神情之后，可能会做出“我要赶紧逃离”的行为决策，这是行为可能性的意义。

4. 仅以实在为所指的符号无意义

仅仅展示、代表客观实在的简单符号没有意义，它只是起到最基础的代表功能。不能在评价判断层面表现该实在与其他事物之间的差异。简单符号替代的只是客观实在的感觉刺激，这种感觉刺激在人对其进行思维归类之前是无法产生意义的。对客观实在简单替代的符号，只能说是再现符号，没有表现性。所谓简单替代，是符号能指与所指极为相似，几乎无差别的替代。如一个人的身份照片，只能简单再现该人的相貌，代替该人出场，但无法用照片形成对该人的性质上的评判。仅以实在为所指的高度像似性符号是无意义的，因为无差异即无意义。尽管如此，并不意味着该类符号没有传播价值。在传播中，大量无意义符号代表不在场的对象，才能起到压缩时空、便于传播的作用。此外，无意义符号在一定语境下或是与其他事物组合时，所指换挡（即在初级所指的基础上，另有引申所指）引申出、生成出新的意义。当其具有意义是，其所指不再是客观实在，而升级为其所引申出的新的评判。

5. 意义源自差别

意义建立在差别的基础上，没有差别就没有意义。黑格尔在阐述差别时这样写道：

> 首先，差别是直接的差别或差异（die Verschiedenhet）。所谓差异（或多样性）即不同事物，按照它们的原样，各自独立，与他物发生关系后互不影响，因而这关系对于双方是都是外在的。由于不同的事物之间的差别对它们没有影响，无关本质，于是差别就落在它们之外而成为一个第三者，即一个比较者。这种外在的差别，就其为相关的事物的同一而言，是相等；就其为相关的事物的不同而言，是不相等。①

差别是一切识别的基础，没有不同事物之间的差异，也就没有黑格尔所说的第三者（比较者）。无论是感觉经验，还是知性判断，人的认知活动的目的就是找出事物间的差异。对差异的识别是产生情感、判断、意志、行动的条件。意义开始于经验，源于对直观经验的差别的归纳与分类。差别的最小单位是区分性特征，区分性特征无法再进行分解，对区分性特征的判断是意义的最小单元——意素。

6. 意义是有限的

区分性特征的数目极为有限，在区分性特征基础上形成的意素判断也是有限的。意义只是在存在、种属、感觉（视觉、听觉、触觉、嗅觉、味觉、内部感觉）、性质、模态、时空位置、数量、情感、行为、态度（实际上已包括认知、情感和行为倾向）等范畴内的差别体现。这些范畴无论是亚里士多德的10种范畴还是康德的四组12种范畴形式，都是有限的，因此，意素也是有限的。人类的意义看似无限，但如果将意义加以归纳，人类意义的无

① ［德］黑格尔：《小逻辑》，贺麟译，上海人民出版社2008年版，第240页。

限形态始终脱离不了有限的意素。人类意义之所以看似无限，主要在于人类语境的多样化，无限的客观世界构成了意义的不同语境，有限的意义在无限的语境中呈现无限的形态。

7. 意义是二元对立值项中的一项

意义是一种判断、评价。评价和判断按照极简原则加以切分就只有两项或然值，尽管二元思维广受批评，但作为人类思维的一种模式是毋庸置疑的，至于是不是将二元再进行切分成三元、四元、多元则根据不同分析需求来定。在不同需要、不同立场上不同的切分法形成了不同的哲学流派，这是哲学发展的必然，但并不能因此否定二元对立的人类极简分类思维。如果将其附会某种政治主义更是大可不必。人类对事物差别产生的评价和判断有两个可能值项，当对某物的评价和判断有其结果时，其值项只能是其中之一，任何评价判断不可能同时具有对立的两个结果。要不存在，要不不存在，要不黑，要不白（具体两个事物颜色对比，不存在灰度，要不 A 比 B 黑，要不 A 比 B 白）。判断分析最普遍的，也是一切真理最普遍的标准就是矛盾原理。依据矛盾律，任何与一物相矛盾的谓词都不应归于该物。因此，意义只能是二元对立值项中的一项。

第三章

意指关系模式：广告符号微观意义

第一节　广告符号意义

广告是一个意义文本，同时又是一个复杂的符号体系。如何利用大众传媒，将广告所包含的特定意义传递给受众，是广告意义生成研究的焦点。①所谓特定意义，是因为广告活动的目的性很强。广告具有强烈的销售意图。无论传播方式如何，商业广告的最终目的总是销售其商品。大卫·奥格威在《一个广告人的自白》里曾明确指出："我们的目的就是销售，否则就不是在做广告。""优秀的撰稿人从不会从文字娱乐读者的角度去写广告文案，衡量他们成就的标准是看他们使多少新产品在市场上腾飞。"② 伯恩巴克也说过："广告界中任何人如果说他的目的不是销售所广告的商品，他就是一个骗子。"尽管很多广告中并不含有产品、说服购买等明显促进销售的信息，但这些广告往往通过塑造品牌形象达到更持久的销售力。因此，广告无论用怎样的形式表现何种主题内容，其目的通常只有促进销售。有时要达到促进短期销售的目标，有时则通过打造形象让消费者更喜欢、更信赖品牌，间接达到长期的销售目标。

意义是在特定传播语境中以符号为载体的，人类对某事物具有区分性特征的判定、推断及情感、态度与行为可能性。在广告传播语境中，广告符号

① 马云霞，石培龙：《广告意义的生成——符号学和读者反应理论的视角》，《新闻界》2007 年 05 期，第 145 页。

② ［美］大卫·奥格威：《一个广告人的自白》，林桦译，中国出版社 2011 年版，第 130 页。

的意义就是根据编码者的意图让解码者产生的对某商品的判断、评价、情感（一般是积极正面的）、态度（一般是有利于销售某商品的态度）以及购买可能性（一般为购买行为的肯定值项）。

广告符号意义是符号的内容面。在大多数广告传播活动中，广告意义的选择余地很小。广告作为一种销售目的极强的传播活动，致使广告符号的意义必须是能使受众最终采取购物行为的各种意义。如果产生的意义不能直接或间接地触动受众购买商品，那广告本身的效果就应受到质疑。对广告的销售目标来说，任何设计、文案都是为了生成意义，意义是广告效果的最终裁判。大卫·奥格威反对广告运用图像符号时过于强调形式本身的美观。他在《一个广告人的自白》中甚至攻击那些守旧的美术学院的教育：

> 大多数把天真无邪的青年培养成为专业广告人才的美术专科学校还在对包豪斯学派（Bauhaus）的秘诀抱残守缺，主观地认为成功的广告要依靠“平衡”“节奏”和“设计”之类的东西。可是他们能证明吗？
>
> 我的调查结果却说明，这些抽象的美学原则并不能促销，我也绝不隐瞒我对那些郑重其事地鼓吹这种说教的守旧的美术专科学校的敌对态度。①

何种意义能让受众采取购物行为？受众购物行为受到复杂的心理因素影响。在广告研究早期，学者就已经注意到心理学对广告的借鉴作用。在认知心理基础上，广告学界提出过多个消费者购物心理过程模式。

1898 年美国广告学家 E·S·刘易斯著名的艾德玛模式（AIDMA）就是典型的受众购物心理过程理论，即从 Attention（注意，首先潜在客户必须接受到某商品广告带来的生理性刺激）到 Interest（兴趣，潜在客户在注意的基础上，对广告内容感兴趣，能在注意后，继续阅读、观看或收听广告内容），到 Desire（需求，潜在客户在兴趣基础上，对广告中商品产生购买的欲望），再到 Memory（记忆，潜在客户能记住广告以及广告中商品）最终形成 Action（行动，潜在客户采取购物行为，成为真正客户）。20 世纪 60 年代初，科利

---

① ［美］大卫·奥格威：《一个广告人的自白》，林桦译，中国出版社 2011 年版，第 141 页。

提出了“以确定广告目标测定广告效果”的 DAGMAR 法（Defining Advertising Goals for Measured Advertising Results）。提出商业广告促进销售的 4 个阶段，即 ACCA 模式。即 Awareness（认识，潜在客户一定要知晓某品牌或公司）—Comprehension（理解，潜在客户知晓某品牌或公司，并知道其产品能够为自己带来的利益）—Conviction（确信，潜在客户对品牌或公司带来的利益点确信无疑）—Action（行动，在了解和确信的基础上，采取购物行为），揭示受众购买产品前对信息的认知程度变化过程。

2005 年国际 4A 广告公司日本电通广告，根据互联网营销环境变化，提出“AISAS”法则。即 Attention（注意）——Interest（兴趣）——Search（搜索）——Action（行动）——Share（分享）。这个模式与艾德玛模式最大的不同是增加了 Search（搜索）与 Share（分享）。为了保持法则的简洁，舍弃了 Desire（需求）和 Memory（记忆）过程。Desire 和 Memory 是心理过程，Search 与 Share 是行为过程。实际上在传统购物环境下，产生 Desire 前后都有在报纸、杂志、电视等媒体上 Search 信息的过程，Action 后，也有各种在现实空间里 Share 购物的过程。在互联网购物环境下，Desire 购物欲望仍是必不可少的心理构成；Memory 记忆心理过程也是有的，只是未必是较长时间的记忆。因此“AISAS”法则的出现，并不意味着在互联网环境下购物心理过程的变化，只是不同模式突出了不同购物环境的特点。“AISAS”法则用行为过程替代了部分心理过程未必就是更好的模式。

与此类似的模式还有很多，一般而言都跟受众心理过程相关。我们之所以要研究广告学术研究出现过的购物心理模式，因为在购物心理的每一个过程中，几乎都需要广告符号生成特定的意义，以确保潜在客户下一个购物心理过程能得以顺延下去。每个过程产生的意义是不同的，产生意义的模式和方式也不尽相同，这正是我们需要剖析的广告符号的全程意义。从认知商品到对商品产生特定的评判再到购物行动，广告符号具有链式意义。

一、广告符号意义链

无论是 AIDMA、ACCA 还是 AISAS 模式，都与消费者认知心理有关。认知心理学（Cognitive psychology）20 世纪 50 年代在西方兴起，是心理学的一个重要分支。认知心理学研究主要关注的是人类行为的心理机制，从接收信息刺激、处理信息到输出，人在心理层面发生的不可见的心理变化是决定人类可见行为的内在深层原因。广告最关注的是消费者是否采取购物行为，对消费者购物行为背后的心理机制（常被称为黑箱）极其渴求，希望通过了解、掌控这些心理规律来更有效刺激消费者购物行为。由此，认知心理学是广告“学”和“术”理论的重要来源。一般而言，人的心理过程可以分为知、情、意（认知、情感、意志）三大过程。意志过程必然产生某种行为。认知是接收外界信息输入从而认识客观事物的心理活动，在 AIDMA 模式中，A 注意是指心理活动的指向和集中，是认知心理启动的前提，在 AIDMA 模式中，M 记忆是认知的理想结果。情感则是对某事物产生主观体验，包括对某事物的喜恶、爱恨等各种评价判断，情感与 AIDMA 模式中的 I 兴趣、D 欲望密切相关，I 兴趣本身就表现了对商品或商品广告的一种喜爱情感，D 欲望与情感是密切相关的心理学概念，在心理学定义中，情感本身就是来源于个体对客观事物是否满足需求（D 欲望）的体验。意志则是对某行为的心理认定、固化的心理控制，是产生 A 购物行为的心理准备。认知是情感的基础，没有一定程度的认知，外界信息无法输入某个体大脑，则无法产生任何情感。情感是意志的前提，情感的判定评价决定个体的意志方向。意志则多是与采取行为与否有关，是行为发生前的心理决策。

从广告促进销售功能方面看，广告要使受众采取购物行为，必须在知、情、意（行）三个过程上对受众施加影响。在认知过程，广告需能让受众了解商品的属性、原料、产地、功能、利益等信息（这里并非指广告全面展示这些信息，为了更容易为受众记忆，往往诉求于少数核心价值点），让受众在认知过程中产生准确的认知意义。在认知向情感这种主观体验推进的心理过程中，对事物各种客观性质的体验能加深、确认认知结果，从而才能形成对事物的各种评价判断。因此，比起接受信息，体验是更有效的认知方式。在这里，体验也并非指消费者直接亲身体验，而是在广告符号中，选取潜在消费者能信赖、被其感召的角色符号来代入体验。判断则涉及潜在消费者对广告中商品形成的各种消极/积极的评价，广告符号生成的意义总是力图使受众产生积极评价，形成积极的情感。积极的情感下才能形成正面的态度和有助于采取购物的行为倾向。当潜在消费者形成积极的购物行为倾向后，广告符号在行为层面往往会生成“贵/便宜”“性价比低/高”“现在/以后”“还有/再无”等意义组合来促使行为倾向转化为真正的购物行为。因此，如图 3.1 所示，广告符号的意义在四个过程上生成：认知、体验、判断、行为。

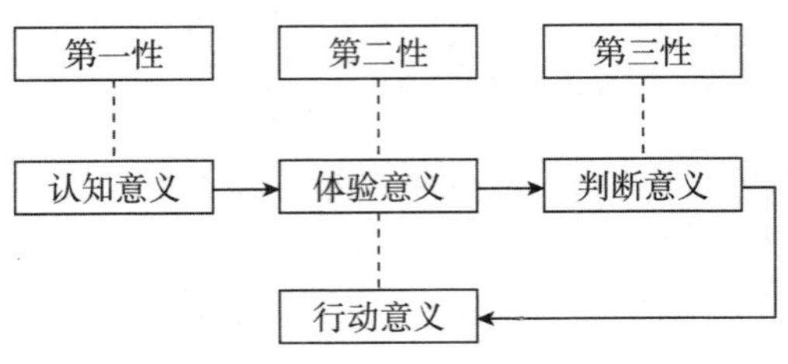

图3.1 符号意义范畴

从认知到行为的四个过程形成了广告符号的意义链。从皮尔斯的范畴论角度看，认知是第一性的，涉及对事物本身的认识；体验和行为是第二性的，涉及事物与使用个体的联系；判断评价是第三性的。从符号与符号对象关系角度看，第一性的认知意义通常运用肖似符号来生成，第二性的意义通常用具有因果关系的指示符号来生成，第三性意义则较多用象征符号生成。但这种分野并不是绝对的，三种符号与三种意义之间生成关系并非一一对应的，而是交叉的、综合的。如肖似符号，若非绝似符，就有运用符号与其对象之间微弱差别来生成评价判断意义的可能。

（一）认知意义

广告符号的认知意义是某个体接受与广告商品（品牌）相关刺激时对其客观性质的判定。广告商品（品牌）客观属性的内容非常芜杂，包括其外观特征、功能、规模、原料、产地、质量、荣誉、价格、历史、生产者等，不一而足。

外观特征最主要是诉诸感觉器官的刺激的性质判断。视觉外观通过事物在光照效果、空间占用、运动等方面特征形成的。光照效果方面的外观意义偶对值可以分为强/弱、明/暗、艳/灰、纯净/混杂。除了偶对值项之外，光照效应方面的外观意义还可以是具体颜色的属类关系，即红色（属于/不属于）、黄色（属于/不属于）、蓝色（属于/不属于）等。麦当劳盖世英雄餐广告中三个儿童看到的“黄”“绿”“红”三种颜色的车，在视觉加强受众对三种颜色属性的辨识和记忆，并以此类比联想记忆“黄”“绿”“红”三种不同颜色的调味酱。广告中使用王力宏作为形象代言，在姓名上与“黄”“绿”“红”形成符号上的谐音“像似”，增加对三种颜色的记忆度和广告的趣味性。空间占用方面的特征有如下几个维度：方位、距离、空间占用量、形状。方位意义的偶对值包括上/下（高/低）、前/后、左/右、正/斜；距离意义的偶对值一般就是指远/近（长/短）；空间占用量意义一般可以用长/短、宽/窄、高/矮、粗/细等偶对值确定，这些偶对值可以统归于大/小这组二元对立项。空间占用的判断值往往和时间判断值形成互相因果关系。在房地产广告中经常用“15 分钟直通……”的时间“短”来表现楼盘距离繁华地段或某一重要配套的距离之“近”。形状意义可以用锐/钝、直/曲、聚/散、密/疏、规则/不规则等偶对值确定，也可以是关于某种特定形状的属类，如正方体（属于/不属于）、六边形（属于/不属于）等。运动方面的感知意义包含快/慢等二元值项，听觉感知意义包括声音高/低、轻/重、节奏快/慢等。触觉感知意义包括轻/重、冷/暖、平滑/粗糙等。德芙巧克力视频广告中常出现咖啡色如丝带状效果画面的律动，就是赋予产品口感触觉上如丝绸般“平滑”的认知意义值。味觉感知的意义值有酸（属于/不属于）、甜（属于/不属于）、苦（属于/不属于）、辣（属于/不属于）、咸（属于/不属于）、鲜（属于/不属于）等。蒙牛酸酸乳用语言符号简明地生成“酸和甜”的味觉类属意义。肯德基的劲辣鸡腿堡则从画面语言符号上生成“辣”的味觉类属意义。

功能上的强/弱，规模（数量）上的多/少，原料的优/劣、正宗/假冒，质量上的优/劣，荣誉上的有/无、多/少、高/低；价格的贵/贱，历史的前/后、长/短生产者经验的丰富/贫乏等都能形成相应的意义。在美汁源橙汁广告中，有关产品的主要画面展现橙子的数量。通过广告画面，受众很容易得到有关橙子数量的判断——多。橙子多自然联想到美汁源中橙汁浓、橙粒多。国窖 1573 的广告中，以视觉排比的方式出现留声机、照相机、国窖 1573 瓶身，并配以语言符号“你能听到的历史 132 年，你能看到的历史 170 年，你能品味的历史 436 年”。受众认知解码时，可以得到很清晰的意义是“距现在时间长，历史久远”。奥妙洗衣粉的广告中经常出现小孩尽情玩耍导致衣服很脏的画面，对衣服的外观的判断“脏”与洗衣粉去污功能的“强”有因果关系。外观特征、功能、规模等类别只是广告商品（品牌）客观属性的一部分。况且每个类别与其类别都有一定的共同的、重合的偶对值项。如关于原料的意义判断也可能包括外观的形状、颜色、气味等。因此，无法也没有必要将涉及客观属性的所有类别、所有二元值项都一一列举。

在广告中，认知意义是第一程序，是产生体验意义、判断意义、行动意义的前提。因此，一般而言，广告，特别是新品广告中，拥有大量可以生成认知意义的符号以及符号组合。

（二）体验意义

认知意义是广告商品（品牌）自身性质的确定，是属于第一性范畴的。

体验意义则是关于消费者在消费广告商品（品牌）过程中产生的各种生理感受的性质判定，是属于第二性范畴的。体验意义在这里从性质上主要指生理体验。当然一般而言，体验包括生理和心理，并且两者往往密不可分。心理体验应属于情感判定范畴，为了更清晰地划分意义类型，本文将心理体验归为情感上的判断意义的范畴。生理体验基本也是从感官受到事物刺激后激发的生理效果出发的。如视觉上的刺目，听觉上悦耳，触觉上的疼痛、滑顺、温暖、承重，嗅觉上的熏染，味觉上的刺激等。因激发生理效果的强度不同，人们还常为同一强度的不同感觉激发的生理效果使用相同的性质判定词。如“刺激”通常是赋予那些高强度感官效果的意义。在时间维度上，广告符号的体验意义通常使用时长产生的“持久/短暂”“快/慢”等意义。炫迈口香糖在广告中用动作持续时间“持久”意义来表现产品持续清新的判断意义。还可以使用前体验、使用后体验来表现产品功能特点。潜在消费者在未使用广告商品（品牌）前生活中遇到的各种不愉快的体验是消费者产生需求的重要动力，因此广告符号经常不遗余力地生成各种使用商品前消极体验的判定，最后总是归结于使用商品前的生活是难受的、不愉快的、艰难的情感意义上等。使用后体验意义则与使用前的相反，广告符号生成使用商品（品牌）后各种积极的生理效果判定，营造一种美好的生活情景，形成愉悦的、积极的、幸福的等情感意义。实际上，潜在消费者是无法真正体验到广告商品的，广告符号营造消费体验的拟态环境，通过消费角色替入机制，产生对商品的体验意义。斯达舒胶囊广告中出现的三个典型画面—朝胃部钻孔、向胃部喷药、给胃部打气，以此来模拟胃痛、胃酸、胃胀的生理体验，这是使用斯达舒胶囊前患有胃部人群的病痛体验。在夸张生成这些意义时，增强患者的体验，以达到使其尽早使用斯达舒胶囊的行动意义。情感体验是在生理体验基础上产生的，对客观对象是否满足某一需求的主观体验。在广告中，特别是同质化比较严重的品类中，往往很难找到某品牌与其他品牌差异较大的生理体验，此时，品牌广告更多诉求于情感体验。如泰国的一则潘婷洗发水广告。在广告中，哑女在生活中备受欺负，在流浪小提琴手的鼓励下，刻苦学习小提琴，终于夺得音乐大赛评委和观众的认可。整个广告中有“气愤、羞愧、感动”的情感体验，也有最后“you can shine”的“自豪”体验。饮料品牌芬达的一则广告中，画面出现的是在沙滩上嬉戏的年轻男女，男性拿着芬达饮料瓶朝着女性打开，没想到瓶中冲出像炮弹一样饮料击中远处小岛并引发爆炸，导致女性大惊失色。广告中这些符号组合产生的“好玩、乐趣”的意义正是芬达“fun time”所需要的情感体验意义。在生成体验意义时，为了追求体验的真实可信度，广告经常使用貌似真正消费者的肖似符号。普通消费者的肖似符号让受众在解码广告时更容易实现角色替入。通过消费者使用产品的体验来证实产品的效果，广告显得更加可信，广告效果往往会更好。这种符号编码方法在药品医疗广告中经常使用，在一定程度上误导了潜在消费者。这种类型的广告已被广告相关法规严令禁止。

（三）判断意义

判断意义是消费者和广告商品（品牌）之间的中介，是属于第三性范畴的。判断意义是消费者采取购物行为前必然产生的价值确认结果，同时也是消费者使用产品后必然产生的态度结果。判断意义包括情感上的喜/悲、愤怒/平静、恐惧/勇敢、愉快/痛苦、幸福/不幸等心理体验意义，也包括评价上的爱/恨、喜/厌、对/错、好/坏、美/丑等价值判断，同时也可能包括倾向性行动意义采取/不采取等。从心理学角度，判断意义形成的态度本身就包括三个维度：认知、情感与行为倾向，因此判断意义的生成来自认知意义、体验情感意义，并可以预设行为意义。判断评价意义与行动意义直接具有最相邻的因果关系，一个品牌或产品广告最终目的要让消费者采取购物行为，经常需要先生成有利于促成购物行为的判断意义。判断意义是广告符号意义链中的关键环节，直接关系受众是否产生购物行为倾向。无论是冲动型购物还是理智型购物，对广告商品产生积极正面的判断意义是必不可少的过程。尽管很多消费者购物过程很快，从看到广告商品（品牌）到购物之间只用了很短时间，看似这些冲动型购物没有经过判断。但从心理学角度看，任何行为之前必然有相应态度判断。态度判断形成时间有短有长，态度强度也有弱有强，有时可以明显观察到，有时无法从表象观察。这些价值判断与购物行为的采取/不采取有直接的关联。麦当劳的广告语“我就喜欢”以语言符号直接生成“喜欢/厌恶”中的积极情感判断意义，表达对品牌的喜欢，以此引导强化消费者对麦当劳的解码意义，继而产生持续性的“吃/不吃”行为意义二元值项中的肯定意义。海澜之家某一时期广告中反复强调“一年逛两次海澜之家，每次都有新感觉”的广告诉求，生成“有/无”二元值项中的积极意义，以此顺理成章地可以引导进一步的行为意义——“逛”海澜之家。有时，广告符号的判断意义并不一定指向某一品牌的消费行为意义，但可以与目标受众产生共鸣，在广告符号之外，引起消费者对品牌的积极评价意义，即美誉度，间接产生购物行动意义。森马某一时期的广告则是直接诉求某种价值观——关于生活的判断意义。在森马服饰的某一广告画面中，两位美女在与别人打网球，其打网球动作和回球效果都极差，甚至将球拍打到对方肚子上，这些符号组合无非要生成网球技术“差”的评判意义。即使网球技术差，两位美女也丝毫没有自卑、沮丧，体现出“自信”的情感意义。最后广告以“我打球很烂，但至少我好看”的主旨，以语言符号生成一种观念上的判断意义——好看更“重要”，以这样的观念迎合年轻人的着装消费心理。柒牌西服的广告语“男人对自己狠一点”也是直接生成价值判断意义，男人对自己“狠/温和”中的“消极”意义，与生活中奋斗的男人群体形成共鸣。森马服饰和柒牌西服广告中生成的判断意义虽然没有直接引导至其品牌的消费行为，但能让目标受众产生“喜欢”的情感判断意义，也能达到让目标群体选购其品牌的目的。

康德在《纯粹理性批判》一书中提到的判断逻辑关系是有断言的、假设的、抉择的。在广告中需要直接给予目标受众明确的判断意义，只有这样才能更加有效、快速地促进消费行为。因此广告符号生成的判断意义很多都是断言式的判断意义。如化妆品广告的“女人就该对自己好一点”，某丰乳霜广告的“做女人挺好”，红塔集团的“山高人为峰”，中央电视台的“心有多大，舞台就有多大”等。这些广告通过判断意义的生成引导消费行为意义，在广告中很普遍，在这些广告生成的意义中，没有条件，没有选择，无须合理的逻辑推演，同时又是不容辩驳的，好像是在任何地点、任何情境、任何时期都能普适的真理。其实这是广告符号中植入意识形态的重要手段，是广告符号制造消费神话的内在机制。这在论及广告文化时，我们还将详细阐述。有时广告的判断意义会出现貌似假设式和抉择式。如哈格达斯的广告语“如果你爱她，就请她吃哈根达斯”，其语言符号中生成的行为意义“请吃/不请”取决于男孩对女孩的情感判断“爱/不爱”，但实际上“爱/不爱”是无法选择的，整个广告生成的意义实际是你“爱”她，你“必须”“请”她吃哈根达斯。

（四）行动意义

对于广告来说，采取购物行动是最终要生成的意义，也就是说，广告无论是先生成认知意义还是体验意义或者是判断意义，最终的目的就是让受众在解码时得出采取购物行动的意义。所有广告，直接或间接地生成采取（排斥放弃）行动、立刻（排斥拖延）行动的意义值。所谓直接生成采取行动意义是指整个广告作为一个系统符号，其所指就是潜在消费者采取购物行动。很多广告中经常出现“心动不如行动”“走过路过不能错过”“最后三天，过期不候”等煽动性文案，直接生成行动意义。图 3.2 喜力啤酒的广告也是如此，广告语言符号直接生成在“出头、三人同行”情形下就应该“喝一杯”的消费行为意义，图像符号则生成“出人头地、三人行”的情境意义。在公益广告中，往往更需要让受众采取或拒绝某些行动，因此直接生成行动意义的情况更常见。如禁止吸烟标识的红色斜杠，直接用图像符号生成“禁止”的行动意义。

图 3.2

除了直接的购买行为意义外，广告符号行动意义还包括其他各种动作行为的界定、实施行为的决策、实施行为的时间地点等，最终归结于购买广告商品（品牌）这一行为意义上。行为的界定包括对广告商品（品牌）使用行为的动作属性，如买、卖、食用、穿戴、驾驶、抢夺、来、去、走、跳、拥抱、摇晃等。如农夫果园的广告中，父子俩在购买农夫果园时看到“喝前摇一摇”提示，于是将身体摇来摇去。这则影视广告的画面符号要生成的意义就是喝农夫果园之前要“摇”的行动意义，这是使用产品时需要的动作属性，虽然“摇”的行为是“购买”行为之后的动作，对直接购买没有促进作用，但“摇”作为一种动作标识，增加品牌记忆度和趣味性，也与其饮料成分有因果关系，因此，“摇”行为意义最终还是为了促进广告符号系统外的“购买”行为，而且在一定程度上，比直接督促购买更加重要、更加有效。实施购买行为的决策包括行为的采取/不采取、行为实施时间的快/慢、行为实施的此处/彼处等。

二、广告符号意义的特征

（一）二元偶对性

在四个过程中生成的意义都具有一个偶对值项，也即一组二元对立项中的其一。认知过程中涉及的广告商品（品牌）的高矮、长短、大小、多少等认定，决定了判断过程中对广告商品（品牌）的好坏、美丑、喜恶等态度；判断过程中的态度偶对值项又直接导致行为过程中对某行为是否实施的确定。因此，广告的符号林林总总，但意义总是相对固定的。所有意义最终表现为一组二元对立项的判断，或属于或不属于、或大或小、或好或坏、或采取或不采取。

在二元偶对值项中，广告符号意义往往都是积极的正值。如广告最终在鼓动受众是否采取购买行动上，一般不会生成“不采取”的意义。广告符号意义与其他符号意义具有很大的区别，主要在于广告符号意义的向度往往都是积极、正值、肯定的。即使较低层级的广告符号单元或组合会生成消极意义，但从整个广告作品的综合符号层级来看，这些消极意义正是与整个商品积极意义有着因果关系，借由消极意义可以从因果律或其他逻辑上推断出积极意义。因此，从综合符号层面来说，广告符号意义总是积极的，一个不宣传商品优点、不鼓动受众购买商品的广告是非常罕见、难以想象的。

（二）次序性及不完整性

从广告意义结构看，广告符号的意义首先需要对广告商品（品牌）有一个类属的判断。类属的层次有不同品类、不同功能分类、不同受众人群分类、不同价格、不同生活方式等各种类别，广告符号要使受众对广告商品（品牌）在类属上有清晰的判断，需要运用正确的定位策略。类属意义是广告最先发生的意义。紧接着是对广告商品（品牌）性质的感知觉判定，更大、更多、更鲜艳、更高等，性质感知意义往往是一组相对立的反义词中的一项。性质感知的这一值项，直接决定了情感评价意义，只有一定的情感评价意义才会产生行动意义。这四个过程意义构成的意义链具有次序性。这种次序从某种意义上说，是一种因果关系，前者是后者的指示符号。认知意义符是判断意义的指示符，判断意义符又是购物行动意义的指示符。

虽然这四个过程意义具有前后次序和依次指示关系，但在一则广告中并不一定需要很清晰地被观察到，也不要求意义链的这四个部分全部在场。如一则广告只是再现了广告商品（品牌）的外观图像，配以促使购买的文字，这并不意味着这则广告只拥有类属意义和行动意义。因为受众在解码过程中根据广告商品（品牌）的外观图像自动生成了性质感知和情感评价意义。如图 3.3 所示的悍马汽车广告中，广告画面和符号构成比较简洁。符号主体只是悍马汽车的肖似符号以及附属的产品标识、品牌 logo 和文字符号。在该广告中，所有在场符号很难形成完整的广告意义链。悍马汽车的肖似符号只能生成“这是一辆车”“该车是越野车”的种属意义。但从广告中悍马汽车肖似符号的造型及其与广告其他符号之间位置、比例关系等，很容易使受众在广告作品外产生“这车风格粗犷”“这车很有男人霸气”等性质感知判断以及“这车开起来一定很动力十足”的体验意义，继而产生“非常喜欢该车”“定要买下该车”的评判意义和行动意义。体验意义、性质感知意义、情感判断意义、行动意义在该广告中没有直接的符号能指，但正是因为广告符号意义处于一个因果链上，广告符号指涉任一个环节的意义都可以借由因果关系推知意义链上的其他环节。意义链中不在场的部分，并不意味着不需要，因为，任何人对客观对象的心理过程必然包括认知、体验、判断、行为倾向四个过程，没有这四个完整的过程，就不会促动受众实施购买行为。由某一环节的意义所导致的其他不在场的意义在目标受众的心里完成广告符号意义链的闭环，才促成了商品的销售。

图 3.3　悍马汽车广告

（三）文化性

一般而言，一种文化环境下的价值判断的意义具有一定的、约定俗成的取向，即在二元对立的偶对项中，正面评价和负面评价的值相对固定。《易经》中有“太极生两仪”之说，就是将世界万物分为阴阳两仪，任何事物非阴即阳。在中国文化中“阳”一般代表更好的事物，“阴”则相反。从阳光满面和阴沉险恶、暖阳和阴冷、阳间和阴间等词语中可以窥见一斑。经常与“阳”同向度的男性、暖、大、多、高、上等判断意义通常拥有消极负面的评价意义，与“阴”同向度的女性、冷、小、少、低、下等判断意义通常拥有消极负面的评价意义。在中国古代，男尊女卑思想严重，“男”意味着“尊”，“女”意味着“卑”，“男”是“大”男人，“女”是小女子，“男”阳刚，女阴柔。夫是妻的纲，夫主导家庭权利，妻是夫的附属品，甚至需要回避外客。在风水上，“山南”因为阳光充足，被称为“阳”，“山北”阳光被遮挡，被称为“阴”。阳具有更积极的评判意义，因此，房屋需要建在风水的阳面，“阴”则被认为不吉利。如图 3.4 所示，属于比不属于更多地意味着正面的性质，意味着被容纳、肯定，其得到的情感评价往往是好的，大比小、多比少、高比低、明比暗、快比慢等更意味着是好的，更容易得到喜爱，更容易让人想要采取行动去拥有。

这些正面评价意义内在或多或少存在一定的理据性。“男性”与“高”之间具有“男性总体上比女性更高”的理据联系；“暖”和“高”显然也存在“温度高的事物更温暖”的内在关联；“高”“大”“上”之间的理据联系也是同样的原理。只要两种事物之间存在理据性，则可以互为符号。也就是说，用于表达男、暖、高、大、上、正、好、爱、美、可以等意义的符号，在一定情境下，可以在聚合段上相互替代。在不同国家和地区的文化区域，这些同向度意义之间的关系也具有很大的共性。

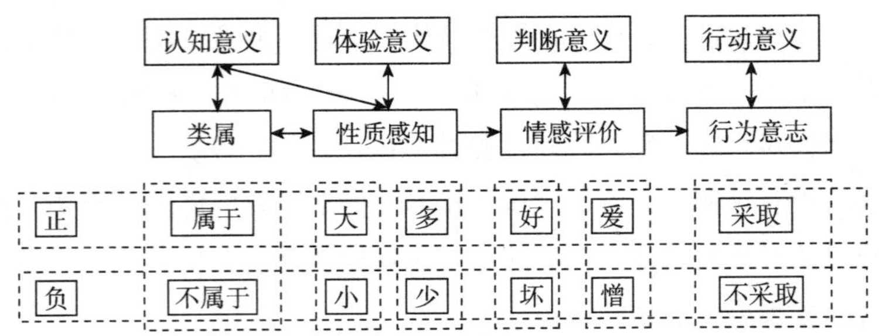

图 3.4　符号意义二元值项图

但这并不绝对，在不同情境下，对于类属意义和性质感知意义的情感评价往往是不同的。如在广告牌的尺寸上，大尺寸的广告牌往往意味着更能吸引注意，拥有积极评价，但在核雕等精细手工艺术领域，“大”这样的正向意义，往往意味着“粗糙”“蠢笨”等贬义，“小”这样的负向意义，反倒越具有艺术价值，意味着精巧、精致、风雅。现代审美中，“胖、壮”具有一定负面价值，“瘦”则被人认同。因此，不同文化对事物的评判标准不一样，同样的感觉刺激在不同国度、不同文化群落的褒贬不一样，即意义不同。如红色的视觉刺激，在中国文化中多受褒扬的红在中国文化中的评判意义是“喜庆、热闹、激情”，多数情况是“好”的。在西方文化中“红”则更多意味“血腥、残暴”的意义。因此，感觉刺激层级的认知意义在不同语境下推导的评判意义不尽相同，相同的符号或符号组合在不同语境下也可能生成不同意义。本文所论的广告符号意义的文化性，是多数情况下意义价值判断的一般取向，但绝不能一概而论。广告文本意义与整个群体文化、具体的评判对象、历史语境等都息息相关，广告符号意义具有很强的文化属性。

三、多义性及其锚定

一般而言，广告符号由商品标识符号（包括 logo、商品包装、slogan、jingle 等）、图像符号（在影视、广播广告中还包含声响等非语言符号）、语言文字符号构成。在读图时代或娱乐化时代，图像或声音类的非语言符号成为广告符号的主要能指。语言文字符号与商品标识符号具有较为确定清晰的意义。但图像等非语言符号的意义充满模糊性和不确定性。从逻辑判断上，范畴形式和意义二元值项都是或然的，而非必然的。意义的漂移不定在艺术领域可以让整个作品更具想象空间，让受众具有更多的二次创作的可能，受众在解码过程中，可以生成更多新的意义。但对具有商业目的的广告来说，图像等非语言符号让受众在认知时产生多义偏倚，却是达成商业销售的障碍。因为，商业广告需要受众在解码时能产生明确肯定的“积极”判断意义与确保尽快实施的“行动意义”，而非模棱两可的或然意义。因此，广告图像等非语言符号不确定的意义必须能得到有效的锚定才能达到广告策略既定的目标。法国符号学大师、结构主义思想家罗兰·巴特（Roland Barthes）是最早从符号学角度研究图文互动关系的学者。罗兰·巴特在《图像修辞》中提出，图像符号都具有多义性。图像符号所指意义是漂浮不定的，受众通常需要从多重意义中做出选择，这样不利于受众对图像的理解。因此，罗兰·巴特提出语言符号具有对图像多义性的“锚定”功能，语言符号的锚定作用可以减少、降低图像符号的不确定性。语言符号通过对图像符号进行指示性的阐释，帮助受众识别图像本身及其组成部分，并帮助其理解图像直指意义之外的隐含意义。从意识形态方面，语言“锚定”可以引导读者排斥不利编码者的意义，有方向地为受众预设意义。因此，罗兰·巴特说语言创作者拥有了对图像的监控权（right of inspection），这种监控权在广告传播活动中，正是传播者力图掌握的。

在认知科学方面，丹尼尔·卡尼曼（Daniel Kahneman）也曾提出判断锚定的观点。2002 年获得诺贝尔奖的经济学家卡尼曼，针对人类认知不确定情况提出判断和决策的新模式。这种模式不仅适用于经济学，也适用于整个认知科学。卡尼曼认为，人在不确定情况下做判断的依据是三种启发法，即典型性启发式（representativeness）、可得性启发式（availability）、锚定和调整启发式（anchoring and adjustment）。所谓启发是指，人在不确定情况下，缺失更多的判断信息，通常依据以往经验模式进行快速判断。典型性启发式则是指，认知样本与认识总体的代表性越高，其呈现的概率越高；可得性启发式是指，在知觉和记忆中越容易获得的经验模式，越可能作为认知样本的归属。典型性启发式和可得性启发式表明，受众在遇到不确定意义的非语言符号时，往往不是通过致力于花更多的时间搜寻信息来解码意义，而是首先通过经验模式用最便捷的方式获得意义。锚定和调整启发式，则意味着更加理性地判断，会对典型性、可得性启发得出的判定做一定的调整。通过典型性、可得性启发在过往经验模式中如果能找到相应的解释模式，一般需要调整启发式进行意义值的微调，但如果通过典型性、可得性启发无法在经验模式找到解释，则无法得出广告符码的意义，则会引起解码者的认知焦虑，这是往往需要额外信息进行锚定性启发。对于广告编码者，解码者走捷径的经验直觉判断无法获得预先设定的意义，数量众多的解码者仅凭直觉判断更无法得出统一的意义，因此对非语言符号的意义调整和锚定就尤为重要。广告图像等非语言符号如何得到锚定的？意义的锚定同样遵循简洁原则，一方面卡尼曼提出人的认知倾向不会耗费更多时间去联结不确定的意义，另一方面，广告对消费者来说信息价值不高，消费者能给到广告的时间是极为吝啬的。因此，意义的锚定必须能在有限时空里完成。卡尼曼曾提出著名的期望理论（prospect theory）可以解释锚定过程。广告中图像等非语言符号意义不确定，但商品的标识和包装意义明确的。受众看到商品的标识和包装产生的期望意义是“这是此商品的广告”以及“广告内容与此商品有关”，并自觉地将广告符号意义与商品宣传意义进行迅速关联。因此，即使广告中出现的主体符号不是商品，但只要在广告中出现商品的相关标识（通常在左上角或右下角），受众期望心理就可以对图像非语言符号进行方向性的锚定。当然方向性锚定还未必能得到确切意义，这时，信息量更大、意义更确切的语言文字（广告文案）对图像非语言符号进行进一步锚定。

如图 3.5 所示，广告的主体符号是风平浪静的海面，对于这个画面，受众能得到的判断只能是“这是在海上”“海水很蓝”“海上风平浪静”等多种意义，很明显这些意义并非广告解码者需要的意义，广告解码者需要的意义是“你应购买某某商品”。图像符号所能生成的意义离广告效果需要的意义相距甚远。广告语言符号（广告文案）“bad day”坏天气，对该符号主体进行一次锚定，排除掉“这是在海上”“海水很蓝”等意义，将其锚定在“海上风平浪静”意义上，因为有无风浪与天气好坏是可得性最高的关联。产生了“海上风平浪静是坏天气”的悖论意义。悖论意义引起强烈的认知冲突，吸引受众进一步了解真相，进而深入解码更多意义。广告右下角的冲浪产品品牌标志对广告不确定意义进行再一次锚定。受众对冲浪产品的预期心理和经验模式是“海上需要波涛汹涌”，从而合理解释了“海上风平浪静是坏天气”的悖论意义，进而产生“对于爱冲浪的人，风平浪静是坏天气”“对冲浪极为喜爱，以至于讨厌风平浪静的大海”的意义。综上所述，广告非语言符号能指生成的意义往往不确定，需要具有确定意义的符号进行一次或多次锚定才能获得广告既定的意义。再如图 3.6 拒绝 AIDS 的公益广告中，图像符号组合“男子与骷髅骨的性行为”可以生成“男子与骷髅进行性行为”等漂移不定的直指意义，无法生成与广告想要表达的“拒

图 3.5　某冲浪产品广告

绝 AIDS”的行动意义。非语言符号“AIDS IS STILL ALIVE, What about you?”即“AIDS 还活着，你呢?”将图像符号中的骷髅骨进行意义锚定，即“AIDS 还活着，你呢?”的反问语言符号将男子的性行为锚定为“无法活下去”意义。经过锚定之后的图像符号意义则很清晰，“如果不拒绝 AIDS，很危险，将无法存活”，继而在目标受众心里产生“拒绝 AIDS”的、不在场的意义。

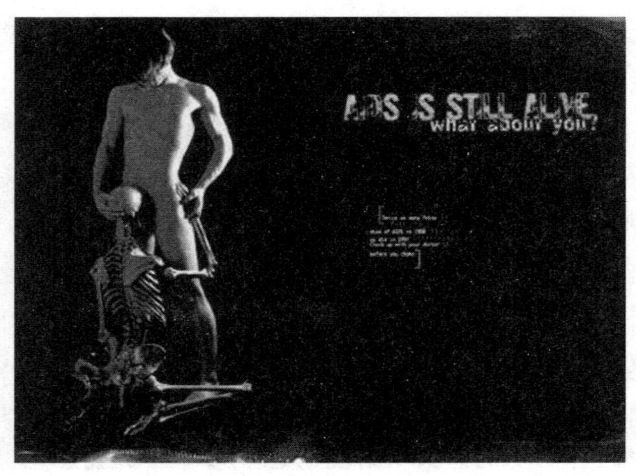

图 3.6　拒绝 AIDS 公益广告

在广告中起到锚定作用的并非只有语言符号。商品的 logo、包装、特有形状也经常起到锚定作用。在这种广告中，可能并没有语言符号，即没有一句广告文案，但不妨碍受众解码出既定意义。因为，logo、包装、特有形状都是与品牌或产品强关联的标识元素，既为标识，本身就对广告对象的属性有强锚定作用。在广告对象属性明确的情况下，有关广告对象的“认知经验意义”以及惯常判断意义虽然缺席，但能将目标受众思维与整个广告符号关联起来，继而对整个广告的非语言符号起到锚定作用。如 AXA 男士香水广告中，非语言符号“修女夹着鼻子”意义不明，同时广告中又没有一句文案进行解释限定。非语言符号 AXA 男士香水的瓶形包装起到锚定作用。该包装直接指涉了整个广告对象——AXA 男士香水，AXA 男士香水具有“使用后对女性有很强的性吸引力”的经验意义，这个不在场的意义锚定了“夹着鼻子的修女”的图像符号意义，即“不敢呼吸”。“超强的性吸引力”与修女“不敢呼吸”有着编码者假定的因果关系。从这则广告符号意义锚定方式里，可以看出，凡是无须语言符号进行锚定的，需要具备一定的条件，那就是该品牌是为目标受众熟知的，受众对其产品已经具有较固定的认知经验意义或判断意义，否则无法进行意义锚定。

第二节　广告符号的能指特征

在多数情况下，广告符号的内容面，即符号意义，在编码之前就已经确定，即广告符号最终需要让消费者产生正面积极评判、采取购物行为的意义。按照广告运动科学性的要求，一个广告运动（活动）各个阶段所要传达的主题必须是确定的、统一的。对于确定的符号内容面，需要选择相应的表达面。广告创意其实就是根据确定的广告意义进行逆推导的符号编码过程。由于广告传播与其他传播活动具有不同的特征，广告符号表达面也凸显出异于其他传播的特性。

一、多层化

依第一章所论，语言符号大致可以分为音位、音节、词语、从句、段落、文本六个层级。非语言符号分为四个层次：单元符号、组合符号、综合符号、系统符号。在广告传播中仅仅依靠单元符号很难表达完整的、促进销售所需要的意义。作为第一性的认知意义，兴许无须太多与其他事物关联就可依靠广告商品（品牌）的单元符号来表达。但属于第二性的体验意义、行为意义是在广告商品（品牌）与潜在消费者拥有使用关系后才能表达，因此，要生成体验意义就必然需要一定数量的组合符号。第三性的情感判断意义作为广告商品（品牌）与潜在消费者之间的中介，需要更复杂的组合符号来表达。非语言符号并不拥有语言文字的确定性，因此由大量非语言符号组合而成的高一层级符号极易产生歧义，为了生成事先广告策略确定的意义，就必须用其他情境符号来减少歧义，形成更高层级的综合符号。一次广告运动（活动）拥有很多不同媒介、不同形态的广告作品，这些作品需要传达统一的主题意义。这些广告作品在统一的主题下，又形成一个更为庞大的系统符号。

如图 3. 7 所示的系列广告中，广告商品眼镜的像似图片是 KRASS 品牌眼镜的单元符号，也即最小的意义单位，不宜也无必要再进行切分。这种简单的单元符号无法生成任何意义，但在受众心中可能会生成该品牌的认知意义，如该眼镜镜片颜色丰富，该眼镜弧度设计很有特点等。眼镜的像似图片和 KRASS 标识文字形成一个组合符号，生成“该眼镜是属于 KRASS 牌的”归属认知意义。“该眼镜是属于 KRASS 牌的”认知意义对于 KRASS 牌眼镜的形象塑造（长期销售力）来说显然是没有作用的。因此，眼镜像似符号与自行车座、灭火器、水龙头、电风扇的像似符分别形成更高一层级的组合符号，该组合符号有很多意义可能，如“眼镜戴在自行车座上”或“自行车座戴眼镜”的行为意义，“眼镜戴在自行车座看起来像是一张脸”的归属性认知符号或“眼镜让自行车座看起来像是一张脸”的体验符号。组合符号的多重意义，需要语言符号来锚定。广告文案“glasses make the face”限定广告图像符号中出现的多次意义，最终产生综合符号的意义是“眼镜让自行车座看起来像是一张脸”。四个系列广告分别产生“眼镜让自行车座看起来像是一张脸”“眼镜让灭火器看起来像是一张脸”“眼镜让水龙头看起来像是一张脸”“眼镜让电风扇看起来像是一张脸”的意义。四个综合符号组成的系统符号由四个类似意义归纳推导出“眼镜可以让很多东西成为一张脸”“眼镜塑造脸面”的最终意义，即文案所传达的“glasses make the face”。

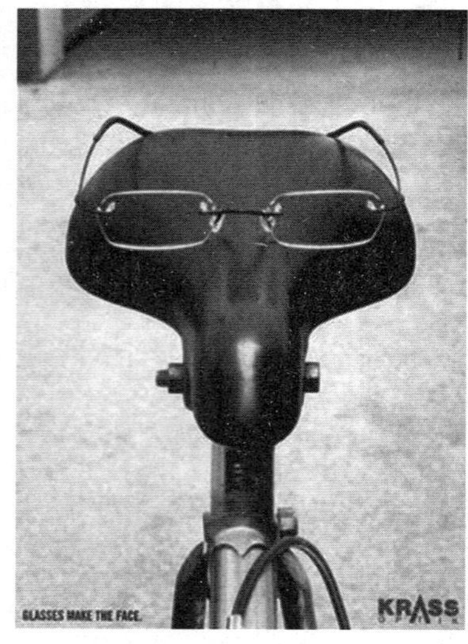

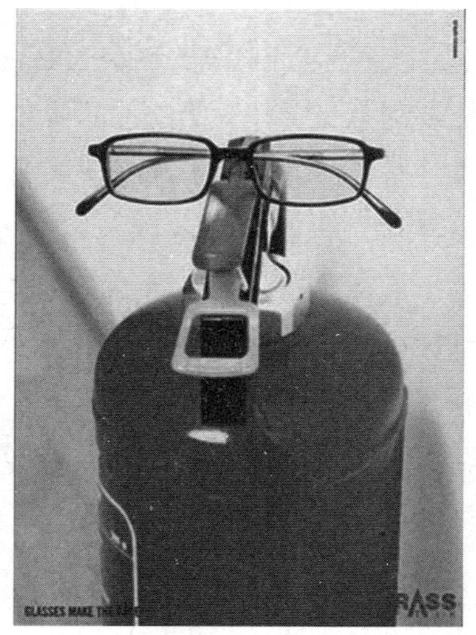

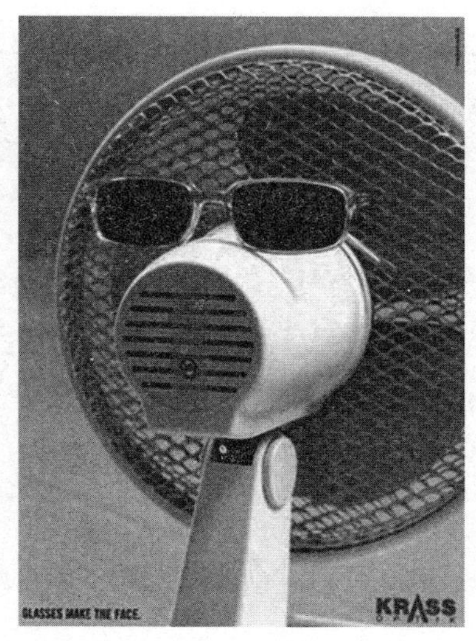

图 3.7　KRASS 眼镜品牌形象广告

如下表所示的广告符号层级关系，在该系列广告中，眼镜、KRASS 标志、自行车座、灭火器、水龙头、电风扇都是单元符号，地面、墙角、墙面、天空等是自行车座、灭火器、水龙头、电风扇的场景单元符号，这些符号不产生意义，但对广告主体符号——眼镜符号组合意义有着一定限定作用。眼镜作为商品的主体单元符号分别与其他单元符号构成组合符号，组合符号与语言符号构成整个作品的综合符号，四则系列综合符号构成一个系统符号。

表 3.1　KRASS 眼镜系列广告符号层级关系

单元符号	符号能指	眼镜	KRASS 标志	自行车座	地面
	符号所指	这是一副眼镜	这是 KRASS 品牌	这是自行车座	这是地面
组合符号	符号能指	眼镜 + KRASS 标志	眼镜 + 自行车座	自行车座 + 地面	眼镜 + KRASS 标志 + 自行车座 + 地面
	符号所指	“这是 KRASS 眼镜”归属认知意义	“自行车戴眼镜”“眼镜戴在自行车上”“眼镜让自行车看起来像一张脸”多重意义	停在地面上的自行车	“自行车带 KRASS 眼镜”“KRASS 眼镜戴在自行车上”“KRASS 眼镜让自行车看起来像一张脸”多重意义

续表

单元符号	符号能指	眼镜	KRASS 标志	自行车座	地面
	符号所指	这是一副眼镜	这是 KRASS 品牌	这是自行车座	这是地面
句段语言符号		glasses make the face			
综合符号	符号能指	眼镜 + KRASS 标志 + 自行车座 + 地面 + “glasses make the face”			
	符号所指	KRASS 眼镜让自行车座看起来像一张脸			
系统符号	符号能指	眼镜 + KRASS 标志 + 【（自行车座 + 地面） + （灭火器 + 墙角） + （水龙头 + 墙面） + （电风扇 + 沙滩天空）】 + “glasses make the face”			
	符号所指	KRASS 牌眼镜塑造脸面			

二、熟悉化

在一定程度上说，符号具有社会共有性。广告能形成有效传播的必要条件之一是传受双方必须拥有相同、相近的符号储备系统，否则双方就无法进行符号交流。受众如果无法辨识或理解编码者所用的符号及符号组合，就无法对其进行解码，获得编码者设定的意义。美国符号学者约翰·费斯克在《传播研究导论——过程与符号》一书中指出：

> 现在我们要把注意力转向另一种截然不同的传播研究方法，它不再强调传播是一个过程，而是强调传播是意义的产生。当我和你进行传播交流时，你或多或少能理解我的信息的含义。要使传播发生，我就必须使用符号来创造信息。这一信息会刺激你产生你自己的信息意义，但是你的信息意义某种程度上和我创造的信息意义相关联。我们共享的代码越多，我们使用的符号系统越相似，我们这两种信息的意义就越彼此接近。①

符号能指具有社会共有性，符号所指也如此。美国传播学学者施拉姆也曾就符号的社会共有性写道：

---

① ［美］约翰·费斯克：《传播研究导论：过程与符号》，许静译，北京大学出版社 2008 年版，第 39 页。

> 任何社会里都有一定数量的意义是普遍共享的。社会的成员必须在足够数量的外延（denotative）意义（称其名而识其义的意义，即词典中标注的意义）上达成共识，不然就无法交流。同理，任何社会在内涵（connotative）意义（情感和价值判断的反应，比如何为贬义词，何为价值观，谁是好人等）上必须意见一致，否则社会成员在生活中相处就很不自在。①

陌生的符号，只有经过一定习得过程，才能进入社会群体共有的符号系统。对广告来说，习得过程影响广告的时效性。语言是最大的社会成员都拥有的符号储备系统，语言能在很大范围内进行有效传播得益于语言是经过社会群体约定俗成的（有时是自觉发生的，很多时候是强制性的）。但非语言符号很多都没有经过约定俗成，只是将事物经过简单符号化后进入表意系统。选择何种事物进入符号系统就必须遵照双方都能认识的原则。因此，广告符号多源自大众所熟知事物。如图 3.8 所示，传受双方必须要有共同的符号交集。虽然广告追求创意，用新颖的图文吸引受众的关注，但这种新意不是通过受众不能认知的符号实现的，而是通过熟悉的符号通过新颖的方式进行组合重新生成的。广告创意可以定义为“旧元素的新组合”，意为广告创意需要通过熟悉化的符号组合，通过组合之间的符号关系来生成所需要传达的商品意义。

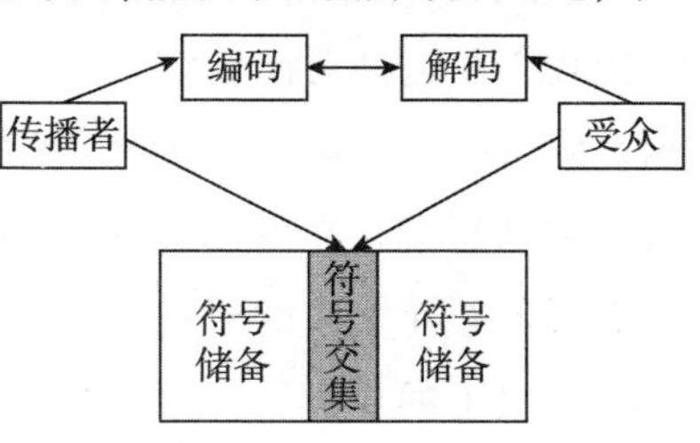

图 3.8　传播符号过程图

三、差异化

广告符号在熟悉化的同时还要追求差异化。差异化并不是对熟悉化的否定，差异是在熟知事物基础上的部分变异，而不是将完全陌生的事物纳入符号系统。差异是形成意义的必要条件。意义本身就是对差别性质的判定。对客观事物无差异的符号替代，无法生成意义。因此广告符号要产生意义必须

① ［美］威尔伯·施拉姆，威廉·波特：《传播学概论》，何道宽译，中国人民大学出版社 2010 年版，第 67 页

对客观事物进行差异化编码。如图3.9所示，耳机的摄影照片是现实中某耳机的符号，但这一单元符号本身只能起到识别作用，却无法产生任何意义。这类似语言中的专有名词，有指称作用，但无意义。至于受众看到该符号后能否形成“该耳机外形美观”之类的意义判断，则决定于受众内在心理活动，在编码端无法进行控制。广告要明确传达一种意义，则必须建立在差异的基础上。广告符号差异化很多情况下体现在符号能指与所指对象原型的差异。只要符号能指与所指原型在外观特征上有能够识别的差异，就必然引导受众对能指与所指进行比较，而这种对比较结果的性质判定的二元值项就是意义。如图3.10所示，广告中女性形象符号上半身比较肥胖，而下半身很苗条，符号能指与所指对象（客观存在的模特或肥胖类的人）差异极大。差异生成的对比意义是“水以上部分比水以下的更胖”“水以下部分更苗条”。语言符号广告文案“water fit you”锚定了上述符号的意义，即“水让你更苗条”，再加上品牌标志等符号的意义限定，可以生成“某无糖饮料，可以让你更苗条”的意义。此外，广告符号的差异性还体现在与其他同类产品广告符号的对比中。一则广告作品中符号的差异化从心理学上是吸引受众注意的重要因素。从心理学角度，除了刺激强度、相关性、支持性外，对比和差异是影响受众对某刺激物注意率的关键因素。在产品同质化越来越严重，广告信息越来越拥堵的信息爆炸时代，广告要吸引受众注意就必须要求异，用差异化的符号首先突破受众的视听感官，才能进一步得到解码，获得意义。

图3.9 耳机产品图

图3.10 某无糖饮料广告

四、迂回化

广告中广告商品（品牌）的符号是整个综合符号的构成主体，因为广告符号系统要生成的意义最终一定是有关商品（品牌）的。把广告商品（品牌）的符号作为主体符号，置于画面中心位置的广告能更直接地传达意义。如图 3. 11 所示，非常可乐的产品被置于画面的视觉中心与产品周边布满卷轴书法作品等中国传统文化符号构成组合符号，在文案意义限制下，生成“非常可乐是具有中国味道的可乐”这样的意义。但这种广告在吸引受众注意力方面的作用显著不足。在奇观社会和娱乐至死的时代，广告受众更容易接受具有更强视觉效果和娱乐性质的广告。广告商品（品牌）的符号主体地位被迫让渡给与其并没有太大关系的其他符号。很多广告通过奇观符号、娱乐内容符号生成意义，再通过处于不突出位置的商品（品牌）符号，让所生成的意义找到归属主体。如图 3. 12 所示，广告通过画着熊头的人脸的奇观作为主体符号，置于画面中心，首先吸引受众注意，产生“像熊一样的人”的意义，到底是“什么像熊一样”，仅仅靠主体符号还无法确定。而位于画面左下方的口香糖产品 logo 及产品包装，限定了主体符号的意义，将其意义锚定在“口腔异味像熊一样难闻”。进一步生成“如果不使用 eclipse 牌口香糖，口腔异味就会像熊嘴里的味道一样”的意义。最终形成的综合符号生成“口腔异味大用 eclipse 牌口香糖”的意义。再如图 3. 13 所示，画面中心的主体符号是一个表情不愉快的青年男士，一手拿儿童食品一

图 3. 11　非常可乐形象广告

图 3. 12　eclipse 口香糖广告

手拿着勺，其脸上、身上、手上沾满了食品。这一组合符号生成的意义是“这一青年男子给孩子喂食时全身沾满食品，心情很不愉快”。但什么原因导致这种情况，则需要和画面正下方的文案结合才能解读。文案“Use condoms”与作为主体的组合符号共同产生“使用安全套，就不会像这个男子一样不愉快”的意义。画面右下角的安全套包装符号对意义进行最后的限定，即“使用ZAZOO安全套，就不会像这个男子一样不愉快”。很显然，很多广告符号并不是直接生成所需传达的、能促进商品销售的意义，而是符号与符号间的关系迂回间接地生成意义。迂回化的符号表达，会让受众在解码时遇到困难，并可能导致受众记忆对象的偏离，弱化对广告商品（品牌）的印象。但其优势也非常明显，可以摆脱以商品（品牌）符号为主体的广告生成意义的单一方式，表现方式更丰富，表现空间更大，同时能最大程度吸引受众注意。

图3.13　ZAZOO安全套广告

第三节　广告符号意指的关系模式

符号意义产生的基础是事物间的“差异”，是因差异而产生对比结果的判定。但事物间差异并不能揭示意义产生的过程和原理。符号的能指或表达面是可感知的，但符号能指或内容面是“心理概念”，一般而言是不在场的，无法直接感知。从感知表达面到理解内容面的过程是需要了解符号意指的过程。从已知的事物推知未知的事物必然需要了解两者之间的关系。从符号最根本的、替代功能的本源来说，“意义”和“价值”均来自关系，关系构成

"系统"。① 没有关系则没有系统，没有系统，符号就无法确定在系统的位置。没有系统中的相应位置，不要说符号"意义"或"价值"，就连符号本身——作为代表其他事物的事物也没有存在的依据。因此可以说，差异是意义的基础，关系是意义的前提。没有互异事物之间的关系，意义则无从说起。关系是事物之间存在的普遍联系，任何事物之间都可能存在着或大或小的关系，一个事物是在关系中获得其自身本质的。黑格尔在《小逻辑》中曾说：

> 每一方只有在它与另一方的联系中才能获得它自己的（本质的）规定，此一方也只有在反映了另一方，才能反映自己。另一方也是如此；所以，每一方都是它自己的对方的对方。②

对于关系，黑格尔认为是实存内容的外在性。在《小逻辑》中黑格尔不仅承认了关系的普遍性，还对关系做了哲学上的阐述：

> 直接的实存是持存自身的规定性，也同样是其形式的规定性。因此直接实存对于内容的规定性也同样是外在的，尽管内容由于它的持存环节而得到这种外在性，对于它（内容）仍然是主要的。经过这样设定起来的现象就成为关系（Verh ältnis），在这种关系里，同一个东西，即内容，作为发展了的形式，是既作为独立实际存在的外在性和对立性，又作为它们的同一性的联系（Beziehung），而唯有在这种同一性的联系里，这有差别的两方面才是它们本身那样。③

黑格尔对关系的阐述比较难懂。用更简单的语言来描述：任何一个实存事物都处于与其他事物的联系中。这种联系首先是一种同一性。也就是任何事物之间都可能存在一定程度上的（或某一方面）同一，我们称之为同一律。例如，再不同的人都具有同一个"人类属性"，人和其他动物都具有

---

① 李伟：《"系统决定意义"的哲学辨析——索绪尔普通语言学教程理论前提批判之三》，《河南师范大学学报》哲学社会科学版 2011 年 03 期，第 230 页。

② ［德］黑格尔：《小逻辑》，贺麟译，上海人民出版社 2008 年版，第 241 页。

③ ［德］黑格尔：《小逻辑》，贺麟译，上海人民出版社 2008 年版，第 263 页。

"动物属性"，人和植物都具有"生物属性"。人与泥土在类属上可能没有同一性，但人与泥土总存在一定位置关系，在空间上是具有"同一性"。人与泥土在神话上更是具有很强联系：人是由上帝用泥土所造。人的本源与泥土具有高度同一性。再者，泥土的颜色与人的肤色，泥土的软硬与人体构件的软硬、人态度的软硬等都在某一方面具有同一性。因此，在实存世界根本不存在没有同一性联系的两个事物。翻译家贺麟在翻译《小逻辑》中关系时注释道：

> 本质的关系是事物表现其自身所采取的特定的完全普遍的方式。凡一切实存的事物都存在于关系中，而这种关系乃是每一实存的真正性质。因此实际存在着的东西不是抽象的孤立的，而只是在一个他物之内的。唯因其在一个他物之内与他物相联系，它才是自身联系；而关系就是自身联系与他物联系的统一。①

事物之间的关系首先是同一性，其次所有关系两端事物必然是差异的，这就是"差异律"。关于差异，还需要指出的是差异是建立在同一律的联系基础上的，万物皆有联系，万物皆有差异，如无差异，则为同一事物，不存在"两"个或"两"个事物，也不存在所谓"两"个事物之间的关系。也可以说，世界上不存在完全相同的两个事物，即使同一棵树上的每一片树叶都是不同，古代先哲更是认为人不可能两次踏入同一条河流。无论是从逻辑上来说还是从语言描述来说，"完全相同的两个事物"这样的表述都是一个悖论。事物之间既有"同一性"又有"差异性"的规律被称为差异协同律。

关系，对于符号意义的生成来说具有特别的意义。基于差异协同律的这种联系对符号意义来说实际是一种线索，解码者从在场的符号顺着关系的线索推断出未在场的意义。关系的线索可以帮助解码者从符号可知的部分探索到未知的部分。这种线索是解密符号意义生成机制的关键。

关系是不以人的意志为转移的事物之间客观存在的联系。既然关系是推断符号意义的关键，我们需要知道的是，事物之间到底拥有哪些关系。同一

---

① ［德］黑格尔：《小逻辑》，贺麟译，上海人民出版社 2008 年版，第 264 页。

和差异只是两者最基本的关系。在同一关系中还可以分出很多关系，在差异关系中也是如此。如同一关系中包含整体与部分之间的关系，同属某一整体的各部分之间的关系，外形、声音等感知特点相似的关系，处于同一时空间的关系，性质描述内在相似关系等，不一而足；差异关系中包含对立关系、整体与部分外延范围大小关系、感知量级不同关系、时间先后的不同关系、空间前后上下位置不同的关系等。这些细分的关系在广告符号意义生成中是重要逻辑判断来源。要理解符号意义生成机制就要找出这些细分关系。如表3.2所示，可以将关系范畴分成空间、时间、人际、包含、比较、动作、描述、判断、程度等。空间位置关系包括并置关系、上下关系、左右关系、主次关系、平行关系、垂直关系（成角关系）、占面积大小关系等；时间关系包括历时关系、共时关系、时长关系三大类，其中历时关系包括因果关系、前后关系、递进关系，共时关系包括同时关系，时长关系包括长短关系、快慢关系（速度关系）；人际关系（动物关系）包括辈分关系、年龄关系、性别关系、级别关系；包含关系包括包含被包含关系、同属关系、交集关系、异类关系、有无关系；比较关系包括相同关系、相似关系、相异关系、类比关系、量比关系（大小、深浅、多少、冷暖等每一种类的感知都存在量的差异）；动作关系包括施动关系（主谓关系）、受动关系（动宾关系）、主宾关系等；描述关系包括偏正关系、性状关系（味觉五味、视觉五色、听觉五音、触觉、嗅觉、数量、程度等）；判断关系包括肯定关系、否定关系、喜恶关系等。如表3.2所示，罗列了事物间部分关系，但还无法穷尽事物之间多种多样的关系。

表3.2

关系范畴	细分关系	
空间位置关系	并置，上下，左右、主次、平行、垂直（成角）、占面积大小等	
时间关系	历时	因果、前后、递进
	共时	同时
	时长	长短、快慢
人际关系	辈分、年龄、性别、级别	
包含关系	包含被包含、同属、交集关系、异类、有无	
比较关系	相同、相似、相异、量比	

续表

关系范畴	细分关系	
行为关系	施动、受动、主宾	
判断关系	肯定、否定、喜恶	
描述关系	偏正关系、性状关系	

符号关系按照关联的对象来分，可以分为符号与符号指涉对象之间的关系，以及符号组合中符号之间的关系。符号关系中最能直接体现意指过程的是符号与符号对象之间关系。大部分符号对象本身就是一种意义。因此，了解符号与符号对象关系也就了解了意义生成的方式。此外，符号是分层级的，有些意义并非只有单元符号，绝大部分是由很多单元符号组合构成的。因此，符号组合中符号与符号之间的关系是产生更高层级符号意义的关键。

一、广告符号与符号对象之间的关系

对于意义生成过程来说，符号与符号对象之间关系实质上就是符号与“意义”的关系。不过在两位符号学奠基人索绪尔和皮尔斯那里都不承认“意义”就是符号对象，在索绪尔那里，能指和所指是二元的，但其提出的符号所指故意绕开符号对象而指向“心理概念”。在皮尔斯那里，符号三角中虽有符号对象，但符号意义却不等同于符号对象，是需遇到接受者才能产生的“诠释项”。皮尔斯是这样阐述符号三角的：

> 我将符号定义为任何一种事物，它一方面由一个对象所决定，另一方面又在人民的心灵（mind）中决定一个观念（idea）；而对象又间接地决定着后者那种决定方式，我把这种决定方式命名为符号的解释项（interpretant）。由此，符号与其对象、解释项之间存在着一种三元关系……这种三元关系是实在的，也就是说，这种三元关系把上述三个组成部分捆绑在了一起，以致它们不可能存在于任何一种二元关系复合体之中。这就是解释项或第三位不可能与对象处于完全的二元关系之中，而必然会像再现体自身那样处在一个三元关系之中的理由。①

① ［美］皮尔斯：《皮尔斯：论符号》，赵星植译，四川大学出版社2014年版，第32页。

如果换个视角理解，其实符号对象并不一定意味着客观世界中现实存在某个物品，完全可以就是某种“心理概念”，也可以是任何一种事件、过程、评价等“解释项”，也就是说符号对象完全可以指向“意义”，至于受众如何“诠释”，可以完全在传播过程中加以研究。把符号与意义之间的关系简单地归为符号与符号对象的关系，在一定程度上也并非不可行。这样二元的关系方法处理可以更直接从符号与“关系”推导到符号对象（意义）。

符号与符号对象之间关系最著名的研究成果莫过于皮尔斯的肖似、指示、象征三分法，即根据符号与其对象关系的不同，把符号分成肖似、指示、象征三类。在广告中，这三种符号普遍存在，应用极为广泛，依据这三种符号进行的广告创意路径也比比皆是。

（一）肖似

作为与指涉对象具有一定相似性的肖似符号，在广告中扮演重要的角色。在上文所述的广告意义分类中可知，广告符号意义有认知意义、经验意义、判断意义和行为意义。认知意义是广告效果作用的前提，对于很多产品特别是新产品来说，认知意义是受众必须解码出的第一个过程意义。没有认知意义，其他意义则无从谈起。当然对于受众已经很熟悉的品牌产品来说，认知意义已经存在，在具体的广告文本中认知过程可以省略。即便如此，对该品牌、产品的基本识别过程是必须的，否则受众可能无法得知某则广告所服务的商品（品牌），甚至影响整个广告意义的最终锚定。因肖似符号与符号对象之间有天然的相似，相似是认知、识别的前提，这就使得肖似符号成为识别过程和认知意义最重要的符号。皮尔斯在其学说中也阐述过类似的思想：

> 直接传达观念的唯一方式就是借助像似符，任何一种间接传达观念的方法之确立都依赖于其对像似符的应用。因此，每一个断言都必然包含一个或一组像似符，要不然它就肯定包含那些其意义只能借助像似符才能说明的符号。存在于一个断言中的一组像似符（或一组像似符的同

等物）所指称的观念，可以称为这个断言的“谓项”（predicate）。[①]

由此可见，广告肖似符号所产生的认知意义是受众对商品生成体验意义、判断评价意义以及后续的行为意义的前提。根据皮尔斯所论，几乎每则广告要表达某种断言的评判意义都首先要依赖广告的肖似符号。皮尔斯所论的肖似概念，不仅是图像上的，符号与其对象在任何感觉刺激上的相似都可以称之为肖似符号。甚至这种相似包括内在性质上的相似。

> 像似不一定是图像的，可以是任何感觉上的。舒伯特的《鳟鱼》旋律像似鱼的跳跃，里姆斯基—科萨科夫的《蜜蜂飞舞》中的音符像似蜜蜂的嗡嗡声。还有嗅觉上、味觉上，例如香水像似某种花卉。只是非图像的像似，没有图像那么直接，上述的音乐，没有标题很难确定像似。[②]

在广告中，肖似性符号也不仅限于静态图像符号，动态的画面、声音、触感、味道等多种感觉都存在肖似性符号。如电视广告、广播广告中出现的人的声音、自然界的各种声响，都是肖似性符号。

皮尔斯根据符号与其对象相似的不同将肖似符号分成三类：图像式肖似符号、图表式肖似符号、比喻式肖似符号。这三种肖似符号的分类也符合皮尔斯对所有范畴的三分法，即图像式肖似符号是第一性，图表式肖似符号是第二性，比喻式肖似符号是第三性的。

肖似符号与符号对象之间的相似程度也会有所不同。相片或纪实拍摄作品的肖似程度极高，随着3D技术的发展，这种肖似程度更加逼真。写实性绘画的肖似程度虽然较相片稍弱，但也非常逼真。一个人物的漫画、公关场所的人物符号肖似程度则比较低，但依然能根据其相似特征让受众识别其所指对象。如图3.14—图3.16的贝克汉姆图像符号，其相似程度依次降低，但都能让受众识别其符号对象——足球明星贝克汉姆。图3.17卫生间男女标识，与现实中真人相似度更低，但也并不妨碍受众识别其为“人”。

---

① ［美］皮尔斯：《皮尔斯：论符号》，赵星植译，四川大学出版社2014年版，第53页。

② 赵毅衡：《符号学》，南京大学出版社2012年版，第79页。

图 3.14　贝克汉姆肖像摄影

图 3.15　贝克汉姆肖像油画

图 3.16　贝克汉姆肖像卡通

图 3.17　卫生间男女标识

根据肖似符号相似度的高低，可以将其分为高似度符号和低似度符号。罗兰·巴特在《图像的修辞》中对符号特别是视觉符号的意义生成方式进行非常深刻的透视和分析。罗兰·巴特根据广告符号性质的不同将整个广告信息分为语言性（linguistic）信息、非代码图示性（non－codediconic）信息和代码图示性（coded iconic）信息三个层次。语言性信息多指通过语言文字符号传达的信息，即广告中文案（copywriting）部分。非代码图示性信息、代码图示性信息都是指通过视觉图像传达的广告信息。非代码图示性信息是客观对象照相式的图像，与高似度符号比较接近。承载非代码图示性信息的高似度符号更多是一种再现符号。所谓再现，在某种程度上是指符号指涉对象的方式具有更多的写实性，符号与符号对象在感官刺激上具有较大的相似性和关联度。低似度符号则具有一定的代码性，是一种表现符号。表现与再现不同的是，符号无须呈现符号对象的全部外观特征，而是用与符号对象有一定差异来体现一定的性质和特征，甚至是没有必然联系的其他事物表述或评论广告商品（品牌）性质。

在论述意义概念时，我们曾提出“差异”是意义产生的基础。高似度符号与符号对象极为相似，当受众无法感知到它们之间差异时，会认为符号只是符号对象的再现，无从对“差异”进行判定，因此也无法解码出意义。因此，很多高似度符号是没有意义的，只是代表符号对象再现在虚拟的广告时空中。低似度符号与符号对象有相似性也有差异，这种差异能被受众轻易地感知，只要能感知差异，受众必然或多或少对其有一定的判断，意义就能在解码过程中生成。

1. 高似度符号

顾名思义，高似度符号与其符号对象的相似度很高，以至于受众难以感知或忽略符号与其对象之间的差异。差异是产生意义的基础，高似度符号与符号对象之间缺少有价值的差异，这导致高似度符号是无法没有意义的符号。但没有意义，并不意味着高似度符号在广告中没有作用。任何广告产生效果的前提是使受众认出产品（品牌）。这种以受众认出产品（品牌）的识别作用主要是由高似度符号承担。高似度符号无须进行评判，只需简单地再现广告商品（品牌），对其进行必要的展示，至于受众是否对其产生意义判断取决受众在感知符号后的联想和想象活动。也有些符号并不一定与整个商品高度形似，但与该商品某一元素高度相似，该符号也可看作高似度符号，其广告目的是希望受众识别某一元素而认识整个商品。由此，可将高似度符号进一步分为整体高似度符号和局部高似度符号。

(1) 整体高似度符号

如图 3.18 所示广告中的汽车图片与实际存在奔驰该型号的汽车高度相似，该广告的主要目的并不是评价该车是否美观、新潮等特点，只是将新车型展示于受众，受众产生怎样的评判则完全由受众决

图 3.18　奔驰汽车 4S 店广告

定，一千个受众也许有一千个评价。这种符号可以称之为整体高似度符号。

（2）局部高似度符号

如图 3. 19—3. 22 所示绝对伏特加的系列广告中，瓶子的形状是其最重要的识别元素。广告中瓶形的图片是绝对伏特加瓶子的形状元素的局部高似度符号。该系列广告的主要目的并不一定要受众记住酒的包括颜色、形状、图案在内的整体识别，只需受众能识别瓶子形状就足够。实际上，在很多广告推广中，需要受众识别的元素越简洁就越能收到更好的效果。

图 3. 19　绝对伏特加广告

图 3. 20　绝对伏特加广告

图 3. 21　绝对伏特加广告

图 3. 22　绝对伏特加广告

2. 低似度符号

与高似度符号相对的是，低似度符号与其符号对象相似较低。相似高低的界限因人而异，其判别准则在于符号与符号对象之间的差异是否达到可观察到或是否无法忽略。低似度符号不仅与符号对象有足够的相似度让受众能够识别商品（品牌），更重要的是，低似度符号与低似度符号之间有足够的差异度使受众能根据差异形成一定对比意义。因此，低似度符号是有意义的肖似符号。兼有识别和生成意义双重功能的低似度符号表现性较强，除此之外，低似度符号极易造成视觉奇观，更能够在短时间内吸引受众的注意力，因此，低似度符号在广告中运用非常广泛。根据低似度符号与符号对象之间差异的特征可以将低似度符号分为风格化低似度符号、属性异化式低似度符号、变形式低似度符号（包括形状变异式低似度符号、缺省式低似度符号、增项式低似度符号）、行为状态异常低似度符号等。

（1）风格化低似度符号

风格化低似度符号是指与符号对象之间存在表现风格的差异。漫画式、线构式、点状式、素描式、油画式等不一而足。在声音上的各种变音效果，同样也是风格化的低似度符号。风格化符号与写实性的符号形成显著的感知差异，这种差异一般用来表现独特的艺术感，让商品在识别的基础上形成不同平常的美的价值。如图 3. 23—3. 26 所示，案名为“花生”房地产项目的系列广告均采用了几乎黑白的漫画形式，表现了各种生活方式。漫画风格与现实生活写实风格的差异生成了“充满童趣”的意义，意在说明住在花生项目中的未来生活更年轻化、更有乐趣。风格化低似度符号也可以生成某种对比意义。如图 3. 27 所示，广告中人物的符号，再现了人的基本外观，与生活中的人具有一定程度的相似性足以让受众识别到符号代表的是一男一女两个人。因此这个符号是一种肖似符号，再现了现实中存在的人这种动物。但再现符号本身是用线条构成的，其材质形态与正常人的符号有所不同，其差异在于线条构成的人的符号与现实中人的符号相比非常“纤细”，这种差异足够大并让正常的受众都能感受到。于是这种“差异”便必然产生对比判断的二元对立值“更细”，“图中两个人非常细”的意义随着产生。语言符号“Slim jeans”，将意义锚定在图中两个人非常苗条上。图中李维斯的 LOGO 和“Slim jeans”中的“jeans”生成最终的意义：李维斯牛仔裤让人更苗条。

图 3.23 “花生”房地产项目广告

图 3.24 “花生”房地产项目广告

图 3.25 “花生”房地产项目广告

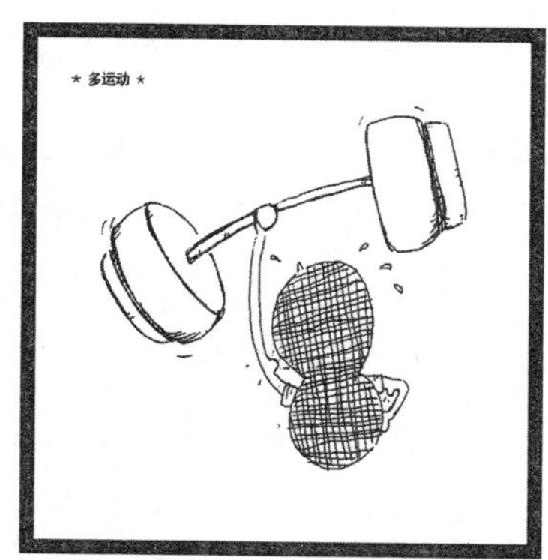

图 3.26 “花生”房地产项目广告

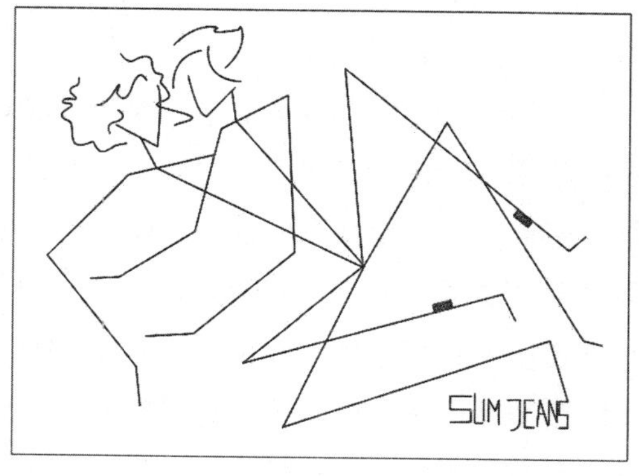

图 3.27 李维斯牛仔服广告

（2）属性异化式低似度符号

属性异化式低似度符号是指客观符号对象的一种或多种属性被改变的低似性符号。颜色、尺寸、位置、行为惯性等属性皆可被改变来生成意义。图 3.28 中书本的尺寸明显被放大了，明显不同于日常生活中所见的书本尺寸，尺寸刺激量的“差异”产生了意义“书本更大、更厚、更重”。书本上趴着

图 3.28　学习减负公益插图

的留着汗水的人通过组合的方式产生“学生的学习负担非常重”的意义。再如图 3.29、3.30 所示，广告中油和墨水的颜色明显不同的日常生活中显示的状态，油的金黄色和墨水的黑色属性被变异为透明色（无色），因此生成意义“这里的油和墨水没有颜色”。与洗衣粉的高似度符号以及文字符号“污渍黯然失色”组合生成洗衣粉让去污能力强，能洗掉一切污渍的颜色。

图 3.29　洗衣粉广告

图 3.30　洗衣粉广告

（3）变形式低似度符号

变形式低似度符号是指通过改变客观对象形态而形成的低似度符号。形态的改变可以在一定程度上增加广告趣味性的同时，强化表现一定的商品特征。变形式低似度符号可以分为外形的改变、缺省式改变、增项式改变等多种类型。如图 3.31—3.33 所示，人物脸部的局部——嘴被放大变形，突出强化了嘴比平时更加过瘾的意义。此外，嘴同时也是香肠的低似度符号，寓意吃香肠的嘴，两个符号组合共同产生“香肠吃得很过瘾”的意义。缺省式改变是指符号省略了客观对象的某些部分，增项式改变则相反，指符号增加了客观对象的某些部分。缺省和增项与原客观对象的差异可以明显地形成多或少的意义。如图 3.34 所示，广告中汉字“省”缺省了两横，产生“省字笔画少了”的意义，结合文案和其他符号，产生“节约能源”的意义。图 3.35 中，肺部少了一块，寓意像地球之肺的绿色已经减少了很多了，因此，必须立刻减少环境破坏行为。如图 3.36 所示，广告中举重运动员的手臂多了好几双，这种变形让受众产生“举重运动员有很多双手举起杠铃”的意义，与文案组合产生“运动有很多支持”的意义。

图 3.31　雨润香肠广告

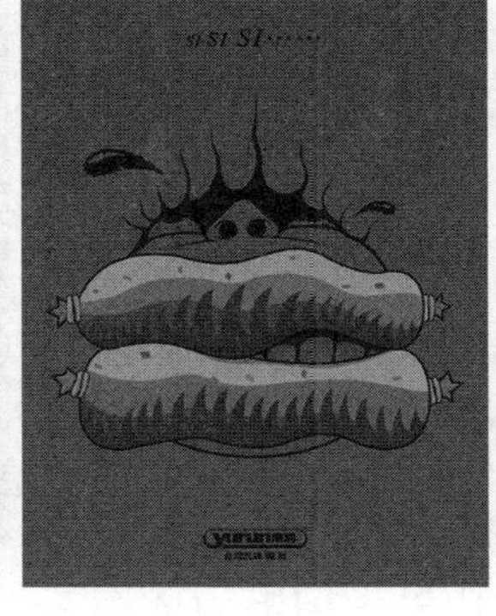

图 3.32　雨润香肠广告

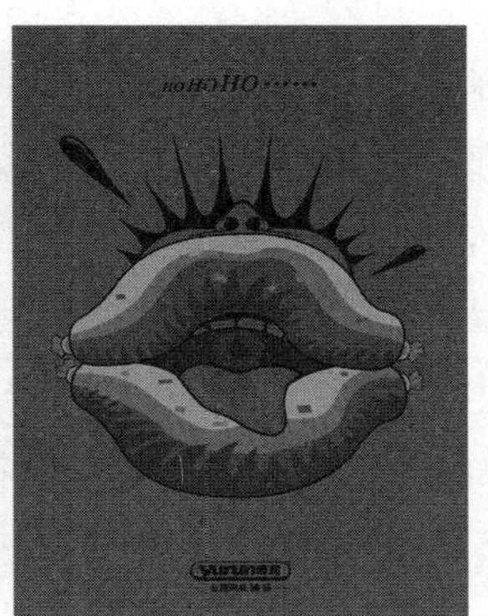

图 3.33　雨润香肠广告

图 3.34　节约能源公益广告

图 3.35　保护环境公益广告

图 3.36　阿迪达斯广告

(4) 行为状态异常低似度符号

行为状态异常化低似度符号是指符号改变了某人或物的日常行为模式或状态，显得比较反常。行为状态异常化低似度符号通常用于夸张表现商品（品牌）的某种特殊效果。用于说明商品（品牌）的效果极为强大。如图 3.37 所示，卫生间标牌上的女性符号离开固有位置靠向男性符号，产生“连卫生间标牌上的女士都能被男士吸引”的意义。与品牌标志符号、文字符号一起组合构成“商品可以让男士的魅力无穷”的意义。

图 3.37　某男士产品广告

（二）指示

指示符号在皮尔斯的范畴理论中是第二性的。客观对象是把与其有相应关联的事物作为符号来指涉。指示符号与符号对象的关系是一种时空上的接近关系或因果关系（因果关系实质上也是一种时间上的接近），它们同处于一个有限空间里或发生于较短的时间内。因此，获知它们其中之一就可以较容易地根据时空线索寻觅到另一个，这是指示符号得以代表符号对象的本质原理。在广告中，认知意义通常由具有识别功能、认识功能的肖似符号来完成，而体验意义和行为意义通常由指示符号来生成。体验意义和行为意义必然是一个生理、心理感知过程，必然占用一定的时间或空间。此外，体验意义和行为意义通常涉及现实的或虚拟的消费者与广告商品（品牌）间的消费关系，与广告商品（品牌）的效果在时间或空间中有一定的关联。因此，指示符号是生成体验意义和行为意义的主要符号。由于体验意义和行为意义是产生情感、判断、评价意义的直接前提，在广告中起着至关重要的作用，因此，指示符号在广告中运用极为广泛。指示符号可以大致分为空间接近指示符号、时间先后指示符号、因果指示符号。

1. 空间接近指示符号

空间接近指示符号在广告的导视系统中应用广泛。如图 3.38 所示，导视系统中的箭头是最典型的指示符号，图中实际存在的饮水隧道和箭头之间的关系是空间上较为接近的关系，因此，箭头和“引水隧道”文字共同构成引水隧道的指示符号。在生活中，手指也是典型的指示符号。

2. 时间先后指示符号

时间先后指示符号，是指与符号对象发生的时间先后比较接近的指示符号。“未完待续”“To be continued”是典型的指示符号（单个语言文字符号本身一般而言是象征性的符号），词句与此后要发生的故事之间明显是一种时间上先后关系。时间先后关系与因果关系有一定的区别。因果关系涉及的两个或以上事物，其发生必然有先后，但在时间中先后发生的事物未必有因果关系。

图 3.38 景区导视

3. 因果指示符号

因果指示符号本质也是一种时间先后指示符号，因为因果之间的关系必然是先因后果，与生俱来存在时间先后关系。在先后关系的基础上，因果指示符号与符号对象之间还具有存在条件关系。“因”是“果”发生的条件，没有“因”就没有“果”，有“果”必然有“因”。而一般的时间先后关系中的两个事物除了发生时间接近外，没有其他必然联系。所以，因果指示符号是一种特殊的时间先后指示符号。因果指示符号一般也可分为两种：因指示符号、果指示符号。因指示符号的符号对象是结果，果指示符号则相反，把结果作为符号来代表其原因。在广告中通常需要使受众了解广告商品（品牌）的使用效果，所有因果指示符号在广告中比其他指示符号更为常用。如一则影视广告的开头画面是一群家庭主妇在小区里踢足球，其动作出乎意料的专业，广告结尾出现一个具有定时的智能电饭锅和其品牌。很显然，该广告的主要情节画面符号“家庭妇女较专业的踢足球”是结果，其原因是广告中品牌电饭锅具有智能性，让家庭主妇拥有了自己的时间。因此，“家庭妇女较专业的踢足球”是比较典型的果指示符号。因果指示符号往往有一定的逻辑推理过程。即可由符号经由一定的因果关系进行逻辑推理、理性判断推导出符号对象。因果指示符号产生意义的方式通常是推理，广告中这种意义生成方式极为常用。在哲学上，因果关系的成立有较为严格的规定。黑格尔在《小逻辑》中这样阐述因果关系：

实体作为绝对力量是自己与自己联系着的力量，（这种力量指示一内在可能性）并因而是决定着其自身成为偶性的力量，同时由偶然而设定起来的外在性又与这种力量有所区别，则这种力量正如它在必然性的第一种形式中，乃是实体那样。现在就是真正的关系——这就是因果关系（Das Kausalit äts – Verhältnis）。

实体在如下情形下，即是原因：当实体在过渡到偶性时，反而返回到自身，并且，因为是原始的实质，但同时又扬弃了它的自身返回或扬弃它的单纯可能性，以设定其自身为它自身的否定者，从而产生出一种效果，产生出一种现实性。这种现实性虽然只是设定起来的东西，却通过产生效果的过程而同时又是必然的东西。①

原因虽是偶然发生的（偶性力量），但过渡到偶性时，扬弃了“可能性”，在同一性构成原始性本身的“必然性”中过渡到效果。从原因到效果，须有“必然”规律法则的同一性存在。因此，在哲学上因果关系中“因”和“果”是有必然的联系的。但在广告符号中，这种因果关系与现实生活按照客观规律运行的因果关系不一样，广告中的因果关系往往是戏谑性的、夸张的。广告的逻辑推理也并非科学的严谨的推理过程。广告往往通过夸张的结果来反推出原因，这种原因往往是使用产品或不使用产品。因为，广告需要传达的主要内容就是“如果你使用商品，就能产生某种好的效果，如果不使用商品，则产生某种不良后果”。如图3.39所示，一串香蕉在上吊，通过文案可了解到其原因是某品牌饮料占据了整个冰箱。一串香蕉在上吊是这幅广告主体符号，作为“结果”指示符号生成“某品牌饮料太好了，让人购买很多”的“原因”意义。在

图3.39　某果汁广告

① ［德］黑格尔：《小逻辑》，贺麟译，上海人民出版社2008年版，第292—293页。

现实生活中，这种因果其实不成立。但广告受众并没有严格推理的预期，只是对这种荒诞的因果关系持有一种趣味欣赏的心态。在公益广告中，“结果”符号往往被夸张得很恐怖，从而规劝受众不要做出导致恶果的行为（原因）。如图3.40的戒烟公益广告中，把男子身体如香烟一样点燃的恐怖效果作为结果符号，产生“吸烟就是自我毁灭”的意义，强化受众对吸烟危害的认识，劝导人们采取戒烟行为。如图3.41所示，游戏精彩和小男孩腿被食人鱼咬得只剩骨头之间是因果关系。游戏精彩的意义在“结果”的视觉符号中作为“原因”被生成。

图3.40　戒烟公益广告

图3.41　某游戏机广告

（三）象征

在人文学科中，象征是一个非常重要的术语。在人类学、文化学等学科中，象征是人类进化发展过程中常见的意义生成方式，也是文化阐释的重要路径。在心理学领域，象征是人常用的思维模式，特别是弗洛伊德的精神分析哲学，象征是潜意识为躲避稽查在意识中呈现的主要形式。在符号学领域，象征充满歧义却极为常用，在具有不同视角学者的研究中对象征的理解一直没有统一的观点。相比较于语言符号，对非语言符号来说，象征是一种重要符号类型，其意指方式有别于其他类型符号，是符号意义引申、意义换挡升级的主要机制。对于象征在符号学中的普遍使用及其歧义性，李幼蒸曾指出：

在人类文化发展史上，非文字的记号系统发生于语言文字记号系统之前。而且自语言系统形成后，非语言的记号表达活动亦继续存在。事实上，古代的符号学思想对象，往往是各种非语言的记号。历史上人们对非语言记号的规定（名称、含义、分类）十分不同，但是没有任何记号的名称像“象征”（symbol）那样被普遍地运用和讨论了，虽然对这个词的理解和用法无论在学术上还是在日常生活中，均颇有歧义。艾柯说过，“象征”的价值恰恰在于其模糊性和意义的开放性，他希望在现代符号学讨论中能对其予以严格规定，“神秘的经院哲学中的‘象征’概念必须被驯化，因为它的意义过于‘开放’，所以它的力量应当加以控制”。①

符号学两大奠基人对象征的理解就存在很大的差异。一般意义上的象征符号是依照皮尔斯符号三分法理解的。即象征符号与符号对象之间没有必然的联系，象征符号之所以能代表符号对象是建立在社会约定基础上的。很多人认为这种约定是任意的、偶然的。不同国家或地区的语言中对同类的事物约定也是不同的。在中国“树”这种植物念作“Shu”，写为“树”，而在英文国家里，则成了“Tree”。“树”与“Tree”无论在形态上还是发音上都很难发现共同处，也就是说不同的文化对“树”这种物种约定的名称是完全不同的。从这个意义上说，象征符号与符号对象之间没有必然联系是成立的。但因此就断定象征符号是任意的，毫无理据性，也未必就正确。对于象征符号，索绪尔的观点就和皮尔斯有所不同。在讨论符号时，索绪尔是将象征排除在外的。索绪尔在《普通语言学教程》中说：

曾有人用象征一词来指语言符号，或者更确切地说，来指我们叫作能指的东西。我们不便接受这个词，恰恰就是由于我们的第一个原则。象征的特点：它永远不是完全任意的；它不是空洞的；它在能指和所指之间有一点自然联系的根基。象征法律的天平就不能随便用什么东西，

① 李幼蒸：《理论符号学导论》，中国人民大学出版社 2007 年版，第 525 页。

例如一辆车，来代替。①

在索绪尔看来，象征符号并非完全任意性的，象征符号与符号对象之间是有一点“自然联系”的根基的。人类群体为什么约定用某一事物象征另一事物，并非完全随意的。白鸽能代表“和平”，是源于《旧约·创世纪》中诺亚方舟的故事。龙能象征天子，因为龙使呼风唤雨、神通广大的神与“君权神授”绝对权威之间有内在联系，在内在性质上具有某种相似性。因此，象征符号与肖似符号一样与符号对象存在一定的相似性，只不过象征符号与符号对象之间是内在的、性质上的相似，无法用感官感觉到。

在内在相似性上，象征与比喻之间不可避免地存在诸多共同点。因此象征与比喻特别是隐喻常被混淆一谈。象征和隐喻产生意义的基础都是通过内在相似进行由具象到抽象的暗示，通过具体事物的比较映射出抽象事物，通过现实事物映射精神概念。实际上，象征与隐喻有很大的不同。其最重要的区别在于约定俗成性。与隐喻相比，象征不是个别的，而是长时的、整体的、体系化的。象征整体化、体系化的基础是约定俗成的，因为约定俗成，象征符号对符号对象的代表功能是较为固定的。而隐喻只与符号对象具有内在相似性，但隐喻符号的代表功能并没有得到社会成员的约定俗成，仅能暂时代表符号对象。所以说象征是以隐喻为基础，形成体系的、较为固定的用法。比如用狮子来象征王者，基于狮子凌驾于其他动物之上的威猛与王者对臣子的威信非常相似（这种相似绝非外观等感觉经验上的），在此相似的基础上，人们对狮子代表王者这种用法有一定的约定，从而将其固定形成了象征。值得一提的是，这种约定不一定就是成文的（汉字的简化字就是一种成文的约定），在日常生活、艺术中不断重复使用逐渐达成共识形成不成文的约定俗成。十字架象征基督教，鸽子象征和平，玫瑰象征爱情都并非任意的、偶然的约定，也不是简单的内在相似，这些象征都在内在相似的基础上以约定俗成的方式在相对长的时间内形成固定使用方式。象征符号的形成过程实质上是将肖似符号与符号对象的自然关系进行长期社会化的过程。所谓社会化即是在原本的自然关系中植入已有的社会观念、惯常判断，也可以说

---

① ［瑞士］费尔迪南·德·索绪尔：《普通语言学教程》，高名凯译，商务印书馆2014年版，第97页。

象征符号的形成是把自然关系作为所指，去指涉代表已有的意义。象征符号的意义基本都是巴尔特所说的引申义。这种意义往往是社会共同体内共享的，也即文化意义。在象征符号形成过程中，文化主导其社会化过程。

因此，如表3.3所示，象征符号、隐喻符号、肖似符号共同之处是都与符号指涉对象有一定程度的相似。象征符号与肖似符号的不同点在于象征符号和符号对象之间存在的相似是内在的、非感官特征的，而肖似符号与符号对象之间相似主要是感官性质的。隐喻符号与肖似符号的不同则在于部分和整体的差别，在皮尔斯的分类中，隐喻符号属于比喻性肖似符号。象征符号与隐喻符号都与其指涉对象存在内在相似，其不同点在于象征符号是经过社会群体约定俗成的。象征符号与隐喻符号另一个不同的地方，是其唯一或有限性。经过约定俗成的象征符号往往是指涉对象的唯一或有限的象征符号。

表3.3　象征、隐喻、肖似差异对比表

象征符号	隐喻符号	肖似符号（除比喻性肖似外）
内在性质相似	内在性质相似	感知的、结构的相似
约定俗成的	临时的	自然的、始终的
固定唯一的或有限的	非固定、无限的	

在广告设计中象征元素被广泛运用。由于其约定俗成性，无须过多解释，受众就会理解传播者使用这些符号的用意。由于这些象征符号有较为固定、长期的象征意义，为文化共同体内大部分成员掌握，因此其使用率极高。高频度的使用，以及象征符号的固定、唯一或有限性，导致这些符号在广告中越来越没有创意力，象征符号越来越无法截取受众有限的注意力。因此，很多时候，象征符号只是作为广告作品必备的画面背景来烘托氛围。所以以象征符号直接指涉广告商品（品牌）某种特性的优秀广告作品不多，追求创意的广告更多是运用隐喻来表现广告商品。如图3.42所示，整个广告中最重要的意义由语言符号生成，月亮中的鹊桥会场景呼应“七夕”，年轻男女的背部、红酒、云朵、玫瑰呼应“浪漫之夜”。整个广告的主要符号对象应该是“某网店在七夕日有礼品”。作为象征符号的玫瑰在整个作品中，让受众一看就能产生“爱情、浪漫”的理解，烘托整个广告的氛围，是广告的

图 3.42　某网店七夕主题广告

图 3.43　某房地产项目广告

“配角”。广告中的象征符号还有一个重要特征，即很多象征符号的符号对象可能并不在场。如图 3.43 所示的房地产广告中，狮子图片作为单元符号是狮子的图像符号。但在整个广告作品中，我们很难找到狮子图片在更高一级的符号体系中的符号对象。该广告想要表达的是广告中别墅的购买者更高贵、更有王者风范。于是广告编码者运用狮子符号，因为他知道作为象征符号的狮子的符号对象就是“王者”，是早已存在社会群体心里的所有具有同样气质的人物形象概念。在广告中的象征符号狮子只是早存于社会群体间的符号对象的一个缩影。因此说，狮子的符号对象不在广告中，广告中没有其真正的、完整的符号对象。象征符号狮子的符号对象在广告之外存在着。

二、符号间关系

相对于符号与符号对象间关系，符号间的关系不直接生成意义，而是用已明确意义的符号与需要表达某种意义的符号之间关系推导生成意义。索绪尔在《普通语言学教程》中对符号价值的研究，是符号间关系最具影响的论述。索绪尔认为在符号系统中符号价值取决于系统中其他符号。语言既是一个系统，它的各项要素都有连带关系，而且其中每一项要素的价值都只是因为有其他各项要素同时存在的结果。那么符号系统中各项要素之间有哪些“连带”关系？对于这个问题，索绪尔给出了明确的答案。价值总是由下列构成：(1) 一种能与价值有待确定的物交换的不同的物；(2) 一些能与价值有待确定的物相比的类似的物①。也就是说要确定物的价值，必须了解两个因素：一个是与其有一定关系的不同的物，一个是与其类似的物。索绪尔因此将符号之间的关系分为句段关系和联想关系。句段关系的符号处于一条线性的毗邻轴（横轴线）上，它们通过组合的方法生成更高层级的符号意义，因此也称组合段符号间的关系；联想关系的符号处于系谱轴（纵轴线）上，它们通过聚合的方法生成类似的符号意义，也称聚合段符号间关系。在叶而姆斯列夫的语言结构逻辑学中，组合段符号间是“……和……”的关系，是合取关系，聚合段符号间是“……或……”的关系，是析取关系。每个符号在其系统中都定位于组合段的毗邻轴与聚合段的系谱轴两条轴线的交点。每一个符号的价值和意义都由它与毗邻轴、系谱轴上其他符号的差别决定。在广告中，聚合和组合也是各项单元符号构成更高层级意义的主要方式。聚合段符号间关系与组合间符号关系是解密广告符号意义生成的关键。

（一）聚合段符号间关系

聚合段符号间是一种联想关系。一些能与价值有待确定的物与和其相比的类似的物之间的关系是联想关系。也就是说聚合段符号间都在某方面存在某种程度的类似性。广告作品中要表达的意义往往是不在现场的“物”，通过广告作品中在场的、在记忆中与要表达意义有类似性的物的联想“找到”要表达的意义，这是聚合段符号间关系生成意义的机制。通过以上阐述，我们可以得出结论：聚合段符号间关系即类似关系。在皮尔斯的符号分类中，具有类似关系的符号主要是肖像符号和象征符号。肖像符号与符号对象间的相似是外在的，象征符号则是内在的。聚合段符号间的关系不直接生成意义，而是在更高层级上间接产生意义，因此，聚合段符号间的类似关系更多是内在的。我们在讨论象征符号与符号对象内在相似性时指出象征符号的基础是隐喻，隐喻的喻体和本体间相似关系是隐喻修辞的原理。聚合段符号间的类似关系可以在意素成分分析 KF 模式中得到更好的理解。

---

① ［瑞士］费尔迪南·德·索绪尔：《普通语言学教程》，高名凯译，商务印书馆 2014 年版，第 156 页。

1. KF 模式

KF 模式意素分析理论是由美国语言学家卡兹（Katz）和弗多尔（Fodor）所提出。在意素分析理论中，KF 模式被艾柯认为是“最有趣的模式之一”。①如图 3.44 所示，bachelor 与其词典语义中的未婚男子、服务于另一骑士麾下的青年骑士、未交配的雄兽四者之间存在某种性质上的相似。其相似点在于：一是都是阳性的事物，用于人时是男性，用于兽时是雄性；二是都是第一级或最低级学衔的人；三是成年却未交配。其中第三点与第二点有一定联系，成年未交配可以看作是最低级的成长状态。正是因为这三点内在性质的相似，未婚男子、服务于另一骑士麾下的青年骑士、未交配的雄兽可以用来解释 bachelor，这四者之间的类似关系可以在记忆系列中被互相联想。这四者的符号之间的关系是系谱轴上符号的联系关系，是聚合段的符号间关系。艾柯在讨论 KF 模式时曾指出：一只特殊的海豹、一名未婚男子和一个年轻骑士属于三种不同语义单位，但它们有一共同点为“无配偶”。因此，考虑到对应于其中某一意素（是哪一种无关宏旨）的名称（词位），并把它赋指于其他那些意素，从隐喻角度讲，是适合的。② 也许在语言系统这四者不能一一相互代表，但在非语言符号系统中，这四者可以一一互相代表，也就是说可以一一相互成为他者的“符号”。这种基于内在相似性的代表功能是一种隐喻性过程。特别是广告这种并不依赖严谨逻辑表意的符号系统中，这种依靠内在相似（也许只是一个很微小、局部的相似）来生成意义的聚合符号极为广泛。

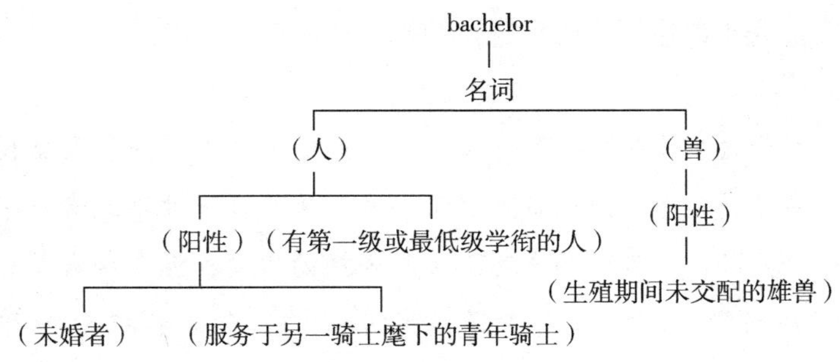

图 3.44　KF 模式意素分析

① ［意］乌蒙勃托·艾柯：《符号学理论》，卢德平译，中国人民大学出版社 1990 年版，第 113 页。

② ［意］乌蒙勃托·艾柯：《符号学理论》，卢德平译，中国人民大学出版社 1990 年版，第 129 页。

2. 隐喻

聚合段符号间类似关系在符号联想或互相替代过程中是隐喻性的。雅克布森是一位对符号的隐喻功能研究有较大贡献的结构主义语言学家。雅克布森在观察失语症现象时发现失语症患者的两种语言关系紊乱，即类似性紊乱与邻近性紊乱。这两种对立的语言错乱行为分别产生于聚合段的联想选择错乱与组合段的句段结合错乱。雅克布森认为失语症的两种语言错乱现象与隐喻、换喻修辞有紧密的联系。隐喻修辞是本体与喻体在类似性上互相替换，和失语症患者类似性紊乱语言行为比较接近，当然隐喻修辞作为一种符号方法而非病症。换喻修辞是本体与喻体在邻近性上互相替换，和失语症患者邻近性紊乱语言行为比较接近。雅克布森将隐喻、换喻理论用在对语言风格的研究上，认为隐喻常用于诗歌，换喻常用于小说；抒情诗更具有隐喻性，史诗更具换喻性；象征主义更具有隐喻，现实主义更具有换喻。对于隐喻发生的机制，列日小组认为隐喻是由意素的增添和消减这两种基本程序的相互作用导致的改变。① W1 和 W2 两个词或符号在语义上具有一定的交集，即具有一定数量的共同意素（两个词或符号所指的符号对象具有某种程度的相似性）。共同意素与 W1、W2 之间是部分与整体的关系，可以相互替代、代表。隐喻发生就是以共同意素为中介，在 W1、W2 之间可以实现互相替代、代表。

隐喻在广告中的应用十分广泛。约翰·费斯克曾指出：

> 在视觉语言中较少使用隐喻……在此需要说明的是，最常使用隐喻的视觉语言是广告人所为就足够了。他们常常借一件事或者一个东西来譬喻一种产品。西部野马成为万宝路香烟的隐喻，瀑布和自然绿地成为薄荷烟的隐喻。这些隐喻都是清楚明显的。喻体和被喻物都有视觉展示。②

① 李幼蒸：《理论符号学导论》，社会科学文献出版社 1999 年版，第 352 页。

② ［美］约翰·费斯克：《传播研究导论：过程与符号》，许静译，北京大学出版社 2008 年版，第 34 页。

聚合段符号间的比喻性的互相替代在广告符号分类上更接近于罗兰·巴特所说的代码图示性信息。非代码图示性信息就是对客观对象或其附近时空中事物的再现。代码图示性信息与非代码图示性信息不同，是一种“代码”，而非符号对象的某种程度再现，与客观对象外观上没有必然的关系，但在内涵上具有某种相同或相似的“性质”。代码图示性信息所运用的符号指涉符号对象的方式则更多是属于表现。表现与再现不同的是，符号无须呈现符号对象的外观特征，而是用与符号对象没有必然联系的其他事物表述或评论广告商品（品牌）的性质特征。之所以能表述或评论广告商品（品牌）的性质特征则基于符号与广告商品（品牌）之间有一种内在的相似性，这种相似性可能是通感的不同类感觉，也可能是感觉对应的心理状态，也可能是毫无联系，但在二元对立值上同属一种极性的（阳性或阴性、正或负）。这种相似或相同的“极性”成为符号和符号对象之间意义流通的桥梁。

聚合段符号间（非语言符号）的隐喻性，与语言中比喻修辞的作用机制实质是一样。无论是语言符号还是视觉符号，比喻的修辞方法都涉及本体和喻体。当本体的某些属性不能用具体形象的视觉符号直接表达时，与本体有相似特征的、且为受众广泛知晓的事物的视觉形象被用来间接地表达本体的属性，这种与本体有相似特征的事物称为喻体。视觉比喻中，喻词是无法图示的，本体、喻体是否出现，如何出现成为视觉比喻修辞分类的标准。

（1）广告符号的明喻义

明喻的特点是本体和喻体都出现，中间有比喻词。[①] 明喻的结构是由本体 + 比喻词 + 喻体构成。在非语言符号中的“喻词”通常是通过本体与喻体截然分开又彼此接近的方式让受众在解码时感知到的。截然分开的本体和喻体让受众感受到两种独立的存在，彼此接近又因视觉接受心理必然对两者的异同进行比较。知觉规律揭示人在同时接受两种不同刺激时，主要进行“寻找相似”的知觉，而在同时接受两个相似极高的事物时，往往进行“寻找相异”的知觉。本体和喻体空间上的接近关系虽不能如语言中的喻词“像”那样准确地指明比喻修辞，但受众自主的联想还是能间接地将喻体的性质、属性嫁接到本体上。在广告符号的明喻中，喻体的属性、性质通过“寻找相

---

① 吕晓宁，蔡海燕：《视觉比喻修辞的符号模型构建——以广告为基础的视觉比喻修辞的符号学分析》，《东南传播》2009 年 06 期，第 123 页。

似”的联想转换到本体上的最直接的方法是通过叠化、相邻等空间排布的技巧来实现的。如图 3. 45，喻体是杯子，本体是纸巾。纸巾与杯子拥有都可以盛放水的共同点。那么怎样表达纸巾能吸很多水的意义？因为杯子具有能盛放很多水的功能特征，如果将杯子的这种特点赋予纸巾就可以生成广告要表达的意义。广告通过喻体杯子和本体纸巾视觉符号的叠化处理，从空间上自然地将杯子能容纳更多水的属性嫁接到产品纸巾上，表达了纸巾吸水力超强的产品特点。形成“纸巾能够像杯子一样具有超强吸水性能”的比喻修辞。图 3. 46 则是以并列的方式将本体和喻体并置，用喻体拳击套小而有力的属性来表达 MINI 车虽小但动力强劲的产品优点，广告中本体与喻体同时出现，可以视为通过“明喻”的方式实现意义的转换。

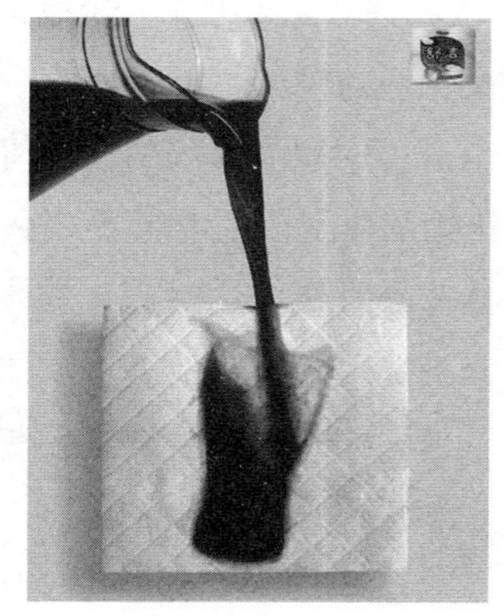

图 3. 45　某纸巾广告

图 3. 46　MINI 车广告

（2）广告符号的暗喻义

在语言修辞中，暗喻与明喻的区别关键在“喻词”是否存在。与明喻不同，符号隐喻的解读有一定的开放性，喻体与喻旨之间的连接比较模糊，往往只是在发出者的意图之中。① 在视觉符号中明喻义和暗喻义的不同也在于是否有明显“比喻联想空间”的存在。在明喻中，本体与喻体彼此接近但具有一定空间距离或具有独立完整外观能清晰辨别彼此。在广告非语言符号的暗喻义中，本体和喻体的空间位置关系是彼此融合的，或者本体融嵌于喻体

① 赵毅衡：《修辞学复兴的主要形式：符号修辞》，《学术月刊》2010 年 09 期，第 112 页。

中成为其一部分，或者喻体融嵌于本体中成为其一部分，或者喻体与本体拥有共同的构成部分。本体与喻体在外在形式融合的同时，吸纳喻体的某种属性、性质，完成暗喻修辞。

（a）本体融入喻体

如图 3.47 某健身机构广告，人的身体作为本体融入喻体吸管成为其一部分。吸管具有细长的性质，人的身体通过融入吸管吸纳了其细长的性质，生成了人的身体很细长、很苗条的意义。广告还通过吸管折曲部分和人腰部的对应，将吸管的柔韧特性赋予人的腰部，暗喻人的身材苗条、腰部柔韧。

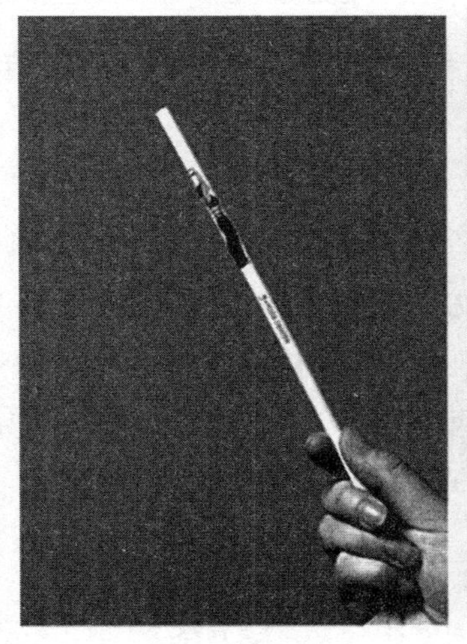
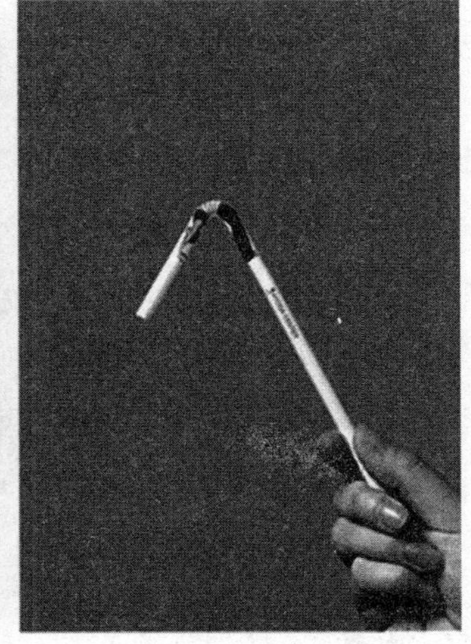

图 3.47　某健身机构广告

（b）喻体融入本体

如图 3.48、3.49 所示的系列广告中，鱼嘴、骆驼嘴是喻体，人是本体。鱼嘴、骆驼嘴通过替换人嘴成为人的部分。广告需要传达给受众的意义是“口腔有异味用该品牌口香糖”或“不用该品牌口香糖口腔异味就会很大”。广告最关键表现策略在于如何表达口腔异味及其带来的尴尬。鱼嘴、骆驼嘴中异味很大是大家都知道的事实，鱼嘴、骆驼嘴因为具有异味大的性质被选作喻体融入本体，将异味大的性质赋予本体。

图 3.48　某口香糖广告

图 3.49　某口香糖广告

（c）喻体、本体互融

如图 3.50、3.51 所示，青椒、西红柿是喻体，具有各自的味道属性和新鲜的性质。本体方便面要表达的意义就是新鲜蔬菜口味。在该广告中本体方便面通过外形上的基本相似和青椒、西红柿完全融合，融合后的图形既可以说是方便面桶，也可以说是青椒或西红柿。通过同形异构的方式，将青椒、西红柿的性质转换至方便面上。巧妙地、自然而然、不着痕迹地完成暗喻修辞。

图 3.50　某方便面广告

图 3.51　某方便面广告

(3) 广告符号的借喻义

语言符号中的借喻，通常是以部分代表整体。本体是一个整体事物，喻体是整体中的一部分。广告中非语言符号的暗喻方式同样存在这样的情况。借喻中本体往往不出现，喻体只以其具有代表性的部分出现，通过喻体具有代表性的部分让某事物获得本体的整体属性。如图 3.52 所示，广告要表达“绝对北京”的含义。绝对伏特加酒瓶形状代表“绝对”，京剧脸谱作为喻体，北京作为本体。北京在非语言符号中并未出场，而京剧脸谱作为北京具有代表性的文化符号被用来代表整个“北京”，从而完成“绝对北京”的意义生成。

图 3.52　绝对伏特加广告

(二) 组合段符号间关系

组合段与聚合段一个本质的区别在于，组合段的各符号是同时在场的，共同构成更高层级的符号单位，如“他给我一支笔”就是由多个单元符号组合而成。聚合段符号无须同时在场，不在场的符号通过在场符号的记忆联想在思维中得到表现。如“我爱你”中“爱”在聚合段有“喜欢”“好感”“倾慕”“迷恋”等多个有类似点的符号可以替换，但这些符号无须都出现在一个句子中，可以通过受众的联想出现。单独的单元符号一般只能指涉一个事物、动作、状态，很难表达完整的意义，因此，要表达完整的含义，必须通过各种单元符号按照一定法则进行组合。组合法则使得语言的组合段符号排列在线性的结构中，在毗邻轴（横轴线）上符号的排序、位置不可随意变化。如果将言语“我——吃——饭”中各符号的顺序变为“饭——吃——我”“吃——饭——我”则无法产生合乎逻辑的意义，这就是雅克布森指出的毗邻性失语症现象。如果变为“吃——我——饭”则产生完全不同的意义。索绪尔在描述这种线性关系时指出：“一方面，在话语中，各个词由于它们是连接在一起的，彼此结成了以语言的线条特性为基础的关系，排除了同时发出两个要素的可能性。这些要素一个挨着一个排列在言语的链条上面。这些以长度为支柱的结合可以称为句段（syntagmes）。所以句段总是由两个或几个连续的单位组成的。一个要素在句段中只是由于它跟前一个或后一个，或前后两个要素相对立才取得它的价值。"①

组合法则的存在使组合段符号表达受到一定束缚，不如聚合段符号表达的那么自由。组合段符号在生成意义时更多的是描述性，而聚合段符号的意指更具想象性。组合段符号间体现了一种逻辑关系，聚合段符号间体现的是一种自由联想关系。因此，组合段符号的逻辑关系经常需要一定的"推导"过程才能获得意义。在语言符号系统中，这种推理过程比较严谨，需合乎逻辑学原理，才能获得命题的"真"值。但在非语言符号中，这种逻辑是存在的，但无法像语言符号系统中那样严密，所"推导"的结果，往往不是"真"值。究其原因，其主要因素在于非语言符号本身意义的不确切以及非语言符号的非线性。语言组合段符号间是线性的不可逆的关系，但非语言符号几乎没有可能做到线性的呈现。如图3.53所示，"鹰""天空""雪山"三个符号没有任何可以判断其"句段"顺序的线索，可以理解为"雄鹰在天空展翅高飞"，也可理解为"天上有一只雄鹰从雪山那边飞来"。

图3.53 鹰、天空、雪山符号组合图

非线性的组合段符号如何进行逻辑推理？演绎法和归纳法是比较严格的逻辑推理方法，但并不十分适于非语言符号的非线性组合。皮尔斯在演绎和归纳两种推理方法之外还曾提出"试推法"。试推法接近于"假定法""假设法"，大意均为"形成一般预测的方法"，是一种推论逻辑，一种猜测性归纳法，它不是先验性的，而是后验性的。② 在李斯卡（美国皮尔斯学会前任主席）所汇集皮尔斯手稿而成的《皮尔斯：论符号——李斯卡：皮尔斯符号学导论》中有一段皮尔斯对"试推法"的诠释：

---

① ［瑞士］费尔迪南·德·索绪尔：《普通语言学教程》，高名凯译，商务印书馆2014年版，第166页。

② 李幼蒸：《理论符号学导论》，社会科学文献出版社1999年版，第539页。

> 依据逻辑定律从以往的信念中产生新的信念，这一过程就是逻辑过程（logical process），但通过对一个常见词意义的延伸，我还是称之为推断（inference）。总而言之，观察引入了新的观念或“事实”，而推断则将这些新的观念或事实与其他观念或事实结合起来，从而产生新的命题。推断具有三种基本形式：试推、演绎、归纳。试推是为建立假设或一般命题而涉及的推理过程，而所谓一般命题，旨在解释令人惊诧或异常的观察结果。它试图通过初步的结论去解决异常或模糊：“试推”存在于我们发现某种奇特情况之时。这种奇特情况可以通过假定其属于一般规则的个案而进行解释，并由此采纳这一假设。①
>
> 试推并不是我们证实假设的过程，而只是我们对意外事件做出合理解释的过程。它力图发展出一个新的假设来检验那些不能用现存假设来解释的事件。试推主要以假设的解释能力为基础，因此它并不决定一个假设之真确性，它关注的是假设的合理性（plausibility）。一个假设的合理性至少由如下这一事实所构成，即引起该假设产生的异常性将会被解决。②

艾柯曾对皮尔斯的试推法做了这样的解释：就逻辑演绎而观，有规则可依；由此，给予一种事例，我演绎出一种结果……就归纳而论，给予一条实例和一种结果，我推断出一条规则……至于小件不明推理式③，则有从规则和结果中推断实例这种状况。④ 非语言符号的组合段无法产生像语言符号那样较为精确的意义，只能通过推论法，产生诸多种“或然”的意义。其推论过程呈片段性和多角度性。⑤ 艾柯在评论皮尔斯“解释项”时也指出：“解释成分可能属于复杂话语，这些话语不仅是转译，甚至是推测性地发展了有

---

① ［美］皮尔斯：《皮尔斯：论符号——李斯卡：皮尔斯符号学导论》，赵星植译，四川大学出版社2014年版，第153页。

② ［美］皮尔斯：《皮尔斯：论符号——李斯卡：皮尔斯符号学导论》，赵星植译，四川大学出版社2014年版，第226页。

③ 即试推论法。

④ ［意］乌蒙勃托·艾柯：《符号学理论》，卢德平译，中国人民大学出版社1990年版，第154页。

⑤ 李幼蒸：《理论符号学导论》，社会科学文献出版社1999年版，第539页。

关符号所暗示的全部逻辑可能性。”[①] 由此可见，试推法并不能用于语言符号组合线性逻辑推理，但可以用于无法阐明的符号“意外或异常”——无法用现存逻辑解释的符号组合。在试推过程用多种可能性（或然）来测试着解决“意外或异常”。非线性符号组合可试推产生多种符号组合的秩序，以及由不同语序产生的不同意义。因此，由推论法生成的意义也是或然的，有多种可能，也就是意义是漂移的，这种漂移的意义还需要语言或其他辅助情境加以锚定，才可能产生编码者想得到的受众编码。在广告中这种歧义尤为明显，有时不依靠一定语言符号，很难理解一则广告的真正含义。

组合段符号产生意义的试推法尽管歧义性很大，但这不影响组合段符号间存在着的逻辑关系。逻辑关系不是产生歧义的真正原因，恰恰相反，所有逻辑关系必然产生确定的意义。歧义的真正原因出在组合段符号与符号之间的逻辑关系很难通过非语言的形式得到很好的呈现和确认，正由于这个原因，组合段非语言符号之间的关系只能通过试推法进行推测。我们无法让非语言组合段符号不产生歧义，但符号与符号间的可能的逻辑关系是有限的，而且是比较确定的。只有理解组合段符号间的这种逻辑关系，我们才有可能在试推法中推测符号间逻辑关系的种类，继而在已有语境中获得比较确切的意义。因此可以说，组合段符号间的关系，是理解单元符号怎样通过一定的结构形成意义的关键。组合段符号间的关系与世界上任何两件事物之间关系一样错综复杂。事物间的关系可以说是无穷尽的，每一种关系都可能有自身的特点。要把握组合段符号间的关系，寻找广告符号意义生成的根源，还需要借鉴已经十分清晰成熟的语言中的各种词法和句法。

1. 组合段符号间关系

关系是两个事物之间的某种联系，这种联系是两个事物之间的线索，通过事物间联系可以从一个事物探索到另一个事物。同一个符号可能处在不同的关系中，从已知符号出发，沿着不同的关系可以推导出不同的意义。广告符号整体意义的生成依靠组合段符号间关系。关系是用试推法进行推导的根本依据，是整体广告符号作为一个综合符号与广告要生成的意义之间的推理线索，可以通过试推法推导出广告要生成的意义。

---

① ［意］乌蒙勃托·艾柯：《符号学理论》，卢德平译，中国人民大学出版社 1990 年版，第 80 页。

客观世界中，符号林林总总，不胜枚举，任何事物只要被用来代表另一个事物，都可以被符号化，但符号之间的关系却是有限的。在结构主义者的视野中，事物之间的最基本关系是二元对立关系。两个事物之间一定存在差别，所有差别一定是相异的。结构主义将事物之间必然存在的差别进一步简化为二元对立。结构主义二元对立原则试图从根本上把握世界，将语言、文化、社会分为极为简单的对立两项，如主—客、对—错、内—外、大—小、美—丑、真—假、思维—存在等。这些对立结构关系对从最深层剖析客观世界具有非常积极的意义。二元对立是逻各斯主义发展到一定高度的产物。理性主义大师笛卡尔首先提出主—客这组二元对立概念，此后主客关系成为重要哲学研究对象，并形成多种相关命题。在《普通语言学教程》中索绪尔提出了语言—言语、共时—历时，能指—所指、句段—联想等几组基本二元对立概念，成为其后结构主义发展的理论基石。在索绪尔理论启发下，雅克布森、斯特劳斯、巴尔特、拉康等结构主义代表人物，进一步发展了结构主义理论和方法，从各自研究领域出发提出多组二元对立的概念。随着现代主义、后现代主义的发展，结构主义非此即彼的固化认知逐渐成为新思潮批判的焦点，特别是当文化上的二元对立被敷衍成统治与被统治、压迫与被压迫等二元对立的政治话语时，结构主义被当成暴政猛烈攻击。其实二元对立与多元化存在并不矛盾。笔者认为二元对立可看成两个对象在尺寸、体积、重量、颜色、速度、空间方位、时间次序等感官刺激类别方面进行对比的结果的性质认定，以及在此认定基础上产生的角色、地位等对比的结果判断。总而言之，二元对立是用来表达两者对比结果判断的关系，从物理学角度上，感官刺激对比就一定有强弱，有强弱就一定存在对立。也就是二元对立关系是普适的概念性存在的元关系。但对于客观存在的两件事物来说，两者之间至少存在一组二元对立关系，但并非只有单纯一组二元对立关系。两个事物之间可能包含无数组二元对立关系，也可以存在无数等价关系、包含关系、交叉关系。因此，二元对立的不是世界上任何两件事物，而只是事物在某一特定范畴进行对比的结果判定。结构主义思潮正是将二元对立关系从某个刺激类别过度泛化到整个实体，导致了认知的固化和谬误。格雷马斯在二元对立关系基础上提出语义方阵（也称符号矩阵），进一步拓展和延伸了符号间的关系。如图 3.54 所示，S1 与 S2 是某刺激范畴对立关系，S1 与 – S1 之间是互不包含的矛盾关系，S1 与 – S2 具有被包含关系，– S1 与 – S2 也存在等价关系、包含关系、对立关系等多种可能。格雷马斯认为符号矩阵是一切意义的基本细胞，语言或语言之外的一切表意都采取这种形式。① 从格雷马斯符号矩阵可以看出符号之间最底层基础关系是二元对立，建立在二元对立基础上还存在多元关系。

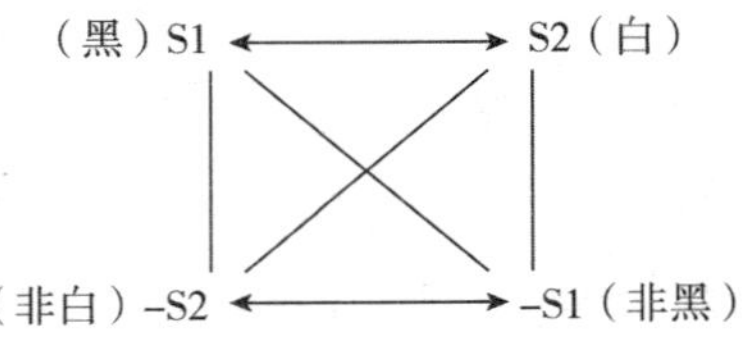

图 3.54 格雷马斯语义方阵

其中有内容维度上彼此排斥对立关系、彼此类似或部分相同的等价关系，有种属维度的包含与被包含关系以及互不包含的矛盾关系，有时间维度上先后、因果等关系，有数量、程度维度上的比较关系，有逻辑上的逻辑前后件关系。这些关系可以扩展为承接、因果、递进、选择、并列、转折等类似语言符号的句式关系结构。非语言符号间关系与语言的句法异质同构，可以借助语言句法结构来理解视觉符号的意义结构。

（1）基于时间维度的前后关系

在讨论指示符号时，我们讨论过这种关系。不过指示符号是符号与符号对象之间存在时间或空间上的接近。组合段符号间基于时间维度的前后关系是指两个或两个以上符号之间存在时间维度上的先后对比。在语言系统的句法中，我们常用就、便、才、又、于是、然后、接着等关联词来表达时间先后的承接。在非语言符号中，无法用关联性质符号，往往只有通过语言文字提示时间先后对比关系。如图 3.55 所示，两个鱼形盘子，一个是完好无损的，另一个则同样的盘子只剩下鱼骨头形状。两个盘子下面分别有“用前”“用后”的语言文字符号来表明，代表完好无损盘子与只剩下鱼骨头形状盘子的两个符号之间存在时间的先后。两者之间的时间前后关系生成了“用前，鱼形盘子是好的，用后，接着鱼形盘子就只剩下骨头了”的

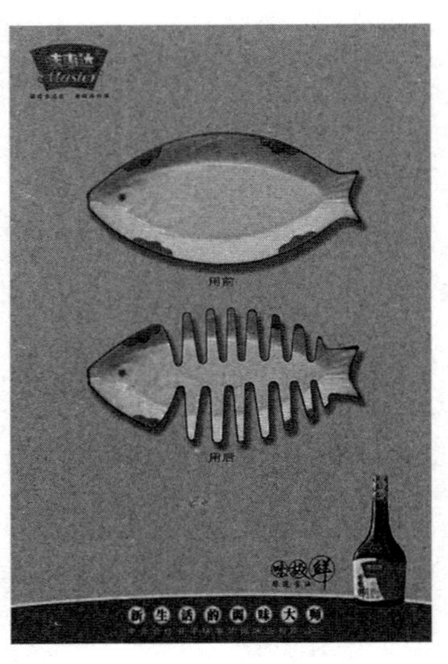

图 3.55 味极鲜酱油广告

---

① 殷晓芳，张艳敏：《基于叙述符号学的叙事文本的文化意义分析》，《大连理工大学学报（社会科学版）》2006 年 03 期，第 86—90 页。

意义。通过整个广告的解码，其原因可以轻易得出——味极鲜调味品太美味了。广告通过使用味极鲜前后效果的夸张对比，凸显品牌的调味功能。

（2）基于时间维度的因果关系

上文对因果关系已经做过较为详尽的阐述，这里不再赘言。

（3）基于包含与被包含的递进关系

包含和被包含关系是事物之间归类于同一种属，且其中一个事物的种属性质涵盖另一个事物。在语言系统的语法中，我们通过更、何况、况且、不仅、不但、不光、而且、并且、并、甚至、以至、尤其、还、甚至等关联词来表示递进关系。在非语言符号中，往往通过夸张某种性质的程度来表现意义。其表现方式有两种。其一，表达面包含内容面。要表达的内容面往往是被包含的某种性质的程度体现物，而表达面往往是经过夸张后，或者某种性质的更大程度体现物。如图 3.56 所示，某品牌吸尘器将烟囱吸弯了。“把烟囱吸弯了”效果符号是“吸进灰尘”效果符号经过夸张后的更高程度体现物。从效果角度看，“吸进灰尘”被包含在“把烟囱吸弯了”里。该符号生成了“某品牌吸尘器连烟囱都能吸得动，更不必说灰尘了”或“不仅可以吸净家中灰尘，甚至可以吸得动烟囱”的意义，夸张地表现了该吸尘器的强大功能。其二，内容面包含表达面。表达面往往是某种性质的值已经很高的体现物，内容面往往是比表达面某种性质值更高，通过内容面和表达面的对比，突出内容面某种性质值所达到的很高的程度。如图 3.57 所示，“美女的面孔”和“宝马车”在魅力角度是包含与被包含关系，“美女的面孔”作为被包含事物已经具有巨大的魅力，由此可

图 3.56　某吸尘器广告

图 3.57　宝马汽车广告

推知“宝马车”的魅力非常之高。符号生成“宝马车魅力非常大，以至于连美女都不用看”的意义。

（4）基于互不包含的选择关系

互不包含关系是两个事物之间归于同一种属中，两者之间缺少共同之处。在一定情境下，人只能选择其中一个事物。在语言系统的语法中，我们常用或者……或者……、是……还是……、与其……不如……、要么……要么……、宁可……也不……、宁愿、绝不等关联词来表达选择关系。广告符号中要传播的意义和所展示符号之间互不包含，两者之间只能选择其一。在广告传播过程中，往往通过不选择广告商品（品牌）而导致的后果来提示选择品牌的正确性。如图 3.58 所示，“上课掩饰睡觉的幽默行为”的符号与“we love cafe”文字符号是选择关系，两者互不包含。“上课为掩饰睡觉而将头发理成脸形”是不使用咖啡提神的后果，是两者中不该选择的，通过费力掩饰上课睡觉的尴尬提示应该选择使用某品牌咖啡来抵制睡意。该广告符号生成的意义是“你要不喝某品牌咖啡，要不把头理成脸假装上课”。

图 3.58　某咖啡广告

（5）基于等价类似的并列关系

所需传达的意义与视觉符号之间具有性质上的等同和类似关系。如图 3.59 所示在品牌传播中，所传达的品牌特性往往难以表达，需要更熟悉的事物所具有相等同或类似的特性来表现。等价类似关系一定包含着比喻关系。

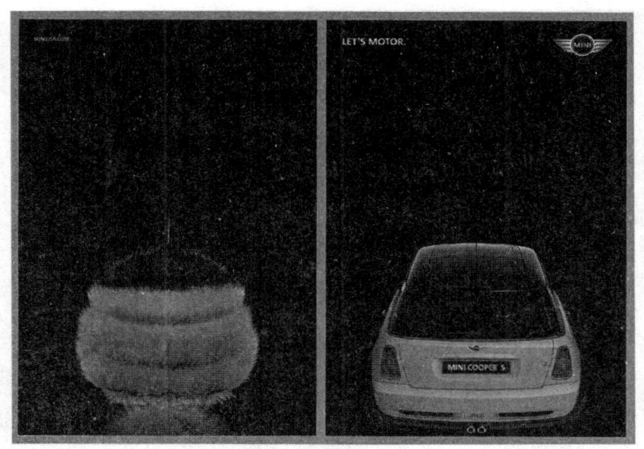

图 3.59　MINI 汽车广告

(6) 基于对比差异的转折关系

两个事物之间的排斥对立关系，是在对比的基础上产生的。由于进行对比的两个事物之间在某种性质程度上必然存在差异。由一个事物推导到另一个事物的依据是一种转折关系。在语言系统的语法中，我们常用尽管、但是、却、然而、虽然等关联词来表达转折关系。转折关系涉及两个事物之间的对比，可以放大其中某个事物的某个特征。曾有这样一个趣闻：美国有一个双目失明的乞丐，在身边的牌子上写道"I am blind"，希望赢得别人的同情，结果"生意"惨淡。某文豪看到后，将乞丐身边牌子的文字改了一下，结果"生意"不可思议地兴隆起来，文豪写的是："It is spring，but I am blind!"文豪的表现方式是通过对比增大信息强度，通过春光明媚反衬了乞丐黑暗世界的悲惨，帮乞丐赢得了路人的同情。因为路人多为忙碌的，没有太多的时间处理信息，因此需要更高强度的信息一下子让路人止步。如图 3.60 所示，"被追捧的史努比"和"生活中为人奴役的狗"之间的对比差异很大，产生巨大的转折关系。两个符号的并置加上语言符号的解释生成了"虽然都是狗，但没有品牌的狗比起知名品牌的狗命运是如此迥异"的意义。通过两种对立

图 3.60　品牌战略公益广告

符号之间的对比，揭示更深层的事实、观点或意义。通过史努比和生活中狗境遇对比，突出品牌的重要性，表达“品牌改写命运”的观念。

（7）基于逻辑前后件的假设关系

两个事物是逻辑命题中的前件和后件。前件的真假导致了后件的真假。基于逻辑前后件的假设关系中，前件并非现实生活中存在的事物，而是设想的、此时并不存在的事物。在语言系统的语法中，我们常用如果……就……、倘若……就……、即使……也……、要是……就……等关联词表达假设关系。如图3.61所示的公益广告逻辑推理过程较为复杂，广告首先通过人和猴子角色互换完成一种假设，假设了一种人脑被猴子吃的恐怖情景，这作为逻辑关系中的前件，能推导出后件“人会极为痛苦”，生成“如果人被猴子生吃大脑，那么一定会非常痛苦”的意义。以此意义引发人们的反思，强化、放大被虐待动物的痛苦感受，从而希望“停止虐待、结束痛苦”作为结果被受众接受。这则广告包含两层逻辑关系，首先是假设某种情况，会发生什么结果，再者是因为这种结果非常消极，所以要避免某种行为。

图3.61　动物保护公益广告

2. 组合段符号间的词法功能关系

组合段符号间的词法功能关系构成的更高层级的符号组合，在整个广告作品中是中等单位的符号组合，它是由两个或两个以上在场的单元符号依照不同句法功能组合而成。由词法功能组合而成的符号，只作为整个符号句段的一个“词语”，不能表达符号句段的整体意义。词法功能关系是生成整体意义的核心构件，没有符号“词语”就不能将其生成的“词意”用在逻辑推导过程中，就无法生成整体符号意义。在一个句段中可能包含的成分有主语、谓语、宾语、定语、状语、补语、其他独立成分。其中主语、谓语、宾语、定语、状语、补语是六大最基本构成。主语是施动（持某状态）者，谓语是施动者实施的某行为或持有的某状态，宾语是受动者，定语与状语是施动者、受动者、行为（状态）的性质，补语是行为（状态）的效果。一个句子可能包括其中的一个或多个成分。在符号组合中，我们也可以将符号分为施者符、行动符、受者符、状态符、效果符。由于词组的结构比句子更简单，因此在词语的构成方法中清晰地看到上述各种成分的组合规则。合成词的类型有支配式、补充式、陈述式、偏正式、并列式。合成词是由语言单元符号组合而成，其部分组合模式可以扩展到所有普通符号上。因此，我们可以把组合段符号间关系分为支配关系（行动符 + 受者符）、补充关系（行动符 + 效果符）、陈述关系（施者符 + 行动符）、偏正关系（性质符 + 施者符或受者符或行动符）、并列式（施者符或受者符或行动符或性质符或效果符 + 与其相同、相近或相反的成分）。我们借鉴语言符号系统的组合规则，将其用在包括非语言符号在内的一般符号中，能迅速把握一般符号学的基本规律。但必须看到，非语言符号不具备语言符号的线性排序，因此，其组合关系常因为含义模糊性有多重解释。如支配关系可以表述为"某物被如何"，当然也可以表述为"被如何的某物"，这种符号组合关系就成了偏正关系。补充关系中效果符一般来说是要依附在受者符上的，因此补充关系也可以被理解为"性质符 + 受者符"的偏正式。总而言之，在非语言符号系统中支配关系、补充关系、陈述关系、偏正关系大多数情况下难以分辨。要分清其关系模式，整个广告的语境成为关键的限定和指向因素。

（1）支配关系

如图 3.62 所示，有咬痕的勺子是受动者，咬痕是一种状态，因此该广告中的基本的符号组合方式应是"行为 + 受动者"的支配关系。广告中咬勺子的牙齿即施动者并未出现，所以无法将其归为陈述式。益达口香糖的包装形象出现了，因此，在整个广告综合符号上，又可以理解为"益达让牙齿能咬断铁勺"，从这个更高层面说，整个广告又是"主 + 谓 + 补语"（施动者 + 行为 + 效果）的模式。但因宾语牙齿并未出场，综合层级的符号意义需要受众自行诠释才能获得，因此，我们在符号分析时往往更关注其最根本的符号词法，即勺子与齿痕符号组合成的视觉"词语"。

图 3.62　益达口香糖广告

（2）陈述关系

如图 3.63 所示，广告牌是完全空白的。广告牌是施动者，空白是一种状态。广告牌与其空白状态构成一种陈述式符号词语，即“施动者＋状态”模式。当然，广告牌与其空白状态也可以理解为偏正式符号词语，即“性质＋施动者”模式。但从广告整体符号要表达的含义来看，广告牌的空白是被动的转变而来的“状态”，不是广告牌本来就有的“性质”，因此，该符号组合看作陈述式更贴切。从整体广告看，广告牌明显是受动者，洗衣粉品牌才是真正的施动者。整个广告是“主＋宾＋补语”（施动者＋受动者＋效果）的模式，其中洗衣粉品牌的行为“洗”被省略，需要受众补充性解码。

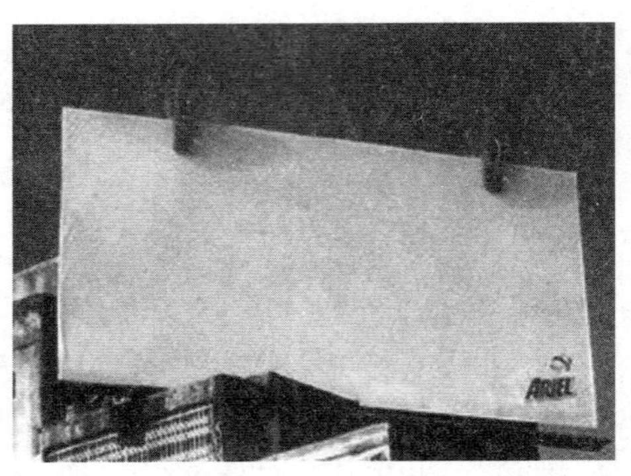

图 3.63　某洗衣粉广告

（3）补充关系

如图 3.64 所示，广告中符号组合关系就较难判断。可以理解为偏正关系“被烫焦的嘴唇”，也可以理解为支配关系“烫焦嘴唇”。无论是偏正关系还是支配关系，其中必然含有更小层级的符号组合单位“烫焦”。“烫焦”是典型的“行动符＋效果符”的补充关系。整个广告中，施动者“烟”是缺席不在场的，因此，整个广告是“行动符＋受者符＋效果符”的支配关系。

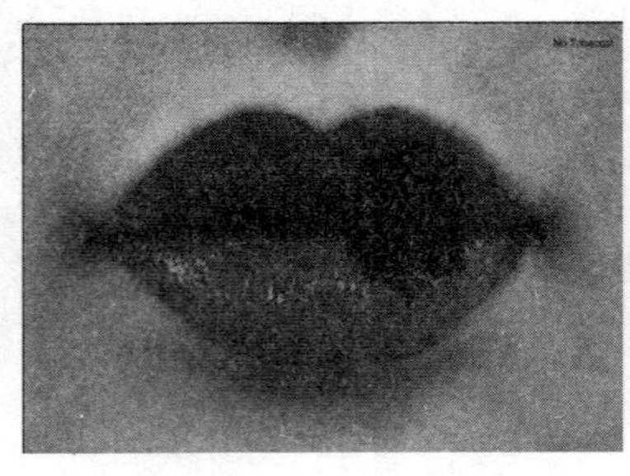
图 3.64　戒烟公益广告

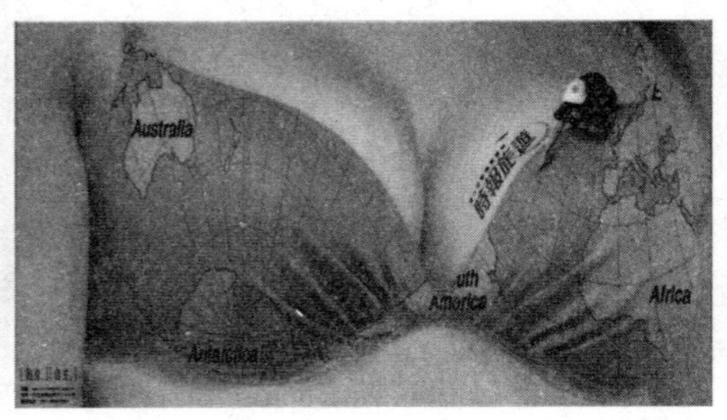

图 3.65　时报旅游广告

（4）偏正关系

如图 3.65 所示，胸衣上世界地图是性质或状态，胸衣在更小一层级的符号中可以是施动者，也可以是受动者。胸衣和世界地图组成的符号词语可以理解为“胸衣被印上世界地图”的支配式、“胸衣上有世界地图”的陈述式，也可以理解为“有世界地图的胸衣”的偏正式。在胸衣上印世界地图的也许是一个丝网印刷工，或者是一个服装设计者，但丝网印刷工或服装设计者作为真正的施动者对整个广告来说无关紧要，不必在场也不必认定，“印”的动作无施动者。一般而言无施动者也就无所谓受动者，因此，可以不将该符号组合理解为“胸衣被印上世界地图”的支配关系。在整个广告中胸衣也不是施动者，编码者不需要表达“胸衣上有世界地图”的含义，因此，也可以不将该符号组合理解为“胸衣上有世界地图”的陈述关系。排除支配关系和陈述关系，将该符号组合理解为“有世界地图的胸衣”的偏正关系更加适合。整个广告的施动者是一个游客，行为是观光，胸衣与世界地图组合成的符号词作为修饰行为的性质符，在符形上表达了“游客在印有世界地图的胸衣上观光”，属于“施者符 + 性质符 + 行为符”的陈述关系。

（5）并列关系

并列关系与偏正、陈述、补充、支配等具有较大区别，也比较容易分辨。如图 3.66 所示，联想品牌的两则广告中，算盘与键盘、真飞机与纸飞机之间具有相同或相似的性质，其组合构成了并列关系。表达了从算盘到键盘、纸飞机到真飞机的演进，用“只要你想”语言符号指明想法在演进过程中的作用。

图 3.66　联想品牌广告

第四章

形式与修辞：广告符号风格意义

皮尔斯认为符号是由代表物、对象、解释项三者构成。意义源自解码者对符号的解释。一般而言，解码者的解释主要针对符号的客观对象、代表物与对象之间的关系，而解码者对代表物自身的物质感知特征的解释往往被忽略。客观对象通过肖似和指示可以轻易确定，代表物与对象之间的关系可以通过逻辑进行较明确的推知，但代表物自身物质感知特征并不影响其代表功能，也不影响代表物与对象之间的关系。这是代表物自身的物质感知特征被忽略的重要原因。作为代表物的物质感知形式是否对意义毫无作用？笔者认为，物质感知形式虽然不能影响客观对象的存在以及所指与能指之间关系，但可以形成对客观对象品行格调的判断。这种判断是在解码过程中“悄悄”发生的，而且比较模糊，无法形成确定的评判。在艺术领域，模糊不确定性是艺术审美的重要特征。用油画颜料与水粉颜料画出人物肖像可以在外形上非常相像，但两者质感还是存在很大的差别。在广告传播中，对广告的审美也很难形成标准。在广告行业中有人戏谑开发商的要求是“高端大气上档次，低调奢华有内涵”，可怎样的画面才能符合这样的要求，恐怕没有人能给出答案。在广告运作过程中，除通过符号与符号对象之间关系、符号间关系来表达能更好达成销售的意义之外，广告符号怎样才能塑造相应的商品（品牌）形象也是广告主非常关心的问题。但至今为止，这种问题似乎“只可意会不可言传”。本节试图通过符号形式意义的探讨研究其中奥秘。笔者认为，广告符号的材质、形式等感知特征是影响广告商品（品牌）形象的重要因素。品牌形象是受众对某品牌的综合印象，也具有较大的模糊性。除品牌个性、品牌故事、品牌客群、品牌定价等因素外，品牌广告宣传中符号的物质感知形式需要吻合品牌所定位的质感与调性。因此，广告符号的物质感知形式是可以产生意义的。对形式产生意义的原理是最具启发的格式塔心理学派的研究成果。除格式塔心理学派的解释外，笔者认为感觉判断二元值的同级延伸能给出较为合理的解释。

第一节　格式塔心理学的研究

在德语中，格式塔（Gestalt）是“模式、形状、形式”的意思。英文中常译为“Form”或“Shape”。很显然，格式塔心理学主要关注“形”的意义问题，其基础理论是人脑对形的感知具有整体性，因此该学派也被称为完形心理学。格式塔心理学派由韦特海默（M. Wetheimer）、苛勒（W. kohler）、库尔特·考夫卡（K. Koffka）三位德国心理学家创立，其研究反对传统心理学中的元素主义与“刺激——反应”的机械论，主张知觉不是各种感觉简单相加之和，人们在对客观事物进行知觉组织时的思维本身就是整体的，人类形成知觉整体的组织方式，不需要后天学得，是与生俱来的思维倾向。

一、格式塔心理学派的主要观点

格式塔心理学派的主要观点有整体论、知觉组织法则、同型论、场论等。

（一）整体论

格式塔心理学理论肇始于韦特海默对似动现象的研究。韦特海默于1912年发表的《运动直觉的实验研究》标志着格式塔心理学的诞生。与眼球运动说、空隙说、视觉后像说等解释不同，韦特海默人文似动现象本身就是一个整体、一个格式塔，对这个整体的感觉是人类直觉的特性，这种直觉不能用对两条线的感觉来拆分、解释。格式塔是一个整体，不是任何部分之和，这是格式塔心理学的理论基础。

（二）知觉组织法则

人类对客观事物的知觉把握是整体的，不可分析的。人类直觉将客观事物知觉成整体的法则：图形—背景关系原则（figure - ground），人类直觉总是自觉地把一部分事物作为主体突出其他事物；接近法则（proximity），人总是倾向于将彼此接近的事物看成是一类或一个整体；相似法则（similarity）

人总是倾向于将彼此相似的事物看成是一类或一个整体；闭合法则（closure），人的知觉总是倾向于将残缺的事物补充完整；连续法则（continuity），人总是倾向于将看上去可以连在一起的事物看作是一个整体；极简法则（Simplicity），人的知觉总是倾向于将不同事物分成最少的类别。

（三）同型论（Isomorphism）

至于为什么人类会有将事物进行整体知觉的心理直觉的问题，格式塔心理学派的解释就是同型论。同型论认为心——物之间的关系，即人的心理与事物在物理上的结构是同型的。心——物之间的中介“身”，即人知觉的生理过程在结构上与心理、物理都是同型的。由于心物、物身、心身之间存在结构上的相同，人在对一个客观事物进行知觉时，能在短时间内将感觉刺激通过生理上神经系统的信息传递过程直接产生的知觉对应的结果。在生理上产生的知觉结果在心理经验上激起的情绪与情感判断，并不是一一对应的，与知觉个体的经验和对情境判断有关，这种经验和判断可以用心物场论来解释。

（四）心物场论（Psycho-physical field）

场是物理学上通常用来解释磁力现象的、不同于机械论的术语。将磁铁置于一张纸下方，纸上撒下的铁碎末排列成特殊的形状，这是磁力场的作用。考夫卡将场的概念运用在心理学上，提出“物理场”“心理场”“心理物理场”等概念。考夫卡认为，心理场与物理场之间并没有精确的对应关系，两者结合成的心物场才决定心理活动的结构和结果。心物场有自我、环境两级，环境又分为地理环境和行动环境。人的心理活动是自我——地理——行动三种动力交互作用下的场。个人在体验环境组织关系时（环境场）会产生与之同型的脑场。人的大脑对感觉冲动反应时，依靠神经电的传导，并建立神经元的活动场。考夫卡在其著作《格式塔心理学原理》中提出把心物场研究作为心理学的任务：

> 心理学的任务是研究与心物场具有因果联结的行为。这一纲领还可以说得更加具体一些。从期望的角度来说，我们认为，心物场是有组织的（organized）。首先，它表明了自我（ego）的极性（polarity）和环境的极性。其次，这两级都具有其自身的结构。于是，环境既不是感觉的镶嵌，又不是“旺盛的、嗡嗡作响的混乱状态”，更不是模糊不清的整

体单位；相反，它是由一些明确的彼此独立的物体和事件所组成的，这些彼此独立的事物和事件都是组织的产物。同样，自我既不是一个点，也不是内驱力（drivers）或本能的总和或镶嵌。①

二、格式塔心理学美学

韦特海默的学生鲁道夫·阿恩海姆（Rudolf Arnheim）是格式塔心理学美学的代表人物，他反对美的“联想说”与“移情说”，运用格式塔理论研究美感问题，借助物理学中“张力”概念与生理学中的“神经系统”原理，对美的表现性做出更具自然科学性质的、更理性的诠释。

（一）张力原理

“力”是阿恩海姆美学思想的理论核心。阿恩海姆认为事物之间或事物各构成部分之间的结构和形式存在聚合或离散的力，即张力“tensions”。知觉系统对客观对象“张力”的体验是方向和强度的，即“dynamics”和“power”。考夫卡也认为形式的组织之间存在着“力”。他在《格式塔心理学原理》中得出这样的结论：“我们的墨迹的形状或任何一种其他图像的形状都是力的结果。这些力不仅将图形与场的其余部分分开，而且使之与场保持平衡状态。因此，在图形内部存在一些力，沿着图形的轮廓也有一些力，这一结论是我们从实验中直接得出的。然而，这一点是基本的。”②

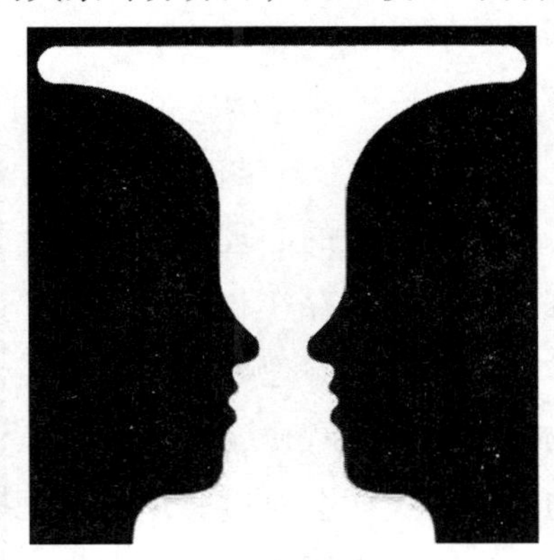

图 4.1　鲁宾之杯正负形图

知觉力的产生源自知觉对客观事物完形的倾向。如 4.1 鲁宾之杯正负形图所示，图和背景之间的关系中，视知觉倾向于将图突出于背景，于是图与背景在知觉体验中产生相互作用力，背景对图产生方向向画面外的推

① ［美］库尔特·考夫卡：《格式塔心理学原理》，李维译，北京大学出版社 2010 年版，第 54 页。

② ［美］库尔特·考夫卡：《格式塔心理学原理》，李维译，北京大学出版社 2010 年版，第 108 页。

力，图对背景产生方向向外的拉力。如图 4.2 所示，视知觉根据经验倾向于将残缺的苹果完形，于是苹果残缺的边缘会产生向左的拉扯力。以此类推，根据相似原则、接近原则、连续性原则都会产生相应的力。

图 4.2　苹果品牌标志

视知觉对客观事物的“力”的构建不仅仅限于一种原则。如图 4.2 所示，残缺苹果边缘向左拉扯力之外，还存在整个图形与白色背景之间的推拉力。图形每个部分的力的式样又有所不同。残缺部分的两个角对白色背景的力分布比较集中，因此比较尖锐，苹果左轮廓的知觉力的式样则分布比较均匀。在图形——背景关系中，力的方向一般是沿着图形边缘形成。在其他组织原则中，力的方向由能形成整体的事物之间的位置关系决定。如图 4.3 所示，相似的红色圆形色块之间是斜形分布的，因此，它们之间的力也是呈现一致的斜的方向。

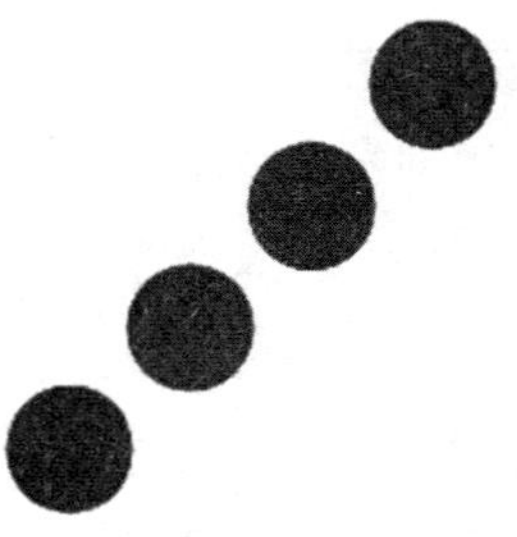

图 4.3　斜分布红点图

（二）异质同构原理

根据格式塔心理学的同型论，阿恩海姆认为人的心理过程与外界客观事物之间存在相同的力的式样。物理力与心理力是异质同构的。在知觉过程中，客观事物的物理力的式样会对应心理力的式样。如图 4.4 所示，画面中线条非常凌乱，其凌乱的力的式样在心理上同样产生凌乱的力的式样。如图 4.5 则相反，在心里产生的力的式样较为规则。人脑中先天存在很多力的式样与人的情感对应，如喜悦、悲伤、愤怒等。美感的产生决定外界物理力的式样对应的心理力的式样所激起的情绪或情感。如图所示凌乱的力是缺乏平衡的力，所激发起的情

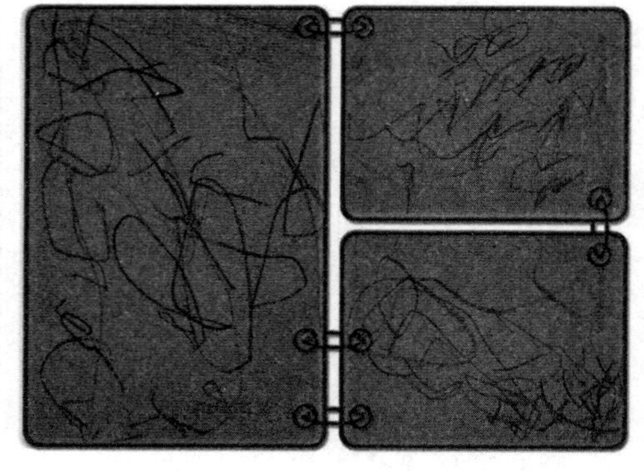

图 4.4　凌乱线条图

绪可能是烦躁、不安全感，在审美体验中，这样的力的式样激起的可能不是美的感受。

图 4.5　规则线条图

一般而言，人类具有基本相同的美感力的式样，人对平衡、和谐、稳定、规则运动等力的式样具有一定程度的相似的审美体验。但笔者认为，在人的自然、社会生活中，后天的生活经验在大脑中又存储了大量力的式样。后天力的式样对审美同样具有很强的影响。后天力的式样与先天的不完全一致，有时可能完全相反。每个个体在生活经验对相同力的式样曾激起过的情绪或情感也许不一样，这就导致不同个体对相同事物的审美有时具有很大的差异。如图 4.6 所示，尖锐的力的式样对很多人来说在生活经验上可能带来刺痛感，可能激发恐惧的情绪，但对另一些人来说，有可能产生刺激的情绪。因此，图对有些人无法形成审美，但有些人则可能认为它是美的。除了生活经验的影响外，人的欲望、个性等多种心理特征也可能影响个体对某件事物的审美。

图 4.6　尖锐边缘图片

第二节　感觉判断值的同级延伸

我们在本章第一节已经讨论过人对事物的认知过程。符号外在物质感知形式给人感觉器官带来一定的刺激，人对感觉刺激最终会形成判断。这种判断的结果是一组二元对立值中的一个。如人在看到黑板上写的字时，会对字的视觉刺激形成大或小、粗或细、正或斜等判断。人在形成这些判断的同时，可能会将这些判断延伸到其他感觉类别。如笔画更粗的字，看起来更重，根据认知经验，更重的事物往往更稳，联想写字的人往往更稳重；笔画更细的字，看起来更轻，更容易飘起来，写字的人则被认为更洒脱。如果上述字出现在广告中，根据认知经验更重感觉往往被认为更贵、品质更高，商品的形象更高端。也可以说更稳重的人更有地位，使用的商品品质更高。从粗到重，是视觉刺激判断的二元值延伸至触觉（压力感），从重到稳，进而延伸至事物空间存在状态，稳到稳重，最终形成与此字有关联事物的性质，形成总体印象（形象），笔者认为这种延伸是聚合段上的相互替代，是一种比喻的过程。在这一过程中，视觉刺激判断的二元值的延伸是有方向性的，由字体线条的“粗”是无论如何不可能延伸至压力感觉的“轻”上面的。“粗”与“重”在数量上都是较多的，一般而言，粗的事物往往也更重。因此，感觉刺激判断值的延伸不是任意的，具有较强的理据性。在心理学上，不同感觉之间刺激值的延伸也被称为“通感”，即一种感觉兼有另一种感觉的特征。但感觉刺激值延伸至性质判断值的现象是通感无法解释的。

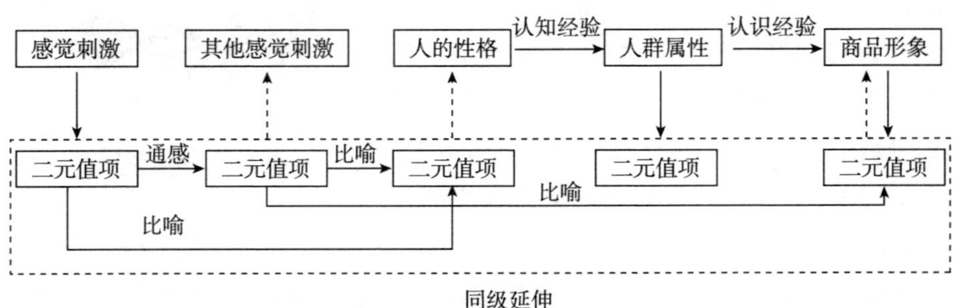

图 4.7　感觉判断值的同级延伸图

在广告中，视觉元素的排版、位置、颜色、层次（景深）、明暗、饱和度、材质、元素多少、动态画面的节奏、移动速度等与听觉元素的速度、节奏、音质等因素都对广告商品（品牌）的形象产生潜移默化的影响。在广告编码时，一个成熟的创作者一定会根据商品（品牌）定位所需要的个性形象相应地把控符号的物质感知特征。脑白金的电视广告中，跳舞的一对老人的动作速度比较快，从一个动作到另一个动作的时间不到一秒，在一则红酒的电视广告中，模特将红酒从胸前端到嘴巴就花费将近两秒时间。速度慢的感觉刺激往往比速度快的更能形成商品品牌优雅的形象，其理据在于生活中过快的动作往往显得着急、不沉稳、生活局促，而慢的动作更显得淡定、有底气、更有品位。如图4.8所示，图的主色调为蓝色，整体颜色较浅亮，图4.9的色调偏紫，整体颜色较深暗。图4.8中房产的品质看起来比较低，图4.9中的则比较高档。浅亮的颜色在触觉（压力觉）上的延伸是“重”，更重的事物在认知经验角度看更稳固，更稳固事物在聚合轴上暗喻人的稳定、淡定，在认知经验角度看更稳重的人往往身份地位更高，再推理至房产上，身份更高的人购买品质更高的住所。

图4.8　某房地产广告

符号感觉刺激的意义延伸在形成人的性格、属性以及产品形象的比喻过程，有时也会出现方向的逆转。如颜色深的刺激可能比颜色浅的更容易形成品质更高的商品形象，但如果符号颜色过深，可能产生过于沉重的感觉，根据认知经验只有品质更差的产品才会造成使用过于压抑沉重的感觉，或者说沉重的感觉比喻人压抑阴暗的心理，这种人群使用的产品则品质感不高。

图4.9　某房地产广告

第三节　广告符号修辞

修是修饰、调整之意，辞是言辞、辞令之意。顾名思义，修辞就是对语词的斟酌、调整，以更准确、适切、鲜明生动地表达意义。修辞，是一门拥有几千多年历史的学科。早在美索不达米亚（Mesopotamia）文明中就发现修辞的例子。修辞的英文“rhetoric”，有“辩论法，雄辩术；华丽的文词”等意义。在欧洲，最早研究语言修辞的应是古希腊以普罗泰戈拉、高尔吉亚等人为代表的智者学派（Sophists）。智者学派，又称诡辩学派，他们通过教给学徒辩论、言辞技巧取得报酬。智者学派的理论和技巧多用于古希腊的公众演说和法律辩论中。政治家为了在民主的古希腊获得支持，必须在各种演说中运用辞令技巧说服听众；法庭辩论过程中言语技巧也是获得胜诉的重要因素。因此，在智者学派看来，修辞的主要目的不是宣扬道义和真理，而是在特定情境下用更有效的言语说服、感动特定的听众。修辞作为一门学科，是由亚里士多德发展起来。在亚里士多德的《修辞学》中，许多修辞概念、观念、话题、观点、程序、策略等第一次获得系统的理论表述。① 对于修辞的目的，亚里士多德指出："修辞术是一种能在任何一个问题上找出可能的说服方式的功能。"② 修辞的目的在古典修辞学看来，首先在于影响、说服其受众，使其接受某种观念、采取某种行动，其功能主要作用于人与人之间的交流传播活动中。修辞的目的就是通过优化设计言语以更好、更有效地达到交际目的。③

古典修辞学主要源于语言传播时代，随着传播技术的革新，传播媒介、内容、形态都发生了巨大的变化，传播符号也不仅仅局限于语言文字符号。在这种背景下，修辞学研究的对象也发生了转向。修辞已呈现出一种涵盖所有人类符号交际或传播类型的趋势。④ 1964 年，法国结构主义大师罗兰·巴特于《交流》杂志发表了论文《图像的修辞》，标志着修辞的转向。罗兰·巴特弟子杰克斯·都兰德于 1970 年发表的《修辞与广告图像》与 1987 年发表的《广告图像中的修辞手段》更系统地阐述了广告中图像修辞问题。修辞学的视觉转向被认为是修辞学复兴的主要形式。视觉修辞研究主要方法是将语言中修辞技巧运用于视觉图像中，寻找语言修辞的"图片性对等物"。也就是说，语言中的修辞格，可以在视觉图像中找到相应的"对等物"。但视觉等非语言符号缺乏语言符号的精练、历代的约定俗成、精准等特点，其修

---

① 刘亚猛：《关联与修辞》，《外语教学与研究》2004 年 04 期，第 253 页。

② 亚里士多德：《修辞学》，罗念生译，三联书店 1991 年版，第 24 页。

③ 胡习之：《修辞的目的和修辞的核心原则》，《浙江社会科学》2011 年 02 期，第 105 页。

④ 陈汝东：《论视觉修辞研究》，《湖北师范学院学报（哲学社会科学版）》2005 年 01 期，第 47 页。

辞在传统语言修辞基础上呈现出不同的规律和特征，因此，我们无法将视觉修辞与语言符号中修辞一一对应。

广告视觉修辞主要内容包括对画面点线面构成、色彩、版位、视距、视角、景深等视觉形式上的风格化修饰、调整与具体修辞方法的运用。本节广告符号修辞主要着重于视觉符号修辞方法的讨论。

语言修辞方法：反复、比喻、夸张、比拟（拟人、拟物）、排比、对偶、对比、借代、双关、引用、仿拟、设问、反问、顶真、回环等。其中设问、反问主要是疑问语气上的修辞，在视觉修辞中很难找到对应物（除声音语调上的修辞，其他非语言符号也与视觉符号一样，很难运用这两种修辞方法）。顶真、回环不仅仅在语言符号中主要功能是保持语言的连贯顺畅和声音美感，在除音乐外的视觉等其他非语言符号中很少需要运用这两种功能的修辞格。在广告的视觉等非语言符号修辞中常用的有比喻、反复、夸张、引用、仿拟、双关、比拟、对比、排比等。关于比喻修辞，在前文中已有详细讨论，本节不再赘述。

一、反复

在语言符号中，反复是一再重复使用同一词语或句子，以加强语意的一种修辞方法。在广告文案中使用反复修辞，能够强调突出最重要的信息。如“燕舞，燕舞，一曲歌来一片情”“威力威力，够威够力”通过对品牌名的重复，加强受众对其记忆度。在非语言符号中，反复也是常用的修辞。广告非语言符号中反复修辞的功能与语言符号略有差别。广告视觉符号的反复修辞将某种图形、某种色彩、某种结构在画面中重复地排列，除了起到强调的基本作用外，还起到创造形式美感、构成某特殊形状或数目，表达某种连续性意义的功能。如图 4. 10 所示，雀巢咖啡的广告中，放置 11 个相同咖啡杯肖似符号，每个符号稍有不同，杯中勺子按顺时针方向依次对应钟表上每个整点时间。11 个咖啡杯符号的重复首先起到对“喝咖啡”的强调作用，其次，重复的咖啡杯与变化的勺子符号还表达了一个连续性意义，即“每时每刻”的概念，最终表达“每时每刻雀巢咖啡在生活中都陪伴着您”的意义。如图 4. 11 所示，奔驰汽车的广告中，8 个女性胸部的符号环绕方形反复，首先在构图上形成和谐、稳定的构图美感，其实 8 个近似的胸部符号表达了该汽车拥有的气囊具体数目。如图 4. 12 所示，奥迪汽车的广告中，四个车轮的符号重复修辞的作用就不是强调，而是构成奥迪汽车的品牌标志以及对四轮驱动“四”的表达。广告视觉符号中重复修辞有时构成规则图形，有时构成不规则图形。图4.10、4.11、4.12都是规则的重复修辞。如图4.13所示，可口可乐广告对箭头的重复则相对来说较不规则。规则的重复往往表达某种相对固定的意义，如八气囊的八、四驱动的四。不规则的重复往往表达某种无法确切描述的感觉或状态。图4.13可口可乐中表达的意义是“生活中向上的感觉、状态、态度等”。

图4.10　雀巢咖啡广告

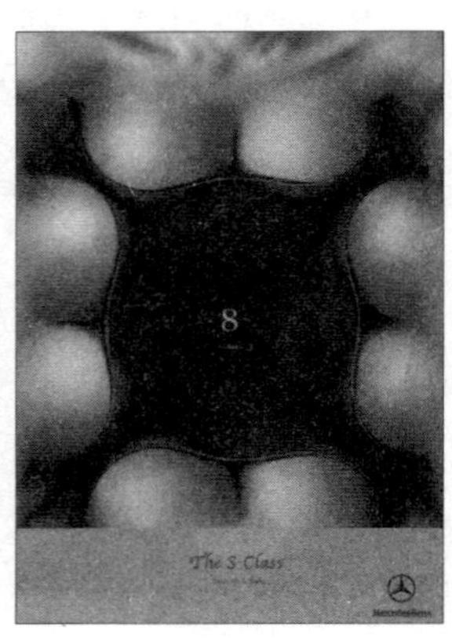

图4.11　奔驰汽车广告

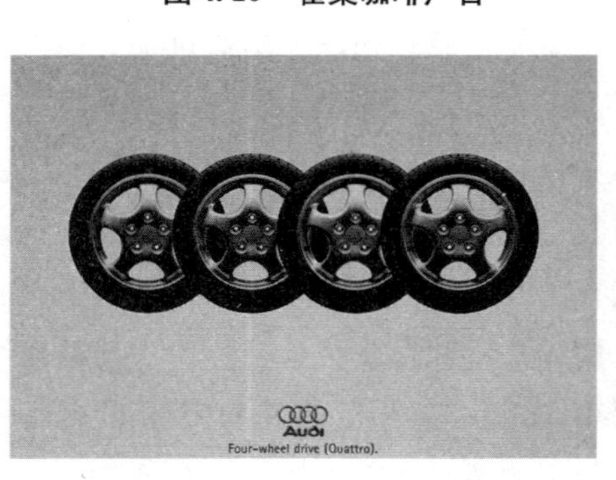

图4.12　奥迪汽车广告

图4.13　可口可乐广告

二、夸张

在语言符号中，夸张是强调夸大事物的某些特性，旨在将其突出的一种修辞法方法。说话上张皇夸大过于客观的事实处，名叫夸张辞。① 夸张修辞表达的语义往往处于量级的两端，是量级的最大可能值。② 广告商品有众多特点，但一则广告往往只能让受众真正记住其中之一。因此，广告文案的夸张修辞，常常借助想象把广告商品（品牌）的某一特点（最具销售力或品牌在某时段最需宣传的特点）进行夸大，突出地强调该特性，使受众对该特性产生更深印象。如某化妆品的广告文案“今年20，明年18”，从美容效果上进行夸张表达，表达化妆品让人越来越年轻的意义。在非语言符号中，夸张修辞也可以凸显广告商品（品牌）的某特点、功能。与此同时，夸张修辞中的符号能指，往往是违背日常生活中遇到的现象，能增强画面的新奇感，吸引受众对不同平常的画面的阅读兴趣。如图 4.14 所示，某刀具广告中的刀具都落在桌上，而不是插在架子上，以此凸显刀具及其锋利的特性。如图 4.15 所示，广告中狗的符号不同平常所见，全身被包扎起来，这首先在视觉上能吸引受众的关注，增强受众阅读的兴趣。通过语言文字符号与商品符号可轻易理解“猫粮能让猫充满力量，连狗都被打伤”的夸张意义。

图 4.14　某刀具广告

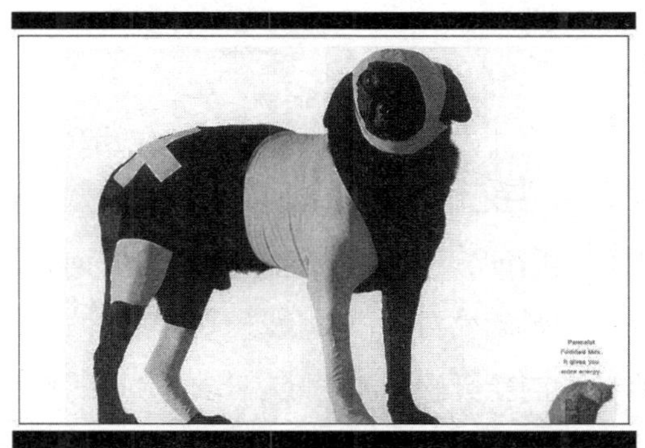

图 4.15　某猫粮广告

① 陈望道：《修辞学发凡》，复旦大学出版社 2008 年版，第 104 页。

② 布占廷：《夸张修辞的态度意义研究》，《当代修辞学》2010 年 04 期，第 54 页。

三、引用

在语言符号中，引用是极为常用的修辞方式。广告文案的引用修辞通过援引、借用成语典故、诗文名句、格言俗语、名人名言等现成的语言文字，凭借它们的生动性和普及性来达到使受众迅速接受的目的。广告中视觉符号的引用是通过直接借用现成的艺术作品、图形、图案、画面等，将受众对其熟悉度嫁接到广告和广告商品上的修辞方法。被引用对象在广告中的符号意义可能与原本意义截然不同。一般而言，广告对引用对象原本意义的转换是基于引用对象与广告商品（品牌）的某种附会的联系，这种联系并非必然的、客观的，而是广告符号编码者主观想象的产物。如图4.16所示，杜蕾斯广告的主要画面借用大众已经比较熟知的艺术经典。在该广告中对艺术经典的解释着重于用于遮掩性器官的树叶大小尺寸上。广告右下角的文案和杜蕾斯标志表达“杜蕾斯适合任何尺寸”的意义。

图4.16　杜蕾斯安全套广告

四、仿拟

在语言符号中，仿拟在人们熟知的成语典故、诗文名句、格言俗语等现成词句的基础上改变其中部分字词，创造出一种新的词句的修辞方法。仿拟与引用不同，是在引用基础上对引用对象进行再创作，既保持了引用对象的熟悉度，又产生修改后的新鲜感。相对于引用，仿拟的修辞，常能突破常规思维方法，常常出人意料，使广告妙趣横生。在非语言符号中，仿拟修辞也运用广泛。对课本中杜甫图像的仿拟，让杜甫很忙系列图片爆红整个互联网。杜甫符号与现代生活元素符号的结合，产生极具娱乐性、新奇性、幽默感的效果，引发网络上的戏仿狂欢，其背后的杜甫草堂也获得了前所未有的知名度。在很多硬广告的视觉符号中，这种仿拟非常普遍。如图4.17所示，广告将雅尔塔会议时的一张相片中添入几个性感女郎，用性感不羁的态度调侃严肃的历史，表达 DIESEL 牌牛仔的生活主张和态度。

图 4.17 DIESEL 牛仔服广告

五、双关

双关在语言符号中是指利用语音、语意条件，故意使一句话或一个词语有两种或两种以上不同含义的修辞方法。在广告语言符号中，它可以使广告含蓄、生动、幽默，给人以回味和想象的余地。双关有两种形式，一种是谐音双关，一种是寓意双关。无论是谐音还是寓意，其原理都是同一句子或词语在两个以上的意义系统中充当某种组成部分。双关修辞中，某句子或词语的意义有原意和派生意之分。如某灭蚊产品的广告“默默无蚊的奉献”，其中“默默无闻”是原意，“没有蚊子非常安静”是派生意。原意是词句形式已经约定俗成的意义或具有极强理据性的意义，派生意则是编码者根据需求将词句形式与广告产品相联系后产生的意义。在广告视觉符号中，双关是某视觉元素同时是两个完整图像或图形的构成部分的修辞方法。如图 4.18 所示，广告中树叶在原意系统中是树的图像符号的组成部分，在其派生意系统中是某女士体毛的一部分。以此，来凸显体毛可能带来的尴尬。Veet 产品和标志暗示，该品牌产品可以消除此类尴尬。

图 4.18 Veet 脱毛膏广告

六、比拟

比拟的修辞分为拟人和拟物两种。拟人就是把物当作人来描述，把人的感情、动作、状态和语言赋予被描写对象，增强广告的感染力。拟物是把人当物，或把此物当作彼物来写，借以深化感情，造成别致的意趣。比拟修辞方法，无论是把人比作物还是把物比作人，都能造成受众的认知冲突，创造出人意料的“奇观”，这对增加广告的关注度和记忆度都有很好的效果。广告的语言符号中，拟人的修辞通常是将常用于人的词语、句子用于物。如某轮胎的广告文案“任劳任怨，只要还剩一口气”中，任劳任怨常用来描述人的状态的词，被用于轮胎，让轮胎的形象跃然纸上。在广告的非语言符号中，拟人的修辞常在动作方面将人才有的举动用于物。如图 4.19 所示的公益广告中将鹿比作人，将人才会有的观看警示牌的动作赋予鹿，“请注意，有猛兽出没”的警示牌也相应换成“请注意，有人出没”，表现了人的存在对鹿的生存已经造成了莫

图 4.19 动物保护公益广告

大威胁。图4.20中把大猩猩比作人。人才有的阅读动作赋予大猩猩，并将人常用的广告语“好好学习，天天向上”改作“好好学习，天天自卫”。如图4.21所示Beka的广告中，运用拟物的修辞，将动物的动作赋予人，强调女人与雌性动物一样具有天生的母性，表达了Beka高质量睡眠系统对女性以及其孩子的深度了解。

图4.20　动物保护公益广告

图4.21　BEKA广告

七、对比

对比是广告常用的修辞之一，是将两个或两个以上的事物进行对照比较，突出其中某一事物的某一特质。如某企业广告语“百万的企业，毫厘的利润”中，企业规模与利润之间的对比，突出其产品优惠的特点。在广告中的对比通常有不同商品之间、同一商品不同部分之间、同一商品使用前后效果之间等内容的对比。此外，在视觉符号编码过程中，常通过色彩、动静、大小等设计元素来突出某一视觉元素。如图4.22所示的首饰广告，运用了商品使用前后的效果对比，来表达首饰让男人在女人眼中更帅的意义。如图 4. 23 所示的快递广告中，对比发生在两个竞争品牌间，通过竞争品牌也在使用自己品牌的服务，暗示自身品牌拥有的竞争优势。如图 4. 24 所示的卡车广告中，通过该品牌卡车车厢与其他部分的对比，夸张地突出其空间大的特点。图 4. 25 中，则运用色彩的对比将产品与周围其他元素区别开来，将受众注意力聚焦于产品上。

图 4. 22　某首饰广告

图 4. 23　快递公司广告

图 4. 24　某卡车广告

图 4. 25　某内衣广告

八、排比

在语言符号中，排比是指把三个或以上句式相同或相似、语气一致的句子或词组排列在一起，以表达同一范围、同一性质的含义的修辞方法。广告的语言符号中使用排比可以使语言顺畅、节奏明快，并且通过语言的铺排形成一种强大的气势。如挑逗的水、游戏的水、补充的水、冒险的水、成长的水、发现一瓶好水——黑松天霖水。“发现一瓶好水”之前出现了五种水，这五种水其实与黑松天霖水没有什么关联，但为黑松天霖水的亮相做了铺垫，让其出现在整个句子气势最高的地方。如果没有前面五种水的铺排，仅仅一句“发现一瓶好水——黑松天霖水”很难形成有冲击力的语气，无法让受众阅读时印象更深刻。在广告的非语言符号中，三个以上类似画面元素的排列的排比修辞，让整个画面更具冲击力。如图 4. 26 所示，飞利浦音响广告中，分别通过波浪、山峰、云朵元素的排列，表达音响强大的效果。此外在广告运动中所有的系列广告都可以看作是广告的排比修辞。系列广告以三组以上统一的主题、相似的画面构成更高一级的广告符号系统，形成更大的传播攻势。

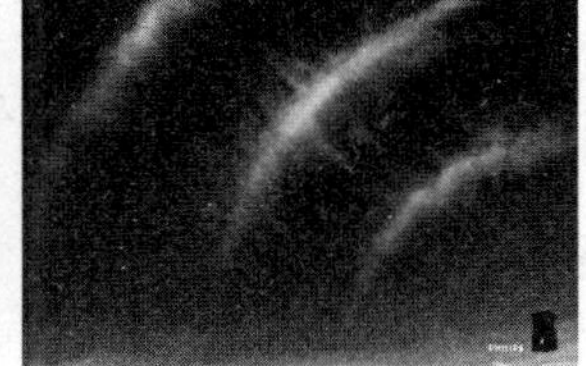

图 4. 26　飞利浦音响广告

第五章

从文本到文化：广告符号宏观意义生产

“文化”几乎是所有人文社会科学都广泛关注的概念。但对于“何为文化”的问题在国内外一直存在很大争议。雷蒙德·威廉姆斯指出，文化乃是“英语之中最复杂的两三个词语之一”。威廉姆斯对文化的定义非常宽泛，他认为文化是“一群人、一个时期或一个群体的某种特别的生活方式。”① 一般而言，文化可分为广义和狭义两种概念。广义的文化又称大文化，是指人类在社会发展过程中所创造的物质财富和精神财富的总和。狭义的文化又称小文化，排除了大文化中的物质部分，专指人类的精神财富，如宗教、信仰、思想、文艺、风俗、知识、制度等。

抛开文化概念的争议，笔者认为文化中涉及的因素有主体（某人、某群体）、客体（他者：他人与物）、主体知识、主体观念、主体行为、行为结果。在自然环境与社会环境中，主体对自身、客体及其关系的认知是文化形成的前提，其认知结果形成各种门类系统知识；主体知识决定了主体对自己和客体的评价与判断，并形成相应的价值观与惯常思维等主体观念，主体观念决定主体对自己和客体采取的行为，规范、制度、风俗习惯都是较长时期内群体的较为一致性的行为倾向；主体行为必然创造出一定的结果，如艺术、文学、劳动工具、生活用品等。当然主体、客体、主体知识、主体观念、主体行为、行为结果之间的关系并非单向线性的，六者彼此互相影响、互相作用，一种文化的形成是六者互动的结果。在这六个基本因素中，主体是文化创造者，同时文化也建构主体；主体观念是文化的核心，主体观念包含的价值观念、思维方式不仅是主体的精神组成部分，还决定了主体的行

① ［英］约翰·斯道雷：《文化理论与大众文化导论》，常江译，北京大学出版社 2010 年版，第 2 页。

为，主体观念是整个文化系统的内核，对其他因素具有统摄的作用。

本文研究对象并非文化的所有因素。从意义视角看，意义是对客观事物区分性特征的评价和判断，在文化构成要素中，只有主体观念最具有评价和判断的性质，能称之为意义。威廉姆斯也提出文化是“一种已被实现了的表意系统”。因此，要研究文化意义的产生应主要落脚于主体观念上。广告符号文化意义产生研究的主要课题：广告符号是怎样产生出具有群体性、社会性的主体观念的；广告符号生成哪些主体观念；广告符号生成主体观念的过程受到哪些显在、潜在因素的影响等。

第一节　从文本到文化

文本（国内也曾译为本文），英文为text，法文为texte，其词源来自拉丁文“texere”，指编织之义。在汉语中“文”是指鸟兽交错的爪印蹄痕，汉文字的笔画构成正体现这种“交错成文”的思维。英文中的“text”（编织）与汉语中“交错”含有同样的内涵，一是其交织的构成方式，二是其可拆解性。学者傅修延在其著作《文本学——文本主义文论系统研究》中指出：“不管是西方还是东方，‘文’或‘text’本身都寓含着一种‘拆解性’，文本学或文本理论的一部分基础就建立在这种‘可拆解性’上。”① 汉字的造字方法、笔画可以拆解，从中看出文字源头的图符和意义原型，英文的词根组合与前后缀也可以拆解出词源与原型。汉字、英文单词构成的句段、语篇由最小单位编织而成，也可拆解还原。文本是西方文艺理论的重要术语，指文字组成的实体。罗兰·巴特将文本称为“能指的织体”，在西方文艺理论中，文本与作品是有区别的，文本具有完整的表意系统，可能是一个句子、一个段落或者一个篇章。在视觉等非语言符号大行其道的时代，文本的概念更加泛化。在当代一般符号学研究中，本文超出了语言现象范围，它可以指任何时间或空间中存在的能指系统，于是就出现了“画面本文”“乐曲本文”“建筑体本文”“舞蹈本文”等概念，这种用法是为了表明这些非语言现象具

① 傅修延：《文本学——文本主义文论系统研究》，北京大学出版社2004年版，第1—2页。

有同语言本文类似的结构组织。在广告符号研究中，我们将具有完整表意系统的、广告语言符号与非语言符号组成的综合能指称为广告文本。

文化是人类生活要素的统称，包括衣食住行的物质文明，也包括信仰、文学艺术、价值观等精神文明。文化一词在汉语中自然与“文”有着天然的联系，其基础就是“交错成文”的文字系统。在文字基础上，还有教化之义。《易经》中是这样解释文化的：“刚柔交错，天文也；文明以止，人文也。观乎天文，以察时变，观乎人文，以化成天下。”教化就意味一种带有法则意味的意义系统，依靠约定俗成继而规束的方式形成某种群体信守的契约。文本是一种表达符号系统，文化则是更宏观的意义系统。所有的文化都建立在“文”的符号基础上。英文中“文化”能指是“culture”，有培植、养育之源意，其意与“教化”虽有差别，但都有“使之合格”之意。从此角度看，东西方文化的出发点是不同的，一个更重视个体的发展，一个更重视个体对群体的遵从。从另一个方面看，在“culture”中很难发现“text”的踪迹，很难像汉语一样从中看出文本与文化的显然的内在联系。尽管如此，当今的文化学都指出文本与文化之间密切的关系。

一、文本与文化的关系

文本与文化是具有密切联系的两个不同概念。这两个概念既具有很大差异，又有密不可分的关系。其区别体现在：其一，文本一定是具有可感知的形态，可以对人的感觉器官造成一定的刺激，文化中有因素是可感知的，有些风俗习惯、价值观、思想等不一定具有可感形式；其二，文本基本上都是微观，由一个符号或符号组构成，表达某一具体的意义，文化则是宏观的、包罗万象的，又是系统的；其三，文本相对来说是静态的，文本定格在其创造之始，一旦发生内容和形式的改变，文本则已经不能称为原来的文本，文化是动态的，文化具有很强的延续性，具有强大的排斥颠覆功能，但文化总是循序渐进地在系统内发生局部微小变化。

文本与文化的联系非常紧密。当下的文学批评倾向于将叙事文本的自律意义分析深入文本赖以生产的文化语境中来进行。① 文本最终的符号意义是

① 殷晓芳，张艳敏：《基于叙述符号学的叙事文本的文化意义分析》，《大连理工大学学报（社会科学版）》2006年03期，第86页。

对某事物的评价和判断，文化的内核也是如此。赵毅衡在 2012 年举办的“文化表述问题高峰论坛”上发言时提出文化的意义观：

> 关于“文化表述”，我的概念：文化是所有社会相关的意义活动的总集合，这是我从 80 年代开始形成的一个想法。全世界有几百个关于文化的定义，所以我这个定义没人理睬，但是，我自己理睬。为什么呢？我是做符号学（研究）的，符号学研究意义，符号学就是意义之学，那么文化是什么呢？文化是一个社会相关的表意活动的总集合。①

区分性特征的评价和判断，即意义，是文本与文化关系的中介。在具有共同意义的基础上，文本与文化具有互文性（intertextuality）。“互文性”又称“文本间性”“文本互涉”或“互本文性”……包括引用、继承、拓展、改写、取代乃至遮蔽、遗忘或断裂等复杂问题。② 互文性理论是当代西方后现代主义文化思潮中产生的一种文本理论。③ 所谓互文性关系可以从三个方面理解。

（一）文本是文化的表达形式

除了物质财富部分，文化中的知识、观念等精神财富都需要用语言或非语言符号来表达。没有这些符号构成的文本，文化就没有载体，无法传播、发展，甚至根本无法证明其存在。因此，文本作为文化的表达形式是不可或缺的。

（二）文本意义源自文化意义

“文本”已经不再局限于文字、文学，而已与广义的文化密不可分了。④ 任何文本的意义都不是编码者凭空想象出来的。编码者在创造文本时不可避免受到当时社会政治、经济、文化的影响。文化对社会群体中任何一员都具

---

① 赵毅衡：《文化表述与人类学研究本质追问》，《中国文学人类学研究会通讯》（电子版）2013 年总第 9 期，第 95 页。

② 叶舒宪，章米力，柳倩月编：《文化符号学：大小传统新视野》，陕西师范大学出版社 2013 年版，第 43 页。

③ 黄念然：《 当代西方文论中的互文性理论》，《外国文学研究》1999 年 01 期，第 15 页。

④ 李永毅：《 文字、文本与文化：解构主义的互文理论》，《兰州学刊》2007 年 02 期，第 160 页。

有思维形塑作用。文化潜移默化地将其评价和判断模式浸透到每一个身处其语境的个体思维中。文化拥有的这种强大的意识形态功能，让个体很难免疫。编码者的创作在显意识里可能会追求符合文化潮流的文本来减少风险，在潜意识里，编码者在不自觉中已经为文化代言。正如朱丽娅·克里斯蒂娃在其著作《符号学》中指出："任何作品的本文都像许多行文的镶嵌品那样构成的，任何本文都是其他本文的吸收和转化。"① 文本是文化的表达形式，文字、语言、图像等符号以及文学、艺术等综合符号都是文化的载体。文本中生成的意义很大部分来源于文化的内核——主体观念。

（三）文本改变、形成新文化

当然，并非所有文本一成不变地忠诚地表达文化。如果文本永远只是表达文化，那么文化如何得到新的发展？文本的内容和形式本身就可以构成文化的一部分。更重要的是文本对文化意义的有限改变能创造新的意义，新的意义在文化系统有可能引起系统中局部的变化产生新的文化。这种改造是在引用、继承基础上的拓展、改写、取代乃至遮蔽、遗忘或断裂。

二、广告文本形成文化的过程

从文本形成文化是一个复杂的过程。并非所有的文本最后都能在文化系统中引起足够的变化进而产生新的文化内容。文化是顽固的，革命性的改变很难在文化领域发生。一般而言，不和谐文本大多半被文化屏蔽或者收编，文化通过部分的改变将有新意义的文本纳入其系统中。广告文本普遍存在与文化互文的现象。② 在整个社会文化系统当中，广告的意义更可能是被建构在各种社会权力、利益体制相互纠缠的过程中。③ 产生新意义的文本只有通过规模化生产、更猛烈的抗争才能对文化产生更大冲击，改变甚至逆转文化中某一方面的评价和判断。文本形成文化，可以细分下列几个过程。

（一）文化意识形态植入文本过程

在广告文本形成文化的过程中，无论是从正面、侧面还是反面，广告文

---

① 朱立元：《现代西方美学史》，上海文艺出版社1993年版，第947页。

② 焦树民，王佳：《论广告文本文化互文》，《今传媒》2011年07期，第58页。

③ 刘泓：《广告传播的意义系统结构》，《福建师范大学学报》（哲学社会科学版）2009年02期，第142页。

本首先必然体现、表达了先前和当前的文化，文本在很多时候也迎合意识形态。广告文本的“外延”意义经过加速换挡指涉更深层次的“内涵”意义。文本的“内涵”意义往往就是有利于统治阶级的某种虚假意识，即意识形态。广告意识形态的虚假性与神话的作用机制非常类似，广告神话机制是广告文本隐含地表达文化的关键。

（二）文本对文化的偏离

文本对文化有时会进行有意无意的偏离、误读甚至是颠覆。编码者对文化有意的调整、谐谑、对抗心态等都可能改变文化中本来的意义系统。在广告传播过程中，编码者热衷于标新立异来与其他信息争夺有限的注意力，需要产生偏离惯常的意义来赢得消费者的认同。广告文本对文化常常在整体遵从的基础上，有意地进行技术性偏离。如某商场的广告“先天下之优而优”就是对原文化中“替天下苍生担忧”文人胸怀的有意调整。诸如“走自己的路，让别人无路可走”更是对原文化的戏谑。在社会政治、经济发生巨大变化时，文化自身也会出现局部巨变。广告常能敏感地捕捉到文化潮流，推导新文化对传统文化的革新。某钟表广告“不在乎天长地久，只在乎曾经拥有”则是对中国传统文化“从一而终”的完全颠覆。当文本生成不同先前文化的意义时，就会引起文化上的冲突，这种冲突在整个文化系统中可能引起先前文化的变化，形成新的文化，也可能因为文化冲突过于激烈导致新的意义被传统文化屏蔽。

（三）文本的规模化工业生产

单个广告文本不足以对文化产生影响。文化是一个群体的共同生活方式，要改变一群人的价值观、行为习惯等文化核心要素，广告文本必须要影响很大数量的群体。大众媒体的发达，让广告对受众的影响变得快速而巨大。大众媒体以工业生产机制大量复制广告文本，让广告无孔不入。在利润驱动下，广告文本意义的高速、大量繁殖，对其所处的文化生态产生巨大影响，不是增强了先前文化和当前文化，或是为先前文化和当前文化发展了新的形式与内容，就是颠覆原有文化，创造新的未来文化。

（四）广告文本对受众的操控及群体价值观的建构

广告文本形成文化的先决条件是广告文本能影响一定数量的受众。对于广告等大众媒体对受众的效果影响，众说纷纭。从子弹论等强大效果论到有限效果论再到涵化等强大效果论，对大众媒体强大效果的认知经历了从必然显在到潜移默化的过程，但最终传播学界大多学者都认同大众媒体对受众强大的影响。广告作为一种特殊的大众传播形态，其造梦机制生成的幻象世界应合了受众意识和潜意识中的欲望，让其在欲望满足中麻痹，从而实现广告文本的心智操控，随之而来的是文化霸权的确立。

第二节　广告符号中的意识形态

一、意识形态主要理论

意识形态是文化研究中最为重要的概念之一。一直是现代哲学社会科学研究的主题。[①] 意识形态的含义同文化一样颇有争议。按照字面理解，意识形态可以指“为某一特定人群所接合的观念系统”。[②] 从文化批判的角度看，意识形态最初的含义来自马克思主义理论系统，指“一种虚假的意识”。西方马克思主义葛兰西学者的文化霸权理论、阿尔都塞的意识形态实践理论与法国结构主义学者罗兰·巴特的神话理论都与“虚假意识”有密切关系。葛兰西的霸权理论指出了资本主义社会中统治阶级通过取得文化领导权获得、维持其群体利益的过程；阿尔都塞的意识形态理论则主要揭示被统治阶级受意识形态控制的内在机制；罗兰·巴特的神话理论则洞悉大众文化各种形态中意识形态运作的意指过程。总而言之，意识形态是一种违背真相、掩饰事实，为特定群体利益服务的意识。

（一）马克思主义的意识形态理论

马克思主义意识形态理论是基于“经济基础”决定“上层建筑”的核心思想，文化作为“上层建筑”必然反映了当时社会生产力以及各阶级之间形成的生产关系。统治阶级在经济基础上，掌握着物质生产的权力，必然也控制文化意义的生产。也就是，文化意义的生产总是为统治阶级服务的，代表统治阶级利益的。当然文化上层建筑对经济基础也有反作用，文化意义生产

---

① 卢安宁：《现代广告的意识形态批判解读》，《理论界》2008 年 07 期，第 163 页。

② ［英］约翰·斯道雷：《文化理论与大众文化导论》，常江译，北京大学出版社 2010 年版，第 3 页。

过程中伴随着被统治阶级的抗争，文化中的阶级冲突对经济基础中的生产关系也施加影响。在文化生产过程中，统治阶级为了掩盖压迫和剥削本质，通常会将本阶级利益看起来代表整个社会的共同利益。为此，文化中常隐藏具有欺骗的、掩饰真相的、虚假的意识。因此，马克思将意识形态视为“虚假意识”，是一种想象的拼合物，是空幻误用的梦想，这种虚假意识的功能是掩饰阶级社会中压迫与被压迫、剥削与被剥削关系，其目的是维护统治阶级的利益。意识形态的掩饰让统治者看起来并没有奴役和剥削被统治者，具有很强的欺骗性；还让被统治者自己也意识不到被压迫剥削的真相。

（二）葛兰西的文化霸权理论

文化霸权（cultural hegemony），即文化领导权，是西方马克思主义者葛兰西最重要的学术贡献。葛兰西认为西方资本主义社会已经不再通过军队和监狱等暴力机构进行压制式统治，而是通过政党、工会、学校、教会、媒体等市民社会进行“领导”。与之前的阶级统治不同，资本主义社会的统治是经过被统治阶级“同意”的，在争取领导“权”的过程中，双方经过谈判和协商，达成某种“共识”。在文化霸权过程中，充满“反抗”和“吸收”，最终形成动态的和谐平衡状态。西方文化在现代广告的表现中取得了合理的地位，而这种合理化表现的意识形态正是通过霸权的方式来实现的。① 在文化霸权过程中，某个社会群体想方设法将自己的特定利益展示为整个社会的整体利益。② 通过这种伪装术，权力阶级取得统治的合法权。

（三）阿尔都塞的意识形态理论

阿尔都塞是较早在西方马克思主义内部明确使用意识形态范畴的。③ 阿尔都塞作为西方马克思主义者出于“保卫马克思主义”对马克思主义在西方国家的失败提出辩解，他对意识形态概念进行了全方位的挖掘。④ 阿尔都塞认为意识形态国家机器和以暴力镇压为手段的政府、行政机关、军队、警

---

① 曹瑞刚：《批判理论视角下的广告意识形态分析》，《东南传播》2010 年 05 期，第 14 页。

② ［英］约翰·斯道雷：《文化理论与大众文化导论》，常江译，北京大学出版社 2010 年版，第 98 页。

③ 张一兵：《意识形态：永存的想象之境——阿尔都塞的意识形态理论评析》，《学术研究》2002 年 12 期，第 54 页。

④ ［英］约翰·斯道雷：《文化理论与大众文化导论》，常江译，北京大学出版社 2010 年版，第 87 页。

察、监狱等国家机器不一样。宗教、教育、家庭、传播、文化等意识形态国家机器运用意识形态功能达到资本主义剥削关系的再生产。阿尔都塞将意识形态定义为个人与其实在生存条件的想象关系的“表述”。这种“表述”是一种想象性的不符合事实的幻觉或暗示。意识形态是一种“表象”。[1] 统治阶级通过对实在生存条件进行想象性置换，编造美丽的神话或谎言，来统治人们的想象力，实现对被统治者的奴役和剥削。在想象性关系中统治与被统治的原因被歪曲。阿尔都塞还认为意识形态具有物质性，意识的观念嵌入各种仪式、行为等物质实践中。所有的实践都借助意识形态并存在于意识形态中。阿尔都塞另一个重要的观点是意识形态将个人询唤为主体。个人的主体性掩盖了被奴役、压迫的事实，甘愿成为意识形态对象。

（四）罗兰·巴特的神话理论

结构主义学者罗兰·巴特的神话学旨在揭穿大众文化将历史伪装成自然的把戏。罗兰·巴特指出大众文化和神话机制十分类似，肥皂粉、玩具、牛排、旅游等都是“虚假的显象”，其内涵潜藏着统治阶层的意识形态。罗兰·巴特解读大众文化意指过程运用结构主义符号学方法。罗兰·巴特将符号意义分为外延和内涵两种。外延意义产生于初级意指系统，即能指 + 所指 = 符号 = 外延，而内涵产生于第二意指系统，在第二意指系统中，初级意指系统的外延充当了能指。罗兰·巴特认为在肥皂剧、广告等大众文化中，几乎没有纯粹的、只有初级意指系统的符号，每个简单的文化符号背后几乎都有意识形态的内涵意义。

二、广告符号的意识形态作用机制

意识形态是一种虚假意识，隐藏地植入大众文化中。广告是大众传播中极具影响力的形态，是构成大众文化的重要部分，广告符号文本生成的也是一种“虚假意识”，广告符号构造的世界是符号幻象世界，呈现受众与客观真实世界的想象关系。当广告文本生成的“虚假意识”被工业化生产大规模复制时，这种虚假意识就成了具有强大文化建构力的意识形态，为社会统治阶级代言，协助其对社会进行控制和管理。

---

① 朱晓慧：《哲学是革命的武器——阿尔都塞意识形态理论研究》，学林出版社 2007 年版，第 167 页。

（一）虚假论证制造的虚假意识

1. 绝对断言

很多广告的主要目标是建立一套观念系统。通过向目标消费群传导这种观念系统，进而产生相应的行为。这一类态度广告所宣扬的思想并不具备、也不追求社会普遍性，更不能洞悉世界普遍真理。广告中的观念系统通常是对某一群体具有吸引力的个性化的观点，通过取得与某一群里的共鸣赢得其购买选择。广告中观念具有很强销售倾向或隐藏着很强的销售倾向。广告中的绝对断言用符号学视角去看就是符号组合而成的命题，没有真值或其值为“假”。很多广告中宣扬某种态度，是通过绝对断言或简单判定的方式实现的，几乎是不容辩解的，也几乎不会给消费者任何其他选择项。受众对待消费物的态度大多也不会动用严密的推理思维去判断其性价比，对于很多低卷入度商品广告更是不会对其合理性做过多考量，即使对高卷入度商品也是多采用比较、寻找现有消费经验等方式进行选择，对其广告的合理性也不会深究。广告的逻辑性已经随着广告这个词本身被自然地忽略，薄弱的理据性成为广告的天然特征。正如鲍德里亚所言，广告并没有欺骗我们：它是超越真和伪的。① 因此绝对断言的广告虽然十分无理，但似乎并未因此而遭到反感。按其具体内容通常可分自夸断言、排他断言、说理断言、选择断言等类型。

（1）自夸断言

丰田汽车曾经的广告语是“车到山前必有路，有路必有丰田车”。“车到山前必有路”是中国的一句谚语，谚语本身并不追求严谨的逻辑和依据，只是表达了一种期待的情感，如果将其看成是一个命题，“车到山前必有路”的值为“假”。“有路必有丰田车”则完全是一句没有任何依据的“绝对断言”，极力标榜自身品牌产品的普及度。这句广告语在逻辑上没有任何合理性，广告语言文字符号的所指是“虚假的”，其观念系统是“虚假的意识”。当然丰田车并没有掩饰其观念的虚假性，没有坚称其绝对真实性，而是通过这句广告词，逐渐让受众产生“丰田车比其他品牌车更普及，更多能驾驶丰田车”的认知，树立丰田品牌的竞争优势。

---

① ［法］让·鲍德里亚：《消费社会》，刘成富，全志钢译，南京大学出版社 2014 年版，第 118 页。

(2) 排他断言

脑白金的广告语“今年过年不收礼，收礼只收脑白金”也通过绝对断言得出毫无理据的结论。“不…只”的符号组合关系，表达了强烈的排他性选择意义。毋庸置疑，从逻辑上看，该广告不具备任何合理性。

(3) 说理断言

台湾一则标题为“存在与反存在”的广告正文如下：

手为了袖子而存在；
脚为了鞋子而存在；
空间为了家具而存在；
身体为了衣服而存在。
三日不购衣便觉面目可憎，
三日不购物便觉灵魂可憎。

该广告中所示的“理”，完全是没有论证过程的自说自话。“手为了袖子而存在”从逻辑上可以说是“一派胡言”，但作为广告不失为一种能产生巨大能力的“语言奇观”，其逆反思维与常识之间的反差，使其在众多广告中轻易地“脱颖而出”。“三日不购衣便觉面目可憎，三日不购物便觉灵魂可憎”从逻辑上也强词夺理，但从广告角度对刺激那些爱好购物者的消费欲却是“经典之论”。这种类型的广告断言有时能引起部分目标群体的共鸣，有时是为了树立特立独行的品牌个性，最终目的都是为了特定人群消费其产品。

(4) 选择断言

哈根达斯冰激凌的广告语“如果你爱她，就请她吃哈根达斯”是典型的选择断言。从逻辑命题视角看“如果你爱她，就请她吃哈根达斯”可以推导出“如果不请她吃哈根达斯，你就不爱她”。很显然，这是一种值为“假”的命题。广告的选择断言在一定程度上带有“强迫选择”的意味，哈根达斯的这句广告语对于恋爱中的男士来说显然就是一种强迫。当然这种以爱情为主题的“温柔的”强迫并未让消费者厌烦，反而会与恋爱中女士的撒娇遥相呼应。但如果这种断言用在其他领域，很可能引起消费者的反感，导致品牌价值的下降。

2. 无因果想象性推论

广告符号最终的意义一般都倾向于形成“某品牌是好的”的结论。在日常生活中得出结论一般是需要有论证过程才能让人信服的，但很多广告得出某种结论缺少论证过程。广告中视觉符号只能表达与广告商品（品牌）关系的可能性，其能指是漂移的，广告中语言文字符号将漂移的能指锚定。广告尾题将锚定后的符号意义牵引至广告中的商品（品牌）。广告语言符号锚定形成的结论是无因果的推测，广告尾题的意义牵引形成的结论是由于版面（画面）空间（时间）接近形成的无因果关联性推测。如图5.1所示，广告符号表现的是一个小朋友面露不愉快的表情，另两个小朋友在一起手拉手非常开心。该广告符号组合的能指是不确定的，可能是嫉妒，可能发生过争吵，也可能是其他很多原因。语言符号“成长难免有创伤”是广告符号组合众多可能能指中的一个，但为什么一定就表达了“成长难免有创伤”的意义是没有逻辑、因果的，完全是编码者依照既定企图锚定的结论，受众没有更充分选择理解权。广告右下角邦迪的品牌是作为尾题功能出现的，其功能是引导整个广告符号的能指指向“邦迪弥合创伤”的结论。在牵引过程中，有两个意义转向过程。其一是“成长难免有创伤”转向“创可贴可以弥合创伤”，但实际上创可贴只能弥合皮肤表层的创伤，该过程借两种“创伤”在聚合段上关系，用隐喻的方式将创可贴的功能泛化。在此过程中，实现意义转向没有因果依据，只是一种隐喻。其二是“创可贴可以弥合创伤”确定为“邦迪牌创可贴可以弥合创伤”，该结论是编码者一方下的结论，没有经过任何同意和因果论证的结论。

图5.1　邦迪创可贴广告

如图5.2所示的广告符号显示的是一整个大蒜与几个蒜瓣，如果没有语言文字符号，这种视觉符号的能指很难确定。广告文案“下岗……找到适合的土壤，生命就会焕发新的光彩”对大蒜符号进行锚定，这样的锚定完全基于比喻性修辞，下岗职工比喻成离开蒜整体的蒜瓣，下岗职工的未来比喻成蒜在土壤里的生机，整个广告得出结论“下岗后依然可以获得更好生活”。很显然这种结论的得出只是依靠比喻修辞实现受众与未来生活方式的“想象关系”。

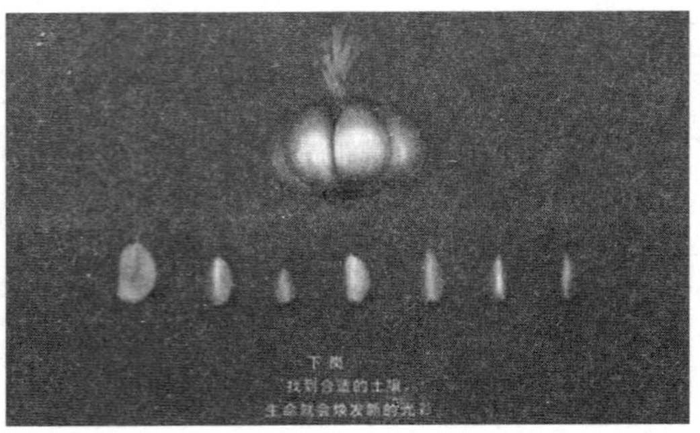

图 5.2　下岗再就业公益广告

3. 虚拟证人

（1）偶像效应

广告中常用的虚拟证人是各行业专家、知名度高的明星。专家与明星在社会中拥有更高的权威性和示范性，受众对他们的信任度远远高于普通人，因此，把专家与明星作为广告代言人创造“他们也用某某产品”或“他们也认为某产品很好”的意义。广告的偶像制造了“媒介迷”。“迷”本身就意味着一种非理性的麻木亢奋心理状态，受到有明显宣传意图的传媒的鼓动和刺激。① 如图 5.3 所示，广告符号制造的幻象是全智贤使用潘婷而拥有光泽诱人的秀发，受众在下意识里会受到幻象诱惑而购买该品牌。

图 5.3　潘婷洗发水广告

（2）平民效应

有时广告也常用在收入、教育、社会地位等方面与目标受众相近的代言人为广告商品（品牌）旁证。与目标受众更接近代言人可以使广告内容看起来更真实，其目的与用专家明星一样，都是为了增加广告可信度，增加广告对目标受众的说服力。

4. 特殊事实

广告在说服受众过程中，经常用“事实”来证明其可信度，建立貌似真

---

① ［英］丹尼斯·麦奎尔：《受众分析》，刘燕南，李颖，杨振荣译，中国人民大学出版社 2006 年版，第 149 页。

实的世界。但广告中的“事实”往往可能只是一个低概率的特殊情况，特殊事实在广告中被普遍化，让受众将虚拟的广告世界误认为是真实世界，从而劝诱受众购买广告中的商品。人们通过对一些真实线条和要素进行组合而“制造”出某种范例，人们令它们“推演”某个事件、某个结构或某种将要来临的局势，并从中得出某些策略性的结论并依据这些结论来对现实进行操作。① 如下文是一篇《从杀死米洛舍维奇的凶手说起》的软文中的一段：

> 2006年3月11日，前南联盟总统米洛舍维奇在荷兰海牙监狱中死亡，终年64岁。关于这位“巴尔干不死鸟”的死亡之谜，众说纷纭。有人说是“自杀”，有人说是“谋杀”，有人说是“中毒”死亡。而法庭方面认为米氏死亡属正常，初步尸检确定为心肌梗死导致。

广告为了说明心脑血管疾病在老年人中的普遍和严重后果，借用了米洛舍维奇之死的事实。但米洛舍维奇的死是特殊事件，无法从中就推导出对所有老年人都适用的道理，对老年人来说需要防范的疾病很多，并不独有心脑血管疾病，但该广告试图通过名人之死特殊事实的普遍化，夸大事实的严重性，制造新的幻象。

图 5.4 某口腔医院广告

有时，广告中“事实”也是编码者捏造出来的，其编码的方式更加接近“写实”的风格，让受众很难分辨出其虚假性。如图 5.4 所示的软文中，制造的龅牙妹修正牙齿成功变美“事实”，是很多医药广告常用的增加说服力的方法。广告中用了标注实名、实际单位以及“现场见证”等一系列写实风格的语言符号，让整个广告看起来很像是“事实”，但实际上，这类广告

① ［法］让·鲍德里亚：《消费社会》，刘成富，全志钢译，南京大学出版社 2014 年版，第 117 页。

中很多事实都是“编造”的，广告中呈现的只能是一种符号幻象。

广告中事实有时与产品的关联并不很强，但被编码者编造出并不存在的联系，来佐证广告的正确性。如图5.5所示吴王夫差在会稽山放过越王勾践，没有将其置于死地导致后来反被越国打败；图5.6所示三国时曹操没有在最有利的时候将刘备置于死地导致后来的赤壁惨败。这两件事被抽离了当时的政治背景简单地归结为“不下手”，而“下手”正是在房地产买卖过程中常用的一句现代语言符号，意为“采取购买行为”，于是两个历史事件与不购买房屋产生了关联，被用于说服过程中。

图5.5　某房地产项目广告

图5.6　某房地产项目广告

三、广告符号与消费主义意识形态

在当代社会，最重要的意识形态是消费主义。19世纪中后期，资本主义国家生产能力得到快速提高。生产出的丰富商品在提高人们生活水准的同时，也满足了资本家的利益。占统治地位的资产阶级与被统治阶级的自身利益都能在生产—消费循环过程中得到保障。因此，生产和消费的平衡成为维护资本主义社会统治的关键。20世纪以后，资本主义国家生产能力超越了民众的购买力。生产与消费的失衡，不仅让资本家的利润减少，更让整个资本主义社会产生危机。在资本家不愿减少生产的情况下，只有民众加大消费力度，才能更好地缓解危机。于是消费成为资本主义社会的“解药”，消费成为资产阶级统治合理性的基本保障，资本主义国家机器不遗余力地鼓吹消费。资本主义国家开始从工业社会进入后工业社会——消费社会。消费主义逐渐成为代表资产阶级利益的意识形态根植于大众文化中。它是来自资本主义意识形态的一个基本教义，指缺乏批评意识地沉溺于消费，把物质的占有和消耗当成美好生活和人生目的的价值观念及其在这种价值观指导下的生活方式。① 一旦消费主义成为一种重要的意识形态，民众在其麻醉之下，也接受其询唤，身体力行地为其“服务”。人们不加抵制地接受媒体广告创造出的消费意象，无节制地追求享乐，把消费作为人生梦想实现的手段，严肃的、神圣的主题被丢弃，通俗的、大众的、肤浅的文化产品大受欢迎。② 消费社会鼓吹的“消费”不再是因有用才进行的消费，而是即使没有使用价值依然还需要的消费，只有这样才能让消费化解过度生产的过剩商品。所以，在消费主义倡导的价值观里，物的消费演变为符号的消费，对物的使用价值消费变成对符号象征意义的消费。马克思提出的商品拜物教也演变为符号拜物教。现代广告究竟在多大程度上助长了“消费至上”的观念，是一个具有很强的现实意义的问题。③ 广告是大众传播中以销售为目的的传播活动，广告与生俱来的企图就是促进消费，可以说广告中充斥着消费主义意识形态，也可以说消费主义意识形态的主要阵地便是广告。鲍德里亚在《消费社会》中指出：广告也许是我们时代最出色的大众媒介……它就这样伪造了一种消费总体性。④ 杰哈利也指出：“广告以及广告所提供的意义，也是资本主义能够得以稳定的不可或缺的支柱。”⑤ 广告极尽所能制造消费意义的方法有直接诉求也有间接诉求。直接消费主张的广告不遗余力地告诉消费者“你可以消费”“你应该消费”“你必须消费”；间接诉求的广告则通过其他手段迂回地实现让受众“自然接受消费”。消费者在消费同时身体受到文化的规训。消

---

① 方立峰：《对消费社会的文化剖析与价值评价——从商品拜物教到符号拜物教》，《西北大学学报（哲学社会科学版）》2011 年 04 期，第 25 页。

② 谢昌飞，韩秋红：《语言与意义的类之别——维特根斯坦可说与不可说的类逻辑》，《东北师范大学学报（哲学社会科学版）》2012 年 02 期，第 25 页。

③ 庞燕，代雅静：《消费主义倾向在广告中的真实表达——以〈广告新地带〉为例》，《新闻爱好者》2007 年 09 期（下），第 68 页。

④ ［法］让·鲍德里亚：《消费社会》，刘成富，全志钢译，南京大学出版社 2014 年版，第 116 页。

⑤ ［美］苏特·杰哈利：《广告符码》，马姗姗译，中国人民大学出版社 2004 年版，第 219 页。

费既是一种进行消费规训的价值体系，也是一种面向消费的社会驯化模式。①

（一）直接消费主张

广告与其他大众传媒形态不同的是，在很多情形下广告并不掩饰制造消费意义的功能。消费作为广告的显功能已经为整个社会所认知。在很多其他大众传媒符号内容中消费主义意识形态是隐藏的，但在很多广告符号中却很明显。毫不掩饰地宣扬消费主张的广告，直接伪造各种消费理由，用声势浩大的攻势让整个社会处处充满消费影像、声响。社会成员在欲望驱动和强大信息攻势前失去抵抗能力，被卷入消费旋涡，被认为人生幸福取决于消费。

在消费意识形态制造过程中，必然制造出各种“需求”。需求是消费的基础，受众没有需求就不可能产生消费行为。无论是理性的还是冲动的，都不存在没有需求支撑的任何消费行为。从普通心理学角度看，需求也是人所有心理活动、行为的基础。需求是有机体生存和发展过程中对某事物表现出的缺乏，这种缺乏会导致人的紧张感并威胁生命的存在。因此，人为了生存和发展必然会采取必要心理活动和行为来满足需求，从这点意义上说，需求是人的内在驱动力，更是与需求满足有直接关系的消费行为的必要内在动力。人的需求总是由低级向高级发展的。马斯洛提出需求层次理论，将需求分为生理需求、安全需求、爱和归属需求、受尊重的需求、自我实现需求五大层次，每一个层次对应不同消费选择倾向。一般而言，生理需求对应的消费更注重商品的使用价值，而更高层次的受尊重需求对应的消费更追求商品的象征价值，这时的消费是一种符号消费，商品的所指被抛弃，人们直接消费符号的表达面。广告符号制造需求的直接方法很多，从强度上可以将之分为“可以消费”式、“应该消费”式、“必须该消费”式。从“可以”到“必须”，广告生产意识形态的功能越大。

1.“可以消费”式

“可以消费”式的广告并不强行灌输消费观念，而是通过消费利益的展示来诱惑受众采取购买行为。广告中通过展示产品利益点来激起受众的潜在需求或通过展示利益点让受众相信通过消费可以让显在需求得到更好的满足。如“人头马一开，好事自然来”和“学琴的孩子不会变坏”，广告语中

---

① 赵方杜：《消费主义：一种新的身体规训》，《华东理工大学学报（社会科学版）》2011年03期，第3页。

没有宣扬与消费直接有关的观念，只是展示了消费产品代理的利益点“好事自然来”和“不会变坏”，通过利益点的展示吸引受众“自愿”消费。广告中诱惑消费者欲望的利益点并非完全符合事实，常被广告编码者进行夸张放大。夸张后的利益点激发的需求实质上是一种虚假需求。如下文是标题为“他本来只想买洗衣机不小心买了一家洗衣店”的广告正文。该广告展示了“安心看连续剧、逛街、睡美容觉，让生活更自由”等利益点，这些利益点被比喻的修辞进行放大成为“一家洗衣店”。

> 媲美专业洗衣店的洗衣品质，
> Toshiba 洗脱烘三合一洗衣机，
> 在 Toshiba 洗脱烘三合一洗衣机出现之前，
> 大家以为世界上的洗衣机都差不多，
> 没想到有的洗衣机不只洗衣服还能让生活更自由。
> 例如：
> 只要把脏衣服丢进洗衣机后，
> 就能安心看连续剧或逛街，
> 因为省去晾衣的麻烦。
> 早上多睡半个小时美容觉，
> 因为洗完的衣服不会皱巴巴，
> 不烫也很美观。
> 当然了！
> 人都好逸恶劳，
> 自己不想做的事最好别人都帮你代劳，
> 因为这样原本只想买个洗衣机，
> 却买了一家洗衣品质媲美洗衣店，
> 只要把脏衣服丢进去就能独立自主洗脱烘三合一的 Toshiba 洗衣机。

如图 5.7 所示，广告语言符号中出现的“金铺、先买先赚”等都是利益点的展示。在广告视觉中的金元宝、钱币、金条等图像符号，非常直接地显示出购买商铺后的利益点，激发受众获得经济回报的需求。

2. “应该消费”式

与“可以消费”式不同，“应该消费”式广告不注重展示广告商品（品牌）的利益点，而是直接建议目标受众采取某种购买行为。虽然这种建议没有强迫的意图，但广告中会带有强烈的倾向：只有这样消费才是正确的。如标题为“美好的生活就是最温柔的报复”的广告正文所写：

图 5.7　某商业地产楼盘广告

你应该穿上最漂亮的衣服去散步遛狗，
让街道上迫害视觉神经的建筑物丢脸；
你应该用最奢华的骨瓷餐盘吃荷包蛋，
让所有使用保丽龙餐具的餐厅有经济危机；
你应该用鹦鹉螺音响听小奏鸣曲，
让制造装潢噪音的坏邻居觉得魔音穿脑；
你应该学会做普罗旺斯香草料理，
让背叛的情人只能以泡面当夜宵；
你应该在晚餐之后朗诵现代诗帮助消化，
让八点档 CALL IN 节目收视率大幅滑落；
你应该隔周换戴不同设计师的墨镜，
让对方的意识形态显得盲目；
你应该花三个钟头泡东方药草浴，
让城市中的二氧化碳指数下降；
你应该阅读《楚辞·九歌》中的巫仪，
让以为看哈利波特就不会变成麻瓜的人变成麻瓜；
你应该到五星级饭店叫江浙外烩，
让不懂餐桌礼仪的服务生没有小费可拿；
你应该用法文录电话答录机，
让假日找你加班的主管当场哑口无言；
你应该把写满报复拥核人士和前男友的日记本资源回收，
让亚马孙云林继续茂盛葱郁；

尽管用美学将生活经营成全面性的温柔报复工具，
打击安歇曾经逼迫你内在的外在的丑恶。

广告语言符号表达了“世界并不美好，但我们不应该在丑恶中沉沦，而是要将生活经营得极其美好来让丑恶相形见绌”的意义，而让生活极其美好的方法是消费。这支百货公司广告建议主张的目的性很强，就是鼓励奢侈消费。很显然这种建议并没有合理性：首先使用最漂亮的衣服、最奢华的骨瓷餐盘、鹦鹉螺音响、普罗旺斯香草料理等奢侈商品与美学生活并没有多少关系，其次用自己美好生活来报复世界的丑恶，也没有任何社会共识。因此广告中的主张建议往往产生的也是虚假的需求和可能没有使用价值的消费。

3. “必须消费”式

“必须消费”式广告在观念灌输强度上高于“可以消费”式和“应该消费”式，主张只有通过消费才能维持正常的生活，才能保持一定的身份和地位。广告的强势主张让受众有“不消费不行”“不得不消费”的感受。当然，“必须消费”式广告宣扬的消费一般都不是必需的，广告中推行的观念是一种虚假意识，广告所引起的消费很多都是超越或者欺骗了实际的需求。“必须消费”式广告有两个常用的方法：恐惧诉求、角色预设。

（1）恐惧诉求（Fear appeals）

用威胁或使受众恐惧的方式达成说服受众的目的，是大众传播的一种常见方式。恐惧诉求就是利用人对其生存和发展造成威胁的事物的惧怕心理和躲避行为倾向，用可能发生的可怕后果，让受众处于非平衡的紧张状态。广告会提示目标受众，只有接受某种商品或服务才能缓解或消除这种紧张感。在消除紧张状态过程中产生对产品的需求，是恐惧诉求制造消费的作用机制。罗杰斯在保护动机理论（PMT：protection motivation theory）中指出恐惧诉求效果取决于事件危害程度、危害可能发生概率、应对建议的有效性。恐惧诉求广告至少会在这三种要素中选择其一对受众进行说服。如保德信保险的广告文案中描述了真实空难的可怕后果：524 位乘客，只有 4 人生还。这则广告在事件危害程度（死亡作为危害的最高程度）、危害可能发生概率（520 死亡的危害高发生率）两个方面具有很强的恐吓力。至于应对建议的有效性在文案中没有体现，更多用品牌的温情来模糊应对措施的选择理性。

“日航123次航班波音747航班，在东京羽田机场跑道升空，飞往大阪，时间是1985年8月15日下午6点15分，机上载着524位机员、乘客以及他们家人的未来。”

“45分钟后，这班飞机在群马县的偏远山区坠毁，仅4人生还，其余520人已成为空难的统计数字……”

“在空难现场一个沾有血迹的袋子里，智子女士发现了一张令人心碎的信条。在别人惊慌失措呼天抢地的机舱里，为人夫为人父的谷口先生写下了给妻子的最后叮咛：智子，请好好照顾我们的孩子。就像他要远行一样。”

“你为谷口先生难过吗？还是为人生的无常而感叹？免除后顾之忧，坦然面对人生，享受人生，这就是保德信117年前成立的原因。走在人生的道路上，没有恐惧，永远安心——如果你与保德信同行。”

恐惧诉求制造的消费带有的强迫性，是广告炮制消费意识形态的重要手段。恐惧诉求广告中制造的消费需求也并非真实需求，因为事件危害程度、危害可能发生概率往往被夸大，甚至是伪造，应对建议的有效性更是常被无中生有的捏造。在医药广告中这种恐惧诉求被普遍运用。如某医院治疗打鼾的广告对打鼾可能发生的危害进行最高级别的夸大（发生睡眠猝死），而忽略其发生概率低的事实，造成打鼾者的恐惧，进而“强迫”受众产生治疗的虚假需求，制造了本可有可无的消费。

长期睡觉打鼾不但会引发心脑血管疾病，如果睡眠呼吸暂停时间过长或可发生睡眠猝死现象，严重危害身体健康和生命安全。打鼾的危害如此之大，应当采取怎样的治疗方法呢？

（2）角色预设

预设就是交际双方都可理解、都可接受的那种背景知识。① 在销售过程

① 王跃平：《浅谈语用预设的分类究》，《中国矿业大学学报（社会科学版）》2009年04期，第129页。

中，销售员常用预设的方法提高业绩。如营业员用“您要几个鸡蛋?”的问题就比“您要不要鸡蛋?”效果更好。其原因就在于“您要几个鸡蛋?”就预设了客户是需要买鸡蛋的，至少是一个。尽管这种预设是销售员的一厢情愿，但当客户处于可买可不买或已经想买却未确定的情形下，就会按照销售员预设的提示，在买与不买之间增强对购买的倾向。预设并不一定能对所有客户销售产品，但总体来说，预设的运用能提高整体销售率。广告是促进销售的一种手段，也常用预设的方法达到销售意图。如下面一则广告文案中，“迎接财势英雄”“牵引您高瞻的目光”等语言符号预设了广告目标受众已经成为该房产项目的主人。

廊柱围合雄伟的大门，迎接财势英雄的到来，喷泉涌动碧海方舟知交天下的盛情，碧海方舟，用阳光下明丽的水道，牵引您高瞻的目光——恍若驶入凡尔赛宫的大道，几乎无暇浏览路边遮天的树荫，眼前宏伟的殿堂正恭迎着您的驾临。台基正中的欧风雕塑，置身轻巧的廊柱围合之中，透过它们，遥望到浩渺的中国湖，登临之处，仿佛君临希腊神殿，风过耳，恍若听到爱琴海的悟。

广告的语用预设中比较常见的是角色预设。所谓角色预设就是广告已经将目标受众设定为某种社会角色，并拥有相应的社会地位、资源以及配套物品标准、行为标准。角色预设对受众的心理作用主要有两种。

其一，受众可能并未成为某种角色，但乐意接受或正在努力成为这种角色，广告将目标受众预设为某角色增强其成为该角色的努力，并促使其采取该角色某种消费行为来享受某种礼遇。如下文是一则标题为“曾经，现在，将来你都是其中一员”的文案。标题“你都是其中一员”是典型的角色预设，正文中“稳健扩展家业”“崇尚礼数以感化世风”等皆是该角色的行为准则，广告商品“朱雀门”正是基于该角色行为准则缔造的，也就是说“你是其中一员，你应该住在朱雀门”。

曾经的付出，赢得现在的社会地位与尊重；稳健扩展家业，以砥砺后代而作则。诗礼之家，崇尚礼数以感化世风。朱雀门，秉礼而成的中国大宅；嫡系儒雅家范，自此得以代代相传。

这种角色预设形成了独特的广告文化。对尊贵身份的无限制预设，使广告带有浓厚的媚俗色彩。大量此类广告造成“用消费彰显身份”“人生唯有权势与尊贵”的社会文化。如下列两则广告中，诸如“品位巅峰”“顶尖国际”“世界级品牌”“显赫的身份门楣”等词语突出目标受众角色身份的高端与尊贵，显得极为浮夸。

> 高坐品位巅峰的人，不张扬，不喧哗，其壮志雄心于内敛风范中意气生辉。华荣公寓，将其精装标准拉拔到顶尖国际地位，百年不坠的世界级品牌，与您的光辉人生相互辉映。品位，从此与您的雄心同等内敛。
>
> 稀缺的地段，超级的空间，尊贵的服务是显赫的身份门楣，更是眼光、财力的最好明证，对生活品位的追求，是高贵者从不放低身价的要求。

其二，受众已经是广告预设的某种角色，同时害怕失去这种角色身份。广告将某种行为与角色捆绑，形成“不消费就不是某角色”的判定意义，对受众形成一定的压力。受众在角色标准压力之下，只能采取广告中的消费行为来维持自身角色与地位。如“不到长城非好汉”一样，将“到长城”的行为与“好汉”的角色捆绑，让想要成为“好汉”的人就非得到长城去。如下面两则广告文案，“男人要……”与“女人爱……”都是运用角色预设的行为标准对目标受众形成心理压力，迫使其产生消费行为。广告角色预设中行为与角色的捆绑是没有依据的单方面判定，是倾向于制造消费的符号操作，其产生需求是虚假的，其产生消费观念也只是一种想象关系，具有意识形态性质。

> 男人是练出来的，
> 男人要游泳，男人要攀岩，男人要打壁球，男人要进健身房……
> 蓝调沙龙，会所里什么都有，想怎么练就怎么练。
> 女人是妆出来的，
> 女人爱漂亮，女人要化妆，女人需要时间，女人不愿挤公交车……

蓝调沙龙，距城铁400米，免去堵车烦恼，想怎么妆就怎么妆。

（二）隐性消费主张

由于广告之间激烈的竞争以及受众对硬推销广告的怀疑心理，很多广告改变直接消费主张的策略。隐含消费主张的广告并不直接提出让受众采取消费行为的建议、要求，而是用其他手段让受众卸下对广告的戒备。现代广告非常善于用受众乐于接受的方式使其沉溺于阅读快感中，而忽略广告的销售意图。在受众对产品卷入度不高或者其他产品直接无特别大的竞争优势时，受众往往选择记忆更深刻的产品或品牌，记忆深刻意味着客户在面临购买选择时更容易让记忆唤起某品牌，进入品牌购买目录。当越来越多的广告采用隐含消费主张的策略时，广告从整体上不断用新的刺激维持大众的媒介快感，不断让社会大众在充满快感的梦境幻象中自我麻醉失去判断力，从而在此过程中伪造社会中此起彼伏的大规模消费。广告隐含消费主张常用奇观、娱乐、情感等方面刺激大众的媒介阅读快感。

1. 奇观

奇观概念来自居伊·德波《景观社会》中提出的“景观”概念。道格拉斯·凯尔纳将“景观”概念进一步发展为“奇观”。所谓奇观是“那些能体现当代社会基本价值观，引导个人适应现代生活方式，并将当代社会中的冲突和解决方式戏剧化的媒体文化现象，包括媒体制造的各种豪华场面、体育比赛、政治事件”。① 奇观的关键在于媒体内容的戏剧化。戏剧化具有吸引受众关注、使受众卷入内容、使受众产生更深印象的强大功能。广告奇观的运用首先来自对受众注意力争夺的压力。美国传播学者克伯拉受众选择理论，认为受众对媒介内容拥有选择性注意、选择性理解、选择性记忆的主动性，来反驳受众是被动的“靶子”理论。受众对广告内容的选择性注意要求广告必须具有“奇观”特征，并能用“戏剧性”来吸引受众的“选择性注意”。无论受众如何“选择性理解”，受众投入注意力与对广告内容的“选择性记忆”拥有正相关关系。画面充满戏剧冲突和悬疑，违反常规图像是一种构成奇观，具有很强的吸引注意力的功能，受众在文本解读过程中因迥异刺激而

① ［美］道格拉斯·凯尔纳：《媒体奇观》，史安斌译，清华大学出版2003年版，第2—3页。

产生更高神经兴奋度，从而获得观看快感。快感是一种生理兼心理的满足，使受众麻醉忘却广告的销售企图，并让受众因快感对整个广告产生好感，继而使受众产生对广告中商品（品牌）的购买欲。当代社会的“奇观化”已没有明确的时空界限，奇观随时随地发生，因为它伴随着消费而进行。[①] 如图 5.8 所示，一个陪女友逛音像店男子下半身与上半身分离的画面是典型的结构奇观，略带惊悚诡异的画面能极大地吸引受众注意并带来强烈的视觉快感，下半身在“成人音像区”、上半身在“浪漫音像区”的视觉符号呼应语言文字符号“男人本性：半身好的，半身是坏的”，用编码技术让受众获得理解快感。视觉快感和理解快感塑造了更深的品牌印象和更高的好感度，间接促进商品的销售。

图 5.8　AXA 男士香水广告

如图 5.9 所示，裸体男女形象的运用则是广告常用的身体奇观。性诉求在广告中得到极为广泛运用，究其原因还是对消费者“选择性注意”的争夺。广告中略加遮掩的全裸画面俘获受众注意后，让受众在“凝视”的过程中获得想象性的性满足。性满足的拟态实现具有很强的迷醉性，让受众放弃抵抗，甚至放弃“选择性理解”。

图 5.9　某银行信用卡广告

无论是结构奇观、关系奇观还是身体奇观，广告奇观的目的其实就是与

① 陈龙，陈一：《视觉文化传播导论》，上海三联书店 2006 年版，第 197 页。

受众“选择性注意”进行博弈。受众注意心理一般分为有意注意和无意注意。有意注意是有意志力控制的注意，受众可以用意志控制有意注意去选择注意对象。广告编码者使用奇观的目的正是避开有意注意，用戏剧性内容吸引受众没有意志力控制的无意注意。当社会系统中，大量广告都使用奇观时，受众无法控制自己的无意注意，被广告信息不断俘虏、掠夺，成为信息爆炸的受害者。从这点意义来说，受众从总体上其实没有“选择性注意”的主动权，受众是被操控的，根本无力反抗意识形态的侵入。此外，在“选择性注意”被控制的情况下，受众“选择性理解”也难免沦陷，成为意识形态的殖民领域。

2. 娱乐

在微观上，广告中运用娱乐元素主要目的仍然是促进销售。娱乐能促进销售的原理并不复杂。与奇观一样，娱乐能让受众在接受过程中产生愉悦的体验，这种体验本身和广告商品并没有太大关系，但能让受众对广告本身以及其中情节产生深刻印象和正面积极评价，深刻印象在消费者购物选择品牌过程中将发挥关键作用，正面积极评价就如“爱屋及乌”一样，可以由广告过渡到广告商品（品牌）上，从而促使受众做出选择该品牌的购买行为。如下文是儿童百服宁药的广告文案，药品广告本应相对严肃，但为了更能吸引受众注意，并引起阅读兴趣，该药品广告虚拟了一个母亲寻找在火车上帮助孩子退烧的好心人的故事。“中美合资的产品，没药味，跟水果似的，能退烧止痛，并且肠胃刺激又小”的产品特征本应是广告主要内容，但在娱乐手段的文案中，产品特征成了故事情节的并不重要一部分。千方百计展示产品特征又不得不“假装不重要”最主要原因是理性说服已经让位于娱乐。

她在找一个人

那天在火车上，我孩子发高烧，他爸爸又不在，我一个女人家，真急得不知怎么办才好。多亏了列车长帮我广播了一下，车上没找到医生，还好有一位女同志，给了我一瓶儿童用的百服咛，及时帮孩子退了烧，我光看着孩子乐，就忘了问那位好心女同志的名字和地址，药也忘了还她，你瞧这药，中美合资的产品，没药味，跟水果似的，能退烧止痛，并且肠胃刺激又小，在我最需要的时候，百服咛保护了我的孩子。

人家帮了这么大的忙，我和孩子他爸都非常感谢她，真希望能再见到她，给她道个谢！

王霞找到她了！

王霞，听说你在找我，其实给你一瓶药，帮你的孩子退烧，只是一件小事。那天在火车上，我一听到广播里说你孩子发高烧又找不到医生，正好包里有一瓶医生给我孩子退烧的药，儿童用的百服咛，可以退烧止痛，肠胃刺激小，而且又有水果口味，孩子也乐意吃，所以就来给你救急了。那瓶药你就留着用吧，我家里还有，我孩子也常发高烧，家里总备几瓶，在最需要的时候，百服咛可以保护我的孩子，都是做妈妈的，你的心情我很了解。希望你以后带孩子出门，别忘了带施贵宝生产的儿童用百服咛！

娱乐的强大力量能让广告效果胜过严肃的理性说教。广告中普遍适用的娱乐元素让受众获得身心愉悦，更少去考虑产品特征、功能和消费是需要花费成本，伪造了社会总体性消费。娱乐让受众越来越缺乏思考，缺少被压迫、剥削地位的反思，最终成为消费主义意识形态的奴役。尼尔·波兹曼在《娱乐至死》中指出："电视本身的这种性质决定了它必须舍弃思想，来迎合人们对视觉快感的需求，来适应娱乐业的发展。"① 尼尔·波兹曼说的电视，也同样适用于广告，因为在娱乐时代，所有媒介、内容都不可逆转的娱乐化。尼尔·波兹曼对媒介的娱乐化充满忧虑，他认为人们由于享乐失去了自由。娱乐带来的强烈试听快感让大众过于沉迷，尼尔·波兹曼担心"我们将毁于我们所热爱的东西"。新的独裁不是统治者用暴力建立起来的，而是通过在娱乐中植入意识形态控制大众的心智实现的，消费主义是这种意识形态的主要内容。

3. 情感

动之以情和晓之以理是广告两种基本诉求方式。晓之以理试图通过理性说服方式让受众产生购物行为，而动之以情则以感染和共鸣的方式让受众产生某种情感或情绪②后再产生购物行为。如下广告文案中，没有过多诉求复

---

① ［美］尼尔·波兹曼：《娱乐至死》，广西大学出版社 2009 年版，第 80 页。

② 在西方心理学中，情绪和情感一般不做严格区分。

方益肝丸的产品原料、工艺等，而更多地从一个爱人的角度对乙肝病人发出安慰、鼓励、关爱的信息，从情感上令人动容。

人群中你并不孤独

自从你得了乙肝便开始有意和我疏远，我心里清楚，你觉得前途无望，因为有太多的人离你而去。但无论世人如何看待，我将永远伴着你，让你明白，人群之中你并不孤独……

未来也并非黑暗一片，据最新报道，吉林××制药厂生产的复方益肝丸能清除乙肝病毒，修复病理组织损伤，并能健肝和胃，疏肝理气，清热解毒，活血化瘀，你为什么不试一试呢？

你难道不知道，你的愁眉苦脸，或是急躁易怒，给我和周围关心你的人带来多大的痛苦！

肝炎治疗是长期的，但我愿和你一起乐观地面对它，我有足够的信心，你呢？

我满怀爱心与信心写了这封信，不求回报，只求你笑容。因为，你的笑容便是我的希望。

广告情感诉求能促进产品销售的机制并非如“因为冲动”“因为感性”那样简单。任何购物行为都是建立在需求的基础上。不存在没有需求支撑的购物行为。① 广告情感诉求促进销售的原因必然是让受众产生了对商品的需求。心理学对情感的定义就是人或其他有机体对客观对象是否满足需求产生的主观体验，可以看出，情感本身和需求有着密不可分的关系，通过改变人的情感状态可以改变人的需求。对于情感，人总是倾向于积极情感和回避消极情感，当广告中出现的积极情感感染受众或与受众产生共鸣后，受众也产生与广告中类似的积极情感，在积极情感的驱动下，人必然产生不断趋向这种情感的行为，这种行为的发生需要使用广告商品（品牌）作为道具。当广告出现的是消极情感时，受众因回避行为同样会产生对广告商品（品牌）的需求。

① 梁建飞：《广告情感诉求的本质与作用机制探析》，《中国报业》2012年03期（下），第71页。

此外，从生理学角度看，当人情感被激发后会产生心跳加速、血压升高、呼吸加快等一系列生理反应。人的机体不能长时间处于这种生理状态，否则将严重破坏机体的正常功能，威胁人的生存，因此，人被迫对这种心理反应迅速做出或趋或避的选择。也就是说广告情感诉求的生理反应迫使人减少对广告商品（品牌）理性认知、思考判断的时间，以更快的速度产生购物行为。由此看来，情感是让大众失去理性判断最直接有效的手段。

情感具有让受众产生购物行为的强大力量，是伪造社会总体消费的重要手段。广告中出现的情感场景仅仅是一种符号幻象，是编码者虚构的情感，但受众被激发的情感却是真实的。编码者将情感以符号形式不断在形式、强度上激发受众真实情感，受众在情感攻势下，很难招架，很难自控情感，自然也无法控制自身需求。再者，广告商品（品牌）与情感往往没有必然联系，但情感产生的心理反应却能让受众忽略没有必然联系的事实，因认知缺失失去对需求的掌控。

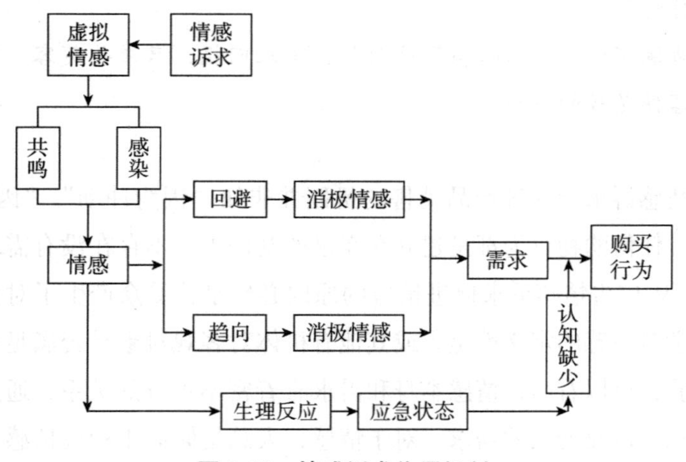

图 5.10　情感诉求作用机制

广告通过感染和共鸣的方法操控受众的情感来控制受众需求，不断制造消费。消费主义意识形态在广告中通过喜怒哀乐惧的情绪以及亲情、爱情、友情、乡情等情感让社会大众失去理智判断，沉醉符号世界。

第三节　广告符号的造梦机制

一、广告符号的精神分析

精神分析的创始人是奥地利神经病医生弗洛伊德。弗洛伊德在维也纳大学学医时师从布吕克教授。布吕克曾用催眠的方法治疗癔症。医生在催眠法治疗过程，在病人被催眠状态下，通过谈话和暗示，病人恢复对引起癔症的往事的记忆，这往事在过去曾经（一般是童年时期）导致病人极不愉快的心理反应或情绪，这种情绪在成长过程中一直被压抑，以致成为潜意识的内容。在意识里，病人自己也无从知晓其发病原因。在催眠过程中，只要病因——不愉快的往事——被发现，就可以通过一定的方法将其导致的不良情绪宣泄出来，其癔症就能得到较好的治疗。这种方法被弗洛伊德称之为“谈疗法”，弗洛伊德在其中逐渐发现了被压抑的往事存放地——潜意识。因此，可以说使用催眠的谈疗法启发了后来的精神分析法。

在弗洛伊德的精神分析理论中，潜意识是一个非常重要概念。潜意识是指在人类无法认知或没有认知到的心理活动，潜意识已经发生，但尚未达到某个体的意识状态。潜意识何以是潜意识而不能进入意识，主要是受到了压抑。潜意识中兴奋的内容基本都是一些社会文化、规约无法允许的本能欲望。人虽然要最大化满足这些本能欲望，但在群体生活、社会关系中，为了保证族群和群体的利益，就不得不抑制这些欲望，因为这些欲望无限制的满足必然带来争斗以及互相群体利益毁损。如果一个个体因为无限制满足本能欲望，一旦毁损群体利益，必然受到群体排斥，其生存和发展所需的条件和资源将会被剥夺或减损，也必然因此影响以后的本能欲望满足。这样一来，起初无限制本能欲望满足行为，就显得并不“划算”。人是最聪明的、进化程度最高的物种，不会做出这样的行为选择。人作为高级动物，有别于其他物种，在生命体存续发展过程会自觉地压抑部分本能欲望。压抑并不意味本能欲望的消失，也不意味着人放弃了本能欲望的满足。最大化地满足本能欲望仍是人生存和发展的终极目标，压抑只不过是用一种权宜的处理方法，更“划算”地、成本更低地降低不能满足本能欲望的总量，其实质还是为了本能欲望的最大化满足。这种“划算”的机制还体现在自我人格的调节功能上。弗洛伊德将人格分为三种：本我、自我和超我。本我人格由动物性本能欲望构成，其中有相当部分是社会文明不容的，首先逗留在潜意识中。而自我遵循着现实原则，在本我欲望从潜意识进入意识过程中，自我的现实原则会根据惯习判断估算行为的后果（最终欲望满足的量），决定拒绝或接纳哪些本我欲望。只要到了没有社会文化规约限制的地方，如独处的时候，自我会很大程度上放任本我欲望满足的行为和思维。超我，则是一种理想情节，是出于集体欲望最大化满足的愿景（超我集体欲望最大化的目的也是希望本我随集体获得最大化满足）。本我和超我有时能达成一致，但多数时候处于冲突状态，而自我则在本我和超我之间调停、做出取舍，让本我欲望的短期满足和长期满足之间的矛盾获得平息。

潜意识就是被压抑的本能欲望的收容所，潜意识在一定条件也可以进入意识系统。关于潜意识的系统，弗洛伊德在《精神分析引论》中曾做了一个形象的比喻：

> 每一个单独的历程都先属于潜意识的心灵系统；然后在某种条件之下，由这个系统更进而为意识的系统。
>
> 关于这些系统的最粗略而便利的概念是一种空间的概念。因为，潜意识的系统可比作一个大前房，在这个前房内，各种精神兴奋都像许多个体，互相拥挤在一起。和前房相毗连的，有一较小的房间，像一个接待室，意识就停留于此。但是这两个房间之间的门口，有一个人站着，负守门之责，对于各种精神兴奋加以考查、检验，对于那些他不赞同的兴奋，就不许它们进入接待室……前房内，潜意识内的兴奋不是另一个房子内的意识所可察知的，所以它们开始是逗留在潜意识内的。它们如果进迫门口，而为守门人赶出来，那么它们就不能成为意识的；那时我们便称它们为被压抑的。但是就是被允许入门的那些兴奋也不一定成为意识的；只是在能够引起意识的注意时，才可成为意识。因此，这第二个房间可称为前意识的系统（the preconscious system）。而且，这变成意识的过程可保留为纯粹的叙述的意义。我们如果称任何一种冲动是被压抑的，意思就是说它因为守门人不许它侵入前意识，以致不能冲出潜意识。至于守门人乃是指我们在分析治疗时去解放被压抑的意念而遇到的

抗拒。①

被压抑的潜意识里的兴奋本能欲望并不会消失，而总是寻找机会和方法泄放出来。但守门人的存在让这种泄放不得不另辟蹊径来躲避稽查。为躲避守门人的稽查，潜意识里的兴奋就不得不进行一定伪装。症候就是神经病人伪装潜意识本能语言的一种病态表现。经过伪装之后，意识难以察觉，以至于，病人无论何时何地都不知道症候的意义。② “症候”的伪装往往是通过一种“象征”方法实现的。我们在讨论象征符号时提过，象征符号与符号对象在感知性质方面没有必然联系，只是两者之间存在某种内在的、性质上的相似，这种相似没有感知性质也就可以躲避意识的盘查。经过伪装的“症候”不为病人所知，也不同是正常的肖似行为，因此，在正常人看来，这些“症候”成为行为异常的病态。弗洛伊德在论及“症候”与潜意识内容时指出：

> 我以为比第一个发现更为重要——就更明白潜意识和神经病症候的关系了。原来不仅症候的意义总是潜意识的；而且症候和潜意识活动之间还存在一种互相替代的关系；而症候的存在只是这个潜意识活动的结果……我们每遇一个症候，便可断定病人心内有某种潜意识的活动，包含着症候的意义。反过来说，这个意义必先为潜意识的，然后症候才可发生。症候不产生于意识的历程；只要潜意识的历程已成为意识的，症候必将随而消灭……症候的形成实为潜意识中他事的代替……症候就是一种代替物。③

正如弗洛伊德所说，症候是潜意识活动的代表，从符号学视域来看，症候实质上就是潜意识的符号，是与潜意识某兴奋活动具有一定内在的、性质上的、不易察觉的相似性的象征符号。症候具有极大的隐蔽性，不仅病人自己无法意识，就是医生也难以从症候符号中得知其所代表的潜意识对象。只

① ［奥］弗洛伊德：《精神分析引论》，高觉敷译，商务印书馆 1984 版，第 233 页。
② ［奥］弗洛伊德：《精神分析引论》，高觉敷译，商务印书馆 1984 版，第 219 页。
③ ［奥］弗洛伊德：《精神分析引论》，高觉敷译，商务印书馆 1984 版，第 220 页。

有等到意识守门人“放松警惕”的时候才能窥见症候符号能指的所指。因此，以弗洛伊德为代表的精神分析学派往往需要通过催眠让病人进入睡眠状态，一定程度上解除意识守门人的戒备，才能沿着症候，找到其指涉对象——潜意识内容的病原体。

症候是潜意识兴奋内容以象征方法逃避稽查的一个方法。神经病人的症候之所以显得异常是因为意识守门人的清醒和严查。正常人的潜意识兴奋内容如何泄放？正常人被压抑的潜意识不会以异常的症候出现，而是趁意识守门人“放松警惕”的时候再以伪装的形式泄放出来的。意识守门人只有在人睡眠状态才会放松警惕，因此，一个比较正常个人的潜意识兴奋内容是在梦中，趁守门人放松之际，用各种伪装方法进行泄放的。因此，“梦”是弗洛伊德精神分析的重要对象，通过梦的解析来寻找潜意识病原，并加以治疗。从这个层面上说，“梦”就好比是一种正常人的“症候”。

人类个体存在被压抑的潜意识内容，成为病态后是为症候。某一群体如个体一样，也有被压抑的潜意识（群体内被压抑的个体潜意识的交集）。群体潜意识被压抑的兴奋活动也会在一定时机以伪装的形式泄放出来。群体潜意识不可能在每个个体梦中一起集合出现，只能在社会群体中共享的文本中释放出来。这种社会群体共享的文本包括文学、绘画、音乐、新闻、娱乐节目等。广告作为传播力广、影响力大的媒介内容，也是群体潜意识泄放的重要途径。广告所营造的消费意境实质上就是催眠大众的梦境。广告作品本身就是群体潜意识的符号。也就是说通过广告我们也可窥见某一国家或地区的某一群体潜意识。商家做广告并不是像弗洛伊德一样治疗神经病人，而是趁机获取利润，但客观上，群体潜意识在广告的梦境中得到泄放，其可能导致群体神经症候便不会在正常时候“病发”。由此可见，梦解密广告符号与群体潜意识关系，把梦作为比喻是比较适切的。广告符号与梦境符号具有一定相似，广告的精神分析可以借助“梦的解析”理论进行深入研究。

二、广告符号的拟态环境与“梦境”

符号是符号对象存在的代表物。之所以需要符号来代表其对象很大程度是因为符号对其对象所占时空进行压缩。更节约时空的符号才得以在媒介渠道中快速地载运、交换来传递信息。符号对时空的压缩节约同时也必然导致表达失真。任何符号都无法原原本本地代表其对象，再逼真的符号都无法还原真实世界。此外，在编码过程中，编码者无法对客观世界中所有对象都寻找符号来代表，编码者所选取的符号所代表的对象只是客观世界的很小部分。即使在最客观的新闻报道中，符号都不能代表整个现实。因此，符号构建的世界不能等同于真实世界，只是对客观世界的拟态环境。在大众传媒极为发达的时代，大量形形色色的符号携带信息冲击每个身处其中的人。由于任何一个个体靠自身的感觉器官无论如何都无法获得整个世界的全部信息，只能依靠媒体中充斥的符号来理解客观世界，这让很多受众误将符号的拟态环境当作是真实世界。我们的见解不可避免地涵盖着要比我们的直接观察更为广泛的空间、更为漫长的时间和更为庞杂的事物。因此，这些见解是由别人的报道和我们自己的想象拼合在一起的。①

广告是大众传播极为重要的类别，广告符号构成的世界更显著地表现出不真实性。广告中强烈的推销欲或自我表现欲，让广告符号与现实的距离比新闻等符号更远。

广告符号拟态环境的虚幻更像是社会的“梦”，广告符号不断制造各种梦境（多数是美梦，也有噩梦），让社会大众不断产生满足幻象，不断追求新的产品目标，不断进行消费。广告符号的梦境世界与精神分析学中梦有诸多相似，从梦的机制中，可以窥见广告的造梦机制和深层原理。

至今为止，对梦的研究最深入最系统的当属德国精神分析学家弗洛伊德。1900 年，弗洛伊德发表了《梦的解析》，通过对有精神疾患的人的梦的分析，了解他们内心的真实世界，即病人的潜意识。弗洛伊德认为梦是“理解潜意识心理过程的捷径”。对于梦的本质，弗洛伊德的核心观点是“梦是愿望的实现”。

> 要证明梦通常是不加掩饰地显现为愿望的满足，这很简单，因此梦的语言长久以来得不到理解倒是很令人惊讶。例如，我自己常常会做一个梦，只要我愿意就可以做——就像一种实验。如果我晚上吃了鲲鱼、橄榄或其他很咸的食物，我就会在夜里口渴，醒来，但醒前往往有一个梦，而且总是同一个内容，即我在喝水。我梦见我在开怀畅饮，那水的

① ［美］沃尔特·李普曼：《公众舆论》，阎克文，江红译，上海世纪出版集团 2006 版，第 61 页。

滋味甘甜无比如清泉一般。当我醒来时我将真的要喝点水。这种关于干渴的梦是我在醒来之后意识到的。口渴便产生了要喝水的愿望，而梦却把这一愿望表现为得到了满足。所以梦在执行一种功能————这是不难察觉到的。我睡觉比较沉，不易因一些身体的需要而醒来。如果我通过梦到我在喝水而平息了口渴，那么我就不需要真的醒来去喝水了。这个梦是一种方便的梦。梦代替了真实行动，在生活中也有这种情况。①

弗洛伊德从梦的杂乱、繁复、怪异、虚幻的材料中脱离出来，从其本质，将梦定义为愿望满足。这与“梦”在言语实践中的含义是同样的。当然梦在实现像弗洛伊德所提的喝水的愿望，只是一种方式，有时候，梦看起来并不是愿望实现，而且相反，我们称为“噩梦”。这种与愿望背离的梦是否可以推翻“梦是愿望实现”的论断？笔者在高中时经常重复做同样的噩梦。高中时，我在县城读书，家住农村，高中时每周只有星期天一天假期，住在乡镇上和农村的学生往往需要周六下午放学回家，周日下午赶往学校。周日中午午饭后，往往会睡一个多小时的午觉。就在周日下午睡午觉的时候，笔者经常梦到自己上学迟到，遭到老师的训斥，并要求带家长去见老师。这是典型的噩梦，是愿望的背离。但每当在梦中被要求带家长而焦虑的时候，我就醒了，再看看时间，还能赶上班车。因此，在笔者的噩梦中，梦所起的作用是一种警示，通过警示实现了赶上班车上学不迟到的愿望。

因此，梦是愿望的实现，在噩梦中依然成立。在弗洛伊德的精神分析理论中，梦中要实现的这种愿望多是现实中被压抑的本我欲望。通过梦的解析，就是要解读患者本能欲望世界，继而加以治疗。和梦一样，广告也是愿望的实现，消费者群体愿望的实现。在广告符号的“梦境”中，也存在社会群体显在欲望和群体潜意识中欲望。弗洛伊德通过梦的解析诊断患者的精神疾病，那么，我们也可以从广告符号构建的这种社会梦境中探知社会群体精神疾患，分析出社会文化中最本质的潜意识内容。

---

① ［奥］弗洛伊德：《梦的解析》，高申春译，中华书局2013版，第124页。

三、梦与梦的机制

（一）梦是欲望的扭曲实现

上文介绍过，潜意识是弗洛伊德精神分析学中最为重要的概念之一。弗洛伊德认为人的心理结构分为意识、前意识、潜意识三个部分。所谓潜意识是一种无法察觉的心理活动，其原因在于意识和前意识的压抑。被压抑的潜意识绝大部分是与人在社会化过程中形成的规范和道德等相悖的本能欲望。弗洛伊德认为人的心理动力是本能。① 这种本能欲望无法在社会系统中得到认同，公然肆无忌惮地满足这种欲望将受到社会群体中其他群体的排斥、压制甚至是打击，个体为了生存和发展必须在将社会交往过程中压抑本能欲望。压抑潜意识不是个体的意愿，而是在整个社会文化的逼迫下的“痛苦”选择。潜意识虽然无法察觉，但对个体精神世界有决定性的作用，潜意识不动声色地支配着显意识。个体虽然痛苦地压抑了本能欲望，但本能欲望对个体的巨大吸引力实际上驱动着个体不断寻找其满足路径。

梦是愿望的实现。现实生活中无法实现的欲望，特别是被压抑着的本能欲望在梦中得到满足。因此梦可以说是个体的慰藉机制，缓解现实生活中因为长期无法满足的欲望带来的生理、心理的紧张感。梦为了更好地满足人的性本能、生本能和死本能等本能欲望，往往需要躲避社会文化的“稽查”，防止轻易地梦断惊醒而导致欲望满足过程的终止。社会文化系统中的伦理、道德、国家法律、风俗习惯等具有一定约束力的规范不允许本能欲望无节制的满足或宣泄。为了不至于“惊动”社会规范的“检查”功能，梦必须采取一定掩饰，这种掩饰具有明显的符号编码性质。编码后的梦的形式，已经迥异于现实生活场景，梦将现实中出现的事物进行改头换面，显得无比荒诞不经。弗洛伊德称这种符号化掩饰机制为梦的伪装。弗洛伊德在《梦的解析》里提出梦的四种伪装方式：梦的凝缩、梦的移置、梦的象征、梦的润饰。

（二）广告，大众愿望的实现，社会群体的慰藉

广告是消费者的梦，也是整个社会的梦。广告虚拟出社会大众形形色色的欲望满足的幻境，这种幻境与真实世界的残酷、压抑、紧张不同，充满欲

---

① 陈龙：《媒介批评论》，苏州大学出版社 2005 年版，第 253 页。

望满足后的快感。广告中满足的欲望，大多是现实生活中不能实现或暂时尚未实现的愿望。从广告中得到满足的首先是社会中的一个个受众个体，当广告在大众媒体的助推下，其慰藉功能就扩展到整个社会。广告对于整个社会的价值和梦对于个体的价值具有功能和机制上的相似性。像梦一样，广告是一种社会的慰藉系统，广告平衡着社会心理。让那些尚未得到满足的社会欲望在虚拟满足情境得以宣泄，广告的显象在某种程度上掩盖了社会中的不公平隐意，让社会不至于在矛盾中动荡。

四、广告造梦机制

广告可以看作是社会的梦境，是社会群体潜意识的满足。群体潜意识和个体潜意识一样在文明社会中需要接受社会道德、社会规范的稽查，因此，广告的生产机制和梦一样，存在着凝缩、移置、象征等掩饰机制。

（一）梦的凝缩、集锦和广告的旧元素新组合

梦为伪装的基本方法是凝缩作用。所谓梦的凝缩就是指梦的显意（梦中呈现出来的）对隐意进行了大幅度的省略和肢解，使其无法成为一个完整的意义。在梦中表现出来的一般都是简单的、部分的、支离破碎的、片段的。梦的隐意为何比显意要更加浓缩，最重要的原因，是梦要故意将显意进行扭曲、删减，只有如此才能在梦中躲避意识守门人的稽查，使得原本不该放泄的潜意识中的欲望得到释放。弗洛伊德在《梦的解析》中说：

> 凡是比较过梦的显意与隐意的人，首先了解到的事情就是梦的工作包含了大量的凝缩工作。与隐意相比，梦的显意简短、贫乏，语言精练，而梦的隐意范围较大，内容也更丰富。如果将一个梦写出来，也许只有半页，但要将梦的隐意的解释写出来，则会占六倍、八倍乃至十倍的篇幅。对于不同的梦，这种比例关系也不一样。①

能回忆起的梦是符号的能指，其所指是潜藏的隐意。能指对所指的凝缩，让梦可以表达冗长复杂的意义。“梦凝缩”的基本方法就是“省略”，将

---

① ［奥］弗洛伊德：《梦的解析》，周艳红，胡慧君译，上海三联书店 2008 年版，第 147 页。

显意省略成一个物象、一个词语、一个构件。这从“部分替代整体”符号逻辑上来将是行得通的。梦通过这种省略式的符号编码，隐藏着潜意识里难被接受的本我欲望。在“省略”工作之后，梦还通过建立集合形象和复合形象的方法，形成简单、断续的愿望叙事。集合形象即是将两个或两个以上的人物、事物的特点集中于梦境中某一人、一事上。

在广告传播中“集合、复合形象”也是一种常用的创意手法。在广告行业中，创意被定义为“旧元素的新组合”，就是将两种或两种以上不同事物进行融合，通过文字拼合、图像剪辑拼接成一个新形象物。这种新的事物在现实生活中是不存在的，只能在广告制造的幻境中才能出现的类似情景。通过旧元素的新组合，可以将不同事物的特征集合起来，用更简单的、更节约的时空间来表达两种或两种以上的意义。广告运用“旧元素新组合”的创意方法，首先也是将两件或两件以上事物分别进行“省略”，在广告符号中只出现其具有代表性的部分，其他部分是被省略的，是缺席不在场的，根据完形心理学的认知规律，这种缺席其实并不影响原本事物的认知。只取事物部分构件的符号互相再组成一个新的物象，也即将建立了一个新的集中形象或复合形象。广告创意这样处理的表面当然是为了通过视觉奇观吸引受众的注意力。但其背后深层次的原因，是一个愿望意义的伪装，在创意的表象下掩藏已经被肢解的社会群体潜意识中无法公然的本能欲望。

（二）梦的移置和广告指示符号

梦的凝缩将潜意识中欲望加以复合变形，以此骗过“检查”。梦的移置则是通过将欲望满足涉及的事物全部隐形来蒙骗检查，代指以与之有密切关联的、能顺利通过梦的关卡的事物。而梦就是这般地无从捉摸，由它的内容往往并不足以找出“梦思”的核心。移置作用的结果是让梦的内容与梦念的核心不再有类似的地方。① 这是因为通过移置机制，梦将居于核心的被压抑的本能隐匿在“梦内容”中，躲避梦的稽查。弗洛伊德在《梦的解析》中如此解释移置作用：

> 这样，我们似乎有理由假定，梦工作中有一种精神力量在发挥作

① ［奥］弗洛伊德：《梦的解析》，周艳红，胡慧君译，上海三联书店 2008 年版，第 164 页。

用。它一方面可以消除具有高度精神作用的那些元素的强度，另一方面可以通过多重性决定作用（overdete rmination），从低精神价值的元素中创造出新的价值，然后再寻找途径进入梦中。如果是这样的话，在梦的形成过程中必然会有一种精神强度的转移和移植，这些差异就形成了梦内容（显）和梦念（隐）的差别。我们所假设的这一过程也是梦工作的一个重要组成部分，我们称之为“移植作用”。梦的移植作用和凝缩作用可以说是在梦的活动形式中的两个支配因素。①

在广告传播中类似于梦的移置现象也普遍存在，而且成为广告创作的重要手段。广告作为具有极强商业目的的传播活动，需要躲避消费者“是否要让我掏钱包”的心理稽查，广告作品往往不能直接表明广告人的销售企图而引起消费者的警惕。因此，一般而言，广告常常迂回地进行销售主张的诉求。广告中的指示符号就是广告掩饰意图的移置手段。广告指示符号能指和所指之间存在时空上的接近或因果关系，广告可以仅仅呈现能指，让具有强烈销售企图的所指缺席，让广告主题核心移置到消费者日常生活经验，形成间接的销售诉求。

（三）梦的象征和广告的隐喻

梦的象征，和凝缩和移置不同，梦的显意不是对隐意的省略、重构，或是转移成其他不重要的材料来欺骗稽查，在梦的象征中，显意与隐意并无部分与整体、部分与部分这样的直接关系，而是在经验存储直接其他事物代替显意中的内容，这种伪装让显意更加无迹可寻，更容易混过稽查，是梦常用的伪装手段。弗洛伊德在《梦的解析》中指出，梦是为了伪装其隐意而使用这种象征的。②

而且梦运作多是视觉化的。因为梦变成图像后，梦所需要的对比与仿同等方式就能够更容易地建立了。所以梦和人们的日常思维是相反的，我们日常生活中，思维所用的大部分是文字，而梦的材料通常是视觉化，将抽象的隐义替换成图像式的内容。

在广告符号表现中，存在同样的“像征”手法。象征是符号与符号对象

---

① ［奥］弗洛伊德：《梦的解析》，高申春译，中华书局2013版，第272页。
② ［奥］弗洛伊德：《梦的解析》，高申春译，中华书局2013版，第307页。

之间非常重要的一种关系类型。广告的象征是极为重要的创意手法之一。"像征"与象征略有不同的是，"像征"偏视觉的，也没有象征那样具有约定俗成性质。按照本文之前的论述"像征"更接近于广告的视觉隐喻。广告传播过程中，有些抽象的理念、不便明说的尴尬主张在传播效果上往往无法得到最广泛的理解或容易被受众排斥。广告编码者通过"隐喻"的视觉修辞来表达品牌、商品主张、价值观，来规避抽象概念的陌生感和缓和被文化排斥的尴尬。

五、广告符号中社会群体潜意识投射

弗洛伊德的学生荣格认为"潜意识"可以进一步分为个人潜意识和集体潜意识。集体潜意识源自远古以来历代祖先经验的不断积累并在遗传进化中存储于物种之中。历代经验基础上形成的那些深层次的思想观念及其心理结构构成了集体潜意识。集体潜意识可以简单地分为两大类型，即"生本能"和"死本能"。"生本能"包括吃、喝、呼吸、避险等基本的生理本能以及反映有机体繁衍后代的基因传承欲望的"性本能"。世界各地各民族的社会群体在群体潜意识的本能来源上是没有区别的。世界不同区域集体潜意识的差别只在于满足"生本能"和"死本能"的内容和形式的不同。广告是社会群体的梦，是社会群体潜意识中欲望的满足。广告的幻象世界是现实中受压抑的群体"生本能"和"死本能"的满足和实现。和梦的掩饰机制一样，在广告中"生本能"和"死本能"同样也不是直接表现出来的，广告编码者在广告生产过程中也同样遵循着"伪装、掩饰"原则，让赤裸裸的本能欲望逃过"社会道德"的稽查系统。广告中的性诉求、性暗示，是性本能的满足隐义，经常需要注意表现"尺度"来躲避法律、舆论。西方世界经历过轰轰烈烈的性解放，整个社会对性的态度比较客观自然，在不影响他人、不对儿童成长产生消极影响的前提下，允许"性本能"一定尺度内的释放。因此，西方国家性诉求广告中，虽然暴露镜头多，身体暴露程度大，但大多不是具有一定的美感就是充满幽默感，很少显得下流，此谓"色而不淫"。在广告中，"死本能"，体现在广告中宣扬的集体主义、爱国精神。集体主义本身就意味着"排他"，具有一定程度的攻击性，集体的"生"是建立在集体外群体"死"的基础上。

与"生本能"相对的"死本能"更是社会文化系统所忌讳、排斥的。

“死本能”无论是广告中还是现实生活中都是隐藏的。经过掩饰伪装之后，“死本能”在生活改头换面成“集体主义、爱国主义”，在广告中则常改装为“尊重”诉求。在国内广告特别是房地产广告中“皇家”“尊崇”“少数人”“专属”等字眼比比皆是，很多广告画面在尊荣方面也无所不用其极。从群体潜意识解读这些广告，我们可以解读文化的又一精神特征。中国摆脱封建制度的时间也就一百余年，部分中国受众对封建帝王“唯我独尊”的地位仍存在骨子里的膜拜和向往。帝王的“唯我独尊”崇尚的不是“人人平等的”群体“生本能”，而是我“生”他“死”的“死本能”。从根本上说，广告中宣扬的尊崇人生，在现阶段的社会环境下，是带有“攻击性”“排他性”的“死本能”体现。

参考文献

[1] Anthony Wilden. *The Language of The Self*. the Johns Hopkins University Press,1968. 204.

[2][法]A. J. 格雷马斯:《论意义:符号学论文集》,吴泓缈,冯学俊译,百花文艺出版社 2011 年版。

[3]陈望道:《修辞学发凡》,复旦大学出版社 2008 年版。

[4]陈龙:《媒介批评论》,苏州大学出版社 2005 年版。

[5]陈龙,陈一:《视觉文化传播导论》,上海三联书店 2006 年版。

[6][英]丹尼斯·麦奎尔:《受众分析》,刘燕南,李颖,杨振荣译,中国人民大学出版社 2006 年版。

[7][美]大卫·奥格威:《一个广告人的自白》,林桦译,中国出版社 2011 年版。

[8]丁尔苏:《语言的符号性》,外语教学与研究出版社 2000 年版。

[9]丁尔苏:《符号与意义》,南京大学出版社 2012 年版。

[10]丁锦红,张钦,郭春彦:《认知心理学》,中国人民大学出版社 2010 年版。

[11][美]道格拉斯·凯尔纳:《媒体奇观》,史安斌译,清华大学出版 2003 年版。

[12][德]恩斯特·卡西尔:《人论》,甘阳译,上海译文出版社 2004 年版。

[13][瑞士]费尔迪南·德·索绪尔:《普通语言学教程》,高名凯译,商务印书馆 2014 年版。

[14]冯刚:《艺术符号学》,东华大学出版社 2013 年版。

[15]傅修延:《文本学——文本主义文论系统研究》,北京大学出版社

2004 年版。

[16][奥]弗洛伊德:《精神分析引论》,高觉敷译,商务印书馆 1984 版。

[17][奥]弗洛伊德:《梦的解析》,高申春译,中华书局 2013 版。

[18][美]赫伯特·马尔库塞:《单向度的人》,刘继译,上海译文出版社 2014 年版。

[19][德]黑格尔:《小逻辑》,贺麟译,上海人民出版社 2008 年版。

[20][德]J. G. 赫尔德:《论语言的起源》,姚小平译,商务印书馆 2011 年版。

[21]金毅强:《重思符号理论:符号过程的内在和外在机制研究》,浙江大学出版社 2015 年版。

[22][德]康德:《纯粹理性批判》,邓晓芒译,人民出版社 2017 年版。

[23][美]库尔特·考夫卡:《格式塔心理学原理》,李维译,北京大学出版社 2010 年版。

[24][法]雷蒙娜·德·波伏娃:《第二性》,陶铁柱译,中国书籍出版社 1998 年版。

[25]维特根斯坦:《维特根斯坦全集》,涂纪亮译,河北教育出版社 2002 年版。

[26]李幼蒸:《理论符号学导论》,中国人民大学出版社 2007 年版。

[27]罗兰·巴尔特:《符号学原理》,李幼蒸译,中国人民大学出版社。

[28]李思屈:《广告符号学》,四川大学出版社 2004 年版。

[29]林升栋:《中国近现代经典广告创意评析——〈申报〉七十七年》,东南大学出版社 2005 年版。

[30]罗素:《罗素文集第三卷:数理哲学导论》,晏成书译,商务印书馆 2012 年版。

[31]马中红:《广告文案创意新论》,上海三联书店 2006 年版。

[32][德]马克斯·霍克海默,西奥多·阿道尔诺:《启蒙辩证法》,渠敬东,曹卫东译,上海世纪出版集团 2006 年版。

[33][美]尼尔·波兹曼:《娱乐至死》,广西大学出版社 2009 年版。

[34] Ogilvy · David. Confessions of an Advertising Man. Atheneum, New York. 1963:25.

[35]皮尔斯:《皮尔斯文选》,涂纪亮,周兆平译,社会科学文献出版社

2006 年版。

[36][美]皮尔斯:《皮尔斯:论符号》,赵星植译,四川大学出版社 2014 年版。

[37]饶广祥:《广告符号学》,四川大学出版社 2014 年版。

[38]Russell, Bertrand. *The Analysis of Mind.* Rout - ledge, 1997:198.

[39][法]让·鲍德里亚:《消费社会》,刘成富,全志钢译,南京大学出版社 2014 年版。

[40]苏士梅,崔书颖:《广告伦理学》,河南大学出版社 2010 年版。

[41][美]苏特·杰哈利:《广告符码》,马姗姗译,中国人民大学出版社 2004 年版。

[42]斯图尔特·霍尔:《表征:文化表征与意指实践》,商务印书馆 2013 版。

[43]吴予敏:《广告学研究专题导引》,高等教育出版社 2015 年版。

[44][美]威尔伯·施拉姆,威廉·波特:《传播学概论》,何道宽译,中国人民大学出版社 2010 年版。

[45]维特根斯坦:《维特根斯坦全集》,涂纪亮译,河北教育出版社 2002 年版。

[46][意]乌蒙勃托·艾柯:《符号学理论》,卢德平译,中国人民大学出版社 1990 年版。

[47][美]沃尔特·李普曼:《公众舆论》,阎克文,江红译,上海世纪出版集团 2006 版。

[48][美]约瑟夫·R·多米尼克:《大众传播动力论:数字时代的媒介》,蔡骐译,中国人民大学出版社 2009 年版。

[49][美]约翰·费斯克:《传播研究导论:过程与符号》,许静译,北京大学出版社 2008 年版。

[50]亚里士多德:《修辞学》,罗念生译,三联书店 1991 年版。

[51][英]约翰·斯道雷:《文化理论与大众文化导论》,常江译,北京大学出版社 2010 年版。

[52]叶舒宪,章米力,柳倩月:《文化符号学:大小传统新视野》,陕西师范大学出版社 2013 年版。

[53]赵毅衡:《符号学》,南京大学出版社 2012 年版。

[54]赵毅衡:《符号学原理与推演》,南京大学出版社 2011 年版。

[55]赵敦华:《现代西方哲学新编》,北京大学出版社 2001 年版。

[56]朱永明:《视觉语言探析——符号化的图像形态与意义》,南京大学出版社 2011 年版。

[57]朱立元:《现代西方美学史》,上海文艺出版社 1993 年版。

[58]朱晓慧:《哲学是革命的武器——阿尔都塞意识形态理论研究》,学林出版社 2007 年版。

[59]布占廷:《夸张修辞的态度意义研究》,《当代修辞学》2010 年 04 期。

[60]曹瑞刚:《批判理论视角下的广告意识形态分析》,《东南传播》2010 年 05 期。

[61]陈世华:《"受众商品论"的理论溯源与未来走向》,《新闻知识》2012 年 01 期。

[62]陈婷,杜雨濛,李志强:《传播批判学派的广告观念及对我国广告业发展的意义》,《上海商业》2012 年 11 期。

[63]陈汝东:《论视觉修辞研究》,《湖北师范学院学报(哲学社会科学版)》2005 年 01 期。

[64]陈培爱:《多媒体时代的广告创意思考》,《新闻大学》2001 · 春。

[65]丁俊杰:《我国广告教育存在的几个问题》,《大市场(广告导报)》2002 年 08 期。

[66]丁尔苏:《释意方法与符号分类》,《四川大学学报(哲学社会科学版)》2015 年第 6 期。

[67]方立峰:《对消费社会的文化剖析与价值评价——从商品拜物教到符号拜物教》,《西北大学学报(哲学社会科学版)》2011 年 04 期。

[68]韩素梅:《符号传播: 奢侈品广告的说服机制》,《浙江工业大学学报(社会科学版)》2007 年 02 期。

[69]贺玉高:《从虚假需要符号价值到拜物教——回归马克思主义的广告文化批评》,《新闻爱好者》2011 年 08 期。

[70]胡习之:《修辞的目的和修辞的核心原则》,《浙江社会科学》2011 年 02 期。

[71]胡易容,黄军:《品牌设计与符号资源势能理论》,《包装工程》2011 年 16 期。